Becoming Brilliant
What Science Tells Us About Raising Successful Children

未来能力教养
如何帮助孩子赢在不确定的未来

[美] 罗伯塔·米奇尼克·戈林科夫（Roberta Michnick Golinkoff）
[美] 凯西·赫胥-帕赛克（Kathy Hirsh-Pasek）著
张玮玮 译　李康 审译

图书在版编目（CIP）数据

未来能力教养：如何帮助孩子赢在不确定的未来 /（美）罗伯塔·米奇尼克·戈林科夫，（美）凯西·赫胥－帕赛克著；张玮玮译 . —— 北京：华夏出版社有限公司，2020.6

书名原文：Becoming Brilliant: What ScienceTells Us About Raising Successful Children

ISBN 978-7-5080-9840-1

Ⅰ. ①未… Ⅱ. ①罗… ②凯… ③张… Ⅲ. ①儿童教育 – 研究 Ⅳ. ① G61

中国版本图书馆 CIP 数据核字（2019）第 261515 号

Copyright © 2020 by Huaxia Publishing House Co., Ltd.

This Work was originally published in English under the title of: *Becoming Brilliant: What Science Tells Us About Raising Successful Children* as a publication of the American Psychological Association in the United States of America.

Copyright © 2016 by the American Psychological Association.

The Work has been translated and republished in Simplified Chinese language by permission of the APA.

This translation cannot be republished or reproduced by any third party in any form without express written permission of the APA. No part of this publication may be reproduced or distributed in any form or by any means, or stored in a database or retrieval system without prior permission of the APA.

北京市版权局著作权合同登记号：图字 01-2017-3947 号

未来能力教养：如何帮助孩子赢在不确定的未来

著　　者	［美］罗伯塔·米奇尼克·戈林科夫　［美］凯西·赫胥－帕赛克
译　　者	张玮玮
审　　译	李　康
责任编辑	裘挹红
出版发行	华夏出版社有限公司
经　　销	新华书店
印　　刷	三河市少明印务有限公司
装　　订	三河市少明印务有限公司
版　　次	2020 年 6 月北京第 1 版 2020 年 6 月北京第 1 次印刷
开　　本	720mm×1000mm　1/16
印　　张	18.25
字　　数	237 千字
定　　价	59.00 元

华夏出版社有限公司　　地址：北京市东直门外香河园北里 4 号　　邮编：100028
网址：www.hxph.com.cn　　电话：（010）64618981
若发现本版图书有印装质量问题，请与我社营销中心联系调换。

本书献给我们的未来：

埃莉、玛丽娜、艾利欧、宝儿、多米尼克、莱拉、沙伊、巴巴拉，以及世界各地的孩子们。我们的目标是使所有人的子孙们都接受良好的教育。

本书赞誉

《未来能力教养》对家长和教育者都颇为重要，此书简单易读，能使人了解国际研究前沿，并有效思考和探究孩子在当今时代茁壮成长所需具备的能力。

——温迪·科普，美国纽约，"美丽美国"创始人和"美丽世界"首席执行官兼联合创始人

这是一本家长、教育工作者和政策制定者必读的书。作者在儿童学习科学领域进行了有效的研究。如今我们有责任接受挑战，提出迫切需要的"如果"问题。我们应为孩子们提供更加良好的学习环境，以帮助他们获得未来成功所必备的核心能力。

——罗斯玛丽·T.特鲁格里奥博士，美国纽约芝麻研讨会课程与内容项目高级副总裁

格林科夫和赫胥·帕赛克有力地论证了孩子未来发展所需具备的核心技能。对家长和所有对教育孩子感兴趣的人来说，这都是一本重要的读物。

——丽贝卡·温斯洛普博士，华盛顿特区，布鲁金斯学会全民教育中心主任

本书作者结合多年的教学经验与扎实的科学研究，提出了一种新的教育理论及方式，以促使孩子们拥有富有创造力的、强大的、愉快的、卓有成效的未来。我建议所有想要在孩子的成长中发挥积极作用的人们深入阅读这本书，它能启发我们如何更好地教育孩子。此书也为我们培养下一代提供了理论基础和有效指导。

——苏珊·H. 马格赛门硕士，美国马里兰州巴尔的摩，约翰霍普金斯大学学习科学研究所及脑科学研究所高级顾问，霍顿·米夫林·哈考特早期学习中心副总裁

各界推荐

两百多页看完,想说的第一句话就是,这真是本好书啊!尤其对于我们关心教育的人而言,的确是生逢其时,任重而道远。作者们提出的观点特别有说服力,一气呵成,书名也好,足见其在相关领域的深厚功力。我和作者们有可能在一年一度的乐高创意大会上不期而遇过,因为清华大学终身学习实验室是乐高基金会共建的校级科研机构,一直以来致力于通过建立跨年龄、跨专业的学习环境,培养从幼儿园到大学的学生们全面发展的能力,尤其是创新能力、协作能力、提出问题和解决问题的能力,成为未来的具有创造力的终身学习者。最令我感到兴奋和开心的是,书中提到的许多好的方法和好的案例其实不光发生在国外,也发生在我们身边,创新的精神早已深入人心。假如我们可以培养孩子们成为富有创造力的终身学习者,我们校内外学习环境的情况会如何?我和身边的许多关心教育的老师和家长认为,我们应该建立起赋能的、成全式的教育生态,即家、校、社区乃至整个社会一起,围绕教育引发社会创新,让学习更有效地发生,让教育回归本质;也就是课堂以学生为中心,学校以老师为中心,社区以学校为中心。那么我相信,不管世界怎么变化,我们的孩子的未来就是充满希望的!

——彭瑞文,清华大学终身学习实验室副主任成功是一个永恒的话题，人们都渴望自己成功，更渴望自己的孩子能够成功。如何定义成功、如何取得成功，是教育领域持续探讨的一个问题，尤其是在今天这样一个信息和知识存量爆炸式增长的时代。从社会比较带给家长和儿童的压力，到面对未来社会的不确定性，这些都在时时提醒我们思考这个问题：到底具备什么样的能力才能让我们的孩子在未来时代胜出甚至生存下去？《未来能力教养》从对最底层的人类认知和发展过程的研究出发，认为培养一个"完整的孩子"需要使其具备六种能力：合作能力、沟通能力、知识储备、批判性思维、创造力和自信心。本人回顾自己十余年来在国际教育领域所接触的大量家庭教育案例和孩子的成长故事，非常认同这六种能力对一个孩子成功的不可或缺性。

——高海燕，北京陆桥时代国际教育咨询有限公司首席执行官，
北京大学光华管理学院硕士

本书以全球化教育作为出发点，以大量的实证研究与案例作为支撑，详细地阐述了六种能力在人一生中的发展过程。对教育领域的同仁和家长们来说，这是一本不容错过的好书！

——马博辉，国家二级心理咨询师，中学心理教师

本书从 21 世纪全球化的视角审视了当前教育体系的弊端，又从全球本土化的角度探讨了解决此问题的出路，即六种软技能的培养，统称为 6C。它为专业教育工作者和改革者进行教育改革提供了重要的理论和实践参考，也为家长们今后养育孩子提供了一套指导原则。

——李劲红，国际课程专家，IB 课程 MYP 项目协调人

我们处于急速变化的时代，而应对变化的重要措施就是培养面向未来的

人才。《未来能力教养》这本书指出了通向 21 世纪成功的六种能力，并在六个章节中详细阐述了各个 "C" 的应用。从美国 21 世纪学习联盟制定的 4C 能力到融合了中国智慧的 21 世纪核心素养 5C 模型再到本书提到的 6C 能力，可以看出各国对于未来人才的能力或素养框架的不断探索和完善。本书以更加全面的视角（从软性能力到硬件知识）对未来人才的培养路径做了深入研究，是一本难得的好书。

——马瑄蔚，外语培训机构课程研发专家

作为一名基础教育工作者，看完了这本书，我真的想推荐给教育界的各位同仁和家长们！面对快速变化的时代，全球视野和面向未来的能力是我们的后代能在全球竞争中取胜的关键。回想起自己过往的经历，学到的很多知识可能已经慢慢地被遗忘或者更新，但是能力却是受用终身的！这本书提到的 6C 能力是非常前沿的，值得大家深入思考，也为我们培养孩子指明了方向。

——朱竹，中学国际合作负责人

本书运用了科学的学习方法，提出了一种新的超越建筑大厦的方法，以便让孩子们从思想上到心灵上都做好准备，在未来成为一名乐于合作、富有创造力、具备较高能力和有责任心的公民。作者还提出了能够帮助孩子们在 21 世纪全球化过程中在智力和社交方面发挥最大潜能的实践方法，书中提到的 6C 为我们提供了路线图，孩子们将被重点培养如何去构想和建造未来的社会。

——颜瑶卿，杭州胜利幼儿园名师工作室带头人

推荐序 1

BECOMING BRILLIANT
What Science Tells Us About
Raising Successful Children

面向未来，和孩子共同成长

我们处在一个有趣的时代。物质生活的满足，让人们想要追求更高层次的幸福。而另一方面，升级的社会竞争（包括来自机器的竞争），也让我们对自己和孩子的生存能力抱有挥之不去的焦虑。如何才能让我们的孩子在未来社会里成功而幸福？这是每个父母都关心的问题。曾经，我们这一代的教育胜出者，靠的是知识记背和做题熟练。如今，"应试套路"不断升级，"套牢"了更多孩子的学生时代，却无法许诺给他们一个成功而幸福的未来。教育需要改革，这是教育者与家长的共识。但教育改革之艰难和漫长，也有目共睹，而且全世界都是如此。那么，作为家长，我们眼下可以为孩子做些什么？除了"鸡娃"和"佛系"，有没有第三条道路？

《未来能力教养》这本书，指出了一条希望之路。如果我们认真去开拓，这将是一条康庄大道！书的作者罗伯塔和凯西，既是优秀的教育心理学家，又是成功的妈妈。她们整合了教育科学领域多年的研究成果和自己的养育经验，提出了6C的理念：让孩子在未来成功，要培养孩子的六大关键能力，包括合作能力（Collaboration）、沟通能力（Communication）、知识储备（Content）、批判性思维（Critical Thinking）、创造力（Creativity）、自信心（Confidence）。

作为一个 6 岁男孩的妈妈，一个前职场"精英"，我读这本书时有一种豁然开朗的感觉！当一个孩子长大走入社会的时候，决定他成功的不是从小练就的考试能力，而是思维能力、人际能力与意志品质。随着社会的变化和竞争越来越大，等到孩子成年再去"自学"这些关键能力，显然是来不及的。所谓"少成若天性"，如果父母有意识地培养孩子面向未来的 6C 能力，他长大将会成为丰盈的个体、团队的贡献者、社会的好公民。当他今后面对各种挑战和困难，会有更积极的心态和解决问题的能力。哪位父母不希望自己的孩子是这样呢？

我大概是中国人里较早读到这本书的人之一。2018 年初，我在美国宾夕法尼亚大学攻读应用积极心理学硕士期间，学习一门叫《积极教育》的课程，这个课程正是以《Becoming Brilliant》（本书英文原名）为首选阅读教材，以书中的 6C 模型为主线。记得第一次上课，书的作者罗伯塔还亲自来到宾夕法尼亚大学给我们讲课。那天的课间，罗伯塔被同学们围着签名合影，就像明星一样。后来我才知道，罗伯塔和凯西不但是美国教育心理学界的"大咖"，她们的这本书也能算得上"明星"。在美国亚马逊的实体书店，这本书一直摆在最畅销的父母读物之列。所以，能较早地读到这本书，我感到荣幸。

更荣幸的是受华夏出版社邀请，成为这本书的译审。我和出版社共同讨论，将这本书的名字定为《未来能力教养》。想要说明的是，6C 不但是孩子未来走向成功所需要的关键能力，也是父母自我成长所需要的能力。所以，这本书里也很强调父母如何行动与改变。身教大于言传——最好的父母，不是只为孩子花钱，而是愿意为孩子花时间。

书的两位作者就是这样的典范，她们在繁忙的工作之余，亲力亲为地参与孩子的教育，做得甚至比普通人更细致入微。从早晨起床的想象力游戏，到一次失败的做饭经历,到旅行中的各种互动游戏,都能看出两位妈妈在教育中的用心和专业。正因如此,她们的孩子成人后都做着自己热爱的工作,并有所成就。我很喜欢的一段视频,是凯西的儿子班奇因为《音乐之城》而获得奥斯卡最佳音乐创作奖。领奖的时刻,他在台上深情地感谢妈妈一路走来对自己兴趣的支持。全场掌声雷鸣,起立为这对母子鼓掌。作为一个妈妈,这是深深打动我的场景。我能想到的一位母亲最幸福的时刻,就是支持孩子成为"他自己"。

这本书对我自己教育孩子也有颇多的帮助。首先,我知道了自由玩耍(free play)是综合提高孩子各种能力的好办法,每天我会尽可能给孩子安排1—2小时的户外自由玩耍时间。有时候,看到孩子把房间搞得一团乱,我也不会立刻发火,因为我意识到他正在认真地"搞创作"。再比如,我给孩子报的唯一课外班是足球,因为这不但符合他的兴趣,也能培养他的协作能力和坚毅的品格,一举多得。对我自己来说,6C帮助我更好地理解了自己的优势和短板,使我有意识地扬长补短。可以说,这本书带给了我和孩子共同的成长!

回国后,我在面向学校、家庭和企业的培训中,都提到过6C的概念。让我很惊喜的是,无论是老师、家长还是企业管理者,都表示认同和欢迎。我切身地感觉到,教育变革的目标正向着社会真实的需要融合。正如作者所言,企业家与教育家"第一次使用了同样的语言,并寻求同样的标准"。教育改革多年,6C的概念在教育界并不陌生,但却很难落到实处。我认为这其中重要的原因之一,是家长对6C还不够了解。希望这本书能带动一场家庭教育的变革,让父母了解到在"鸡娃"和"佛系"之外,还有一条充满希望的道路——面向未来,培养孩子的能力和品格。随着我将这样的理念分享给更多的家长,我也越来越相信,父母可以成为教育改革的强大推动力量!

我有一个心愿。有一天,家长们在线上或线下聊天时,内容不只是讨论报这个班和那个班，还有如何培养孩子未来所需要的这种能力和那种能力，那该多好？有一天，如果家长们一起发挥协作力和创造力，组织培养孩子未来能力的小社群和小活动，那该多好？有一天，父母、学校乃至社区能互相合作，推进课堂内外的教育改革实践，协力培养面向未来的孩子，那该多好？

未来，值得期待！

李　康

清华大学积极心理学中心特聘研究员

2019 年 7 月于北京

推荐序 2
BECOMING BRILLIANT
What Science Tells Us About
Raising Successful Children

我入读大学的那一年,父母送了我一部索尼随身听作为礼物。精致的设计,优异的音色,这部随身听让我在大学同学中着实烧包了一段时间。鉴于它对我的特殊意义,随后这些年里,虽然不再使用,但无数次搬家,即使是漂洋过海,也一直带在身边。直到两个月前,上小学的儿子拿回家一张老师的字条,请家长向学校捐赠旧的科技产品,包括随身听,以帮助孩子们认识科学技术的进步。这时我才突然意识到,我这部曾经风光无限的随身听现在已经是"古董"了。

数码时代,不仅带来了越来越快的科技更新,也要求我们更新对知识和学习的看法。在过去的几十年里,人类的知识呈现出几何级数增长。以学习静态的知识为目标的教育已经远远不能满足未来社会对人才的需求。所以当有家长问我,孩子需要学什么知识才能更好地准备入小学时,我的回答是:入学准备最需要的不是知识,而是"学习能力"。因为有了学习能力,孩子可以轻松地获得任何需要的知识。

然而现实却与科技的发展方向背道而驰。填鸭式教学、用固定的时间表来设计孩子的日程、以考试成绩来评估学校的质量甚至是孩子的价值,这些过去在中国和东亚地区特有的教育现象,现在却开始向更多的地区渗透。正如本书中提到的，美国政府推行的《不让一个孩子掉队法案》项目就是以标准化测试成绩作为教育目标和课程设置的原则。这种以考试成绩为指挥棒的教育势必剥夺对于孩子全面健康发展更为重要的自由游戏时间和亲近自然的机会，还有高质量的亲子时间。这是和政策制定者、教育者，以及家长对孩子全面成长的美好愿景背道而驰的。

在宾夕法尼亚大学读书期间，我亲身参与过《不让一个孩子掉队法案》项目评估的研究工作。当时，我到低社会经济地位社区的幼儿园观察孩子上课的情形。有一天老师拿了一套数字卡片，告诉孩子们今天要玩一个游戏，老师每次会举起一张卡片，哪个小朋友说对了卡片上的数字就会得到一张贴纸奖励。老师请一位小男孩做小帮手，帮忙给说对的人发贴纸。能够做老师的帮手，小男孩非常兴奋。可问题是他自己并不认识数字，所以根本没有概念哪个孩子说对了。但是这对他来说不是问题，他兴冲冲地给每一个大声说出数字的孩子一张贴纸！老师提醒他要判断哪个人真的认识数字，小男孩一脸不屑，说：他们都认识，不认识怎么会说出来？

这件事情启发了我的博士论文研究的题目：儿童是如何学习的？他们是如何理解"知识"和"学习"的概念呢？而教育又是如何帮助孩子们从"不知道自己不知道"发展成为有反思和批判力的思考者和学习者呢？

在本书中，作者回顾了发展心理学近年来对于儿童发展和学习的研究成果，总结了6C及其4个发展水平，不仅完美地回答了我当年提出的问题，更为读者描绘了一个有前瞻性的教育愿景：适应未来的学习者应该是合作的、善于交流的、有知识内涵的、有批判性思考和创新能力的，并且是有自信、敢于冒险、不畏失败的。更重要的是，本书用妙趣直白的表达方式，直接面向家长和老师娓娓道来，可读性极强。虽然书中使用的案例大多是西方的，但所涉及的教育和发展问题则是共通的，中国读者仍然可以感同身受。

离开中国内地久了，再回去的时候发现我没有微信或支付宝已经几乎不能生存，出门别说出租车叫不到，连共享单车都打不开（大家可以脑补一下我站在烈日下的深圳街头对着小黄车一脸懵懂的情景）。可是十年前的我们又有谁能预测到今天这种科技高度渗透的生活方式呢？看着7岁的儿子在用Java编程"我的世界"，我对他的未来会是什么样几乎一无所知。这种未知让我害怕，但同时也让我充满憧憬。他的世界会和我的世界完全不同，我不知道他会从事什么工作，甚至未来还有没有"工作"这个概念。但是我知道他会热情地拥抱他的世界，没有畏惧。

王贞琳

2019年7月于香港教育大学

序 言
BECOMING BRILLIANT
What Science Tells Us About
Raising Successful Children

"假如……会怎样？"这个问题是漫威公司于 1980 年前后出版的连环漫画丛书的标题。在这个系列畅销漫画中，在月球上观察平行世界的观察者乌阿图提出了一些假设性的问题，例如：倘若蜘蛛侠加入神奇四侠，情况会怎样？在《假如》一书中，角色们的命运被完全颠倒，他们在平行世界中被消灭，有时某个超级英雄也会选择走上犯罪的道路。漫画无视角色们原本的生存法则，从完全不同的视角创造了一个全新的狂野世界。

本书想要做的，就是邀请你一起来体会与品味"假如"这个概念，因为它与你孩子的学习和成功息息相关。假如我们创造了一个与学习机制相匹配的教育系统，孩子们的成长情况会如何？假如学校提供的课程与孩子未来的生活需求完全匹配，情况又会变得怎样？

生活中，抱怨家庭教育和学校教育中存在的问题再容易不过，但如何解决问题却往往成为难题，这种状况我们都曾经历过。作为家长，我们时常对学校教育和校外教育感到担忧，我们为每一次数学考试或孩子们关于某位榜样人物的作文中每一段的主题句而焦虑不安。我们为孩子们练习这些复杂的内容提供了充足的时间吗？如果他们并未找出符合课本要求的主题句，他们的老师会给他们机会去更正吗？这些多如牛毛的问题往往让我们感到忧虑，幸运的是，大多数情况下，我们的孩子发展得还不错。

作为科研工作者，笔者除了花时间养育自己的孩子外，还用了很多的时间来探究在教育活动中有哪些行之有效的方法。本书的目标是帮助大家摆脱焦虑，并认识到怎样科学有效地教育孩子。我们会展示许多值得学习的优秀学校和课堂的事例，也会分享最新的广告宣传、最新的数据，并提出在21世纪全球化的过程中能够帮助孩子们在智力和社交上发挥最大潜能的实践方法。

假如学校变成热带雨林，事情会变成什么样？

我们曾拜访过费城附近的贵格中心学校。那一天，二年级到四年级的学生们正在学习关于热带雨林的知识，学校里到处都是热带雨林的景象——毛绒玩具趴在纸质的枝繁叶茂的树上，地上放着代表溪流的折纸。接着，我们进入了帕皮诺老师所在的二年级教室，教室经过装饰，代表着印度尼西亚，大厅则被当作新几内亚岛，这两间屋子的墙上都挂着孩子们大胆尝试创作的古老的面具。这些面具像博物馆中的一样，都有标记，介绍了创作者和面具起源地的历史。布里格斯老师的四年级学生正在制作一艘船，准备开启前往金银岛的旅程，在这个过程中，他们的数学能力和阅读技能也得到了应用。在这个藤蔓覆盖的走廊上，随着各种信息的渗透，孩子们不仅学习了知识，而且运用其迅速增长的能力达到了真正的目标——阅读书面指令、进行测量计算、完成一份船只建造的计划书。

更重要的是，孩子们在这片热带雨林中学到的不仅是字母或数字，他们还学到了除"知识储备"以外其他的五种技能，这六种技能我们统称为6C。我们认为，6C是帮助孩子们成为未来的思想家和企业家的重要技能，这些技能也能够帮助他们成为社会的精英贡献者和优秀公民。合作能力（Collaboration）在孩子们一起制造船只的过程中产生，他们互相请教，制作出了一艘能够用于实际旅程的轮船。沟通能力（Communication）则在孩子们书写他们到达金银岛后能找到什么的过程中产生。知识储备（Content）包括数据测量、关于森林的地理知识，以及在研究食蚁针鼹鼠及鼠鼬的过程中学到的科学知识。批判性思维（Critical thinking）则使船只的制造取得了成功，这是由于孩子们逐一评估了同伴制船计划中船只所能达到的稳定性、速度和适航性。毕竟，按照说明书制造船只，成功的概率也许比较高，但同样有很大的可能会失败。创造力（Creativity）随着孩子们不断想出新颖的点子而得到了增强，有的点子甚至还给他们带来了欢乐和笑声——是应该在船上画出绿色的怪物用以避开恶灵，还是应该把狮子和老虎画在旗帜上来防范海盗？6C 的最后一项是自信心（Confidence），形成于学生们推倒原计划、从头再来的时候，他们从中认识到，应该更多地考虑船只的材料和要携带的物品。

最了不起的是，这所学校的老师每年夏天都会重新考虑怎样用全新的、有吸引力的方式来讲授丰富的课程内容。他们在思考，怎样才能把方方正正的传统教室转变为热带雨林、山村或者其他主题，以促使学生们在学习中提高 6C，即六种能力。离开书桌，老师们在不同的主题环境中也变成了兴奋的学生。在这里，他们在构建新的知识的同时，也进入了一个友好、活跃的教育舞台。在这样的教室里，我们见证了脑力开发领域的专家约翰·布鲁尔教授所提出的"知识转化者"的形态，而不仅仅是单纯的"知识消化者"。

假如每个学生都有机会在学校创造一片热带雨林，情况会如何？

假如所有学校都能够设计出培养这六种能力的教室，情况会变得怎样？假如每个学生的成绩单都着眼于他们在发展这六种能力的过程中所取得的进步，情况又会变得怎样？假如我们在家长会上关注的是这六种技能——知识储备、合作能力、沟通能力、批判性思维、创造力和自信心，而不是孩子的考试成绩，情况又会怎样？假如你收到的成绩单能够给你一份关于孩子优缺点的全面描述和记录，情况又会如何？

基于这六种能力的成绩报告单，强调了在21世纪获得成功所必须拥有的技能。这与一个全优学生的成绩报告单的差异在何处？尽管我们希望孩子获得高分，但是每个孩子的成就不仅仅是成绩。许多在学校成绩优异的人，只学会了考试，在工作领域却无法取得任何成就。他们可能会因为缺乏合作能力而无力去争取管理岗位，也可能由于缺乏创造力，在实验室需要其开创一个新方法时力不从心，甚至选择逃避。通过了解这六种能力的发展情况，我们可以对孩子的长处和劣势有更全面的了解。

那么，让我们来思考一下，作为家长，我们自己在这六个方面的技能报告单会是怎样的？我们有什么值得骄傲的长处？我们在哪些领域能够得到进一步的发展？我们又会怎样和孩子交流我们所拥有的技能或缺少的技能？

之所以向各位提出这些问题，是希望大家在阅读本书后会进行不同的思考，也会提出"假如……会怎样"这一类的问题。假如我们的学校和家庭能整合这六种能力，形成一套技能体系，进而帮助孩子们成为社交能手和乐于终身学习的敏锐的思考者，情况会如何？"假如"是一个我们希望你在阅读本书时经常思索的词语，我们希望它能促使大家去思考，对我们和孩子来说，学习这一行为能以怎样不同于以往的方式进行。

我们为何撰写此书？

近四十年来，大量婴幼儿、学前儿童和家长一起来到了我们的实验室。在这里，孩子们让成人们了解到了他们是怎样学习语言、怎样获得算术能力与阅读能力的。孩子们分享了大量的信息，有些甚至是他们会说话前获得的信息，这些信息都成为我们出版书籍的重要素材。我们运用实验室和其他研究机构的数据来撰写书籍，如《婴儿如何开口说话》(*How Babys Talk*)和《爱因斯坦不玩识字卡》(*Einstein Never Used Flashcards*)。孩子们帮我们填补了未知的空白。

序言

在和世界各地科学家一起工作的过程中,我们发现了孩子成长过程中的许多新特点,也准备好将这些知识分享给大家,以促使教育工作者和改革者为所有孩子设计出尽可能好的课程、玩具、程序和课堂。尽管象牙塔以外的世界在不断地强调传授知识,但我们为孩子们打开了更广阔的视野,除知识外,孩子们的发展还应该涉及许多能力和技能的掌握。我们都知道,机器人也能够记住事实信息并加以利用,但只有孩子们才有潜力去社交、去成为社会精英、去思考和创造。基于多年的研究,我们发表了数百篇文章,写了13本书,现在是时候来分享关于如何科学地学习的集体智慧,以及关于学习的新的思考方式:6C。我们在很多地方分享文章,如《赫芬顿邮报》、布鲁金斯学会和我们的推特(@kathyandRo1);我们为迪士尼、乐高、科乐思、绘儿乐和费雪这一类的公司提供咨询服务;我们也服务于一些致力于儿童发展的非营利组织,如选择(Choices)、创新前沿(Frontiers of Innovation)、儿童联盟、助推(Jumpstart)和多家儿童博物馆;现在我们致力于完成这本书。我们也会通过学术会议和讲座的形式,和专业人士和非专业人士分享研究成果及观点。有时,本书的内容会将你带到所描绘的情景及故事中,同时与你分享这些事件对我们的启发。通过在与他人的交流中描述和分享我们的最新发现,通过与本领域的专家们进行交流和互动,以及聆听他人的讲座,你将会成为通过我们的眼睛来看事物的"不被发现的观察者"。

像我们这样的科学工作者一定要突破科研的范畴,和同伴们一起为提高儿童的发展水平做出贡献。如果科研工作者不分享和传播知识,人们的认知空白就会被那些缺乏实践经验,或者更关注市场需要而非儿童发展的观念填满。就像快餐行业用没有营养的热量来喂饱我们一样,所谓的"学习行业"已经说服了许多人,让他们相信,记忆知识内容是人们获得学业成功和幸福生活的唯一条件。

我们既是父母,也是祖父母,所以我们更加有必要撰写这本书。我们养育了五个孩子,所以我们知道在家庭教育中,从众多的选项中进行选择是多么的辛苦与困难。我们了解你每次看着手机想"不会是真的吧"时的心情。真的有更多的产品能帮助提高孩子的智力吗?有人说:"要把平板电脑绑在坐便器上。"难道这是真的吗?尽管我们通常能排除掉最差的选项,但许多家庭在确定他们的孩子到底需要什么的时候仍然感到茫然。在这里我们提供了一套指导原则,以帮助你确保孩子发展各项能力,进而发挥潜能、保持愉悦心情并很好地适应环境。

内容预览

我们都希望孩子能获得成功并发挥他们的潜能,但到底应该怎样定义成功呢?本书第一章探讨了对成功的设想,以及在21世纪全球化的大环境下我们应该怎样定义成功。当今的教育体系能否帮助孩子们为获得成功做好准备?和许多人一样,我们的答案是否定的。但是我们需要的是找到解决方法,而非抱怨。

在本书中,我们重新思考了由"学习科学"(science of learning)所启发的校内外教育。第二章描述了我们是如何陷入教育的困境,并指出前进的方向。第三章从全球本土化的角度,探讨了怎样将全球的科学方法塑造为适应当地教育问题的方法。第四章指出,校内外教育必须满足动态变化的、国际化的工作团队的需求。为使学生获得成功,教育体系不仅应强调阅读和计算这样的硬技能,也要重视作为学术成就基础的软技能。满足全球本土化并符合工作场合要求的能力究竟有哪些?第五章到第十章从科学的角度对这一问题给出了明确的答案。基于儿童发展的最新研究,我们总结了六种能力:合作能力、沟通能力、知识储备、批判性思维、创造力和自信心。这些能力反映了孩子们成长和学习的过程。

第十一章则论证了这些能力如何成为当今教育的重要框架和未来可用的

成绩报告形式。"行动起来"这部分则鼓励读者将本书提到的、促使孩子发挥最大潜能的学习机制和事例加以运用并付诸实践。我们认为，通过这些方法，所有孩子都可以在一定程度上获得成功，也能够从儿童学习科学推荐的学习工具中获益。

考虑这些可能性

假如这本书能够激励你在下一个教师节对学校进行资助，情况会如何？假如这本书帮助你梳理了关于儿童学习的思考，你在家长会上能够就此进行演讲，情况会如何？假如你在本书中所学到的内容能够帮你为孩子选择一所更好的学校，情况会如何？假如我们呈现的证据正是你想写给学校领导甚至教育部领导的信件中所需要的，情况会如何？假如这六种能力为你提供了一个全新的、有益的构建学术课程的方案，情况会如何？

我们希望这些以及更多的"假如"会在你的阅读中不断出现。感谢你的阅读！

目 录

BECOMING BRILLIANT
What Science Tells Us About
Raising Successful Children

第一章　重新定义21世纪的成功　001
　　　　重构校内外教育：6C　006
　　　　我们为何需要6C　010

**第二章　益智产业与学习科学：
　　　　教育改革是如何让我们走错方向的　013**
　　　　天啊：苏联人就要赢了　015
　　　　进入测验的文化圈：益智产业胜过学习科学　019
　　　　未来之路　021

第三章　成功所需的技能是全球化的　025
　　　　新加坡的进步　028
　　　　芬兰领先各国　030
　　　　枫叶国太棒了：看看人家加拿大！　031
　　　　乌拉圭的试验　032
　　　　回到新加坡的未来　034

第四章　硬技能和软技能：找到最佳的平衡点　035

父母关心的问题：硬技能的规则　039
技能的激增：绘制蓝图　043
硬技能和软技能的良好结合：6C　046
更广义地看待成功　046

第五章　合作：一个人演奏不了交响乐　049

第一阶段：独立完成　057
第二阶段：并肩前进　060
第三阶段：相互讨论　064
第四阶段：共同创造　070
行动起来　075
成功之路　078

第六章　沟通：连接线　079

第一阶段：原始情绪　084
第二阶段：展示与讲述　088
第三阶段：对话/交换意见　093
第四阶段：一起讲故事　097
行动起来　103
成功之路　107

第七章　推翻内容的王国　109

第一阶段：早期学习/特定情境　116
第二阶段：知识面扩展/一知半解　121
第三阶段：建立联系　130
执行功能、自我调节和学会学习的技能　131
第四阶段：专业知识　137
行动起来　142
成功之路　147

目 录

第八章　批判性思维：哪些可以视为证据？　149

第一阶段：眼见则信　155
第二阶段：各持己见　158
第三阶段：提出主张　162
第四阶段：给出证据或"进行复杂的怀疑"　167
行动起来　172
成功之路　177

第九章　创造力：改旧造新　179

创造力是如何发展的　185
第一阶段：实验　186
第二阶段：手段—目的　189
第三阶段：表达　194
第四阶段：视野和想象　197
行动起来　202
成功之路　206

第十章　自信：不惧失败　209

第一阶段：盲目自信　214
第二阶段：我在什么位置？　216
第三阶段：可预期的风险　222
第四阶段：不惧失败　226
行动起来　233

第十一章　21世纪的成绩单　237

6C 的一致性：实现更广阔的视野　241
这些技能的名称　241
6C 之相互依存：表格从左至右的递进　242
6C 之从新手到专家：表格从下至上的递进　245

反思我们对于学习和成功的认识　246
6C 的培养：在家庭、社区、城市和学校中　247
在寓教于乐中发展 6C　247
为学校教育构建有趣的情境　250
为家庭教育构建有趣的情境　251
为社区教育构建有趣的情境　251
不仅关乎玩乐　252

结　语　假如……会怎样？　255

致　谢　257

Becoming Brilliant
What Science Tells Us About Raising Successful Children

第一章
重新定义 21 世纪的成功

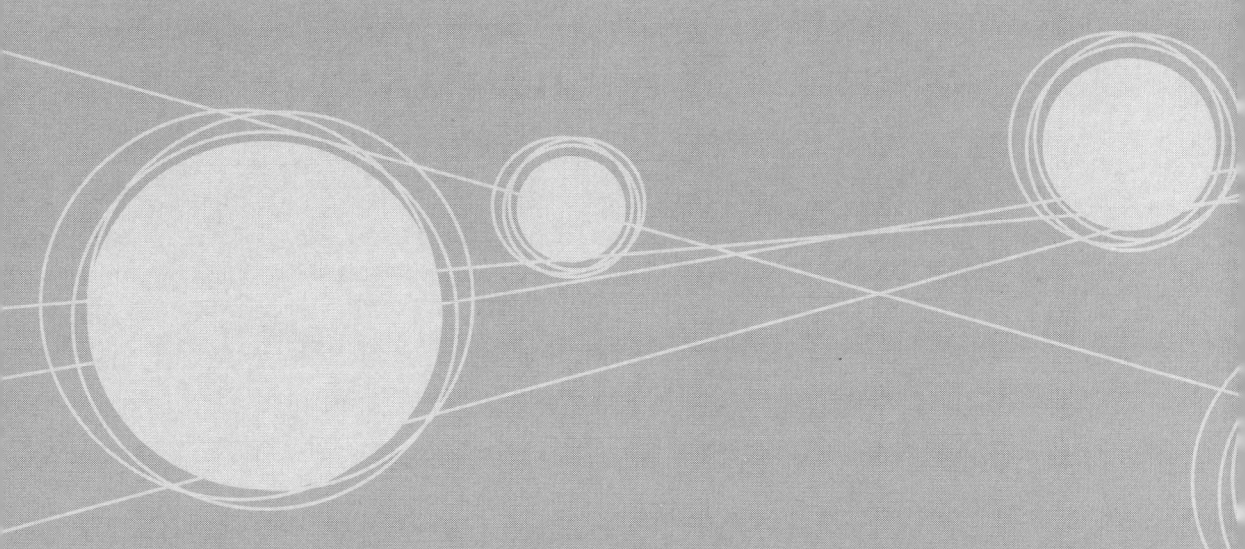

这是真的吗？一个足球大小、乌龟形状的夜灯就能有助于婴儿的睡眠，而且减少婴儿对于黑夜的恐惧？事实上，这可不是一盏普通的乌龟夜灯！这盏灯将夜晚的星空投射在育婴室的天花板上，婴儿们一边渴望着牛奶和奶嘴，一边还可以学着认出猎户座的腰带。在罗伯特和斯蒂芬妮的宝宝聚会上，客人们纷纷对这盏夜灯发出了赞叹声。

虽然罗伯特和斯蒂芬妮的女儿还有两个多月才出生，但他们的各位身为老师、医生以及律师的朋友已带来了各式各样的礼物，并声称这些礼物能帮助他们的下一代成为马德琳·奥尔布赖特或者希拉里·克林顿那样的人。在欣赏完乌龟夜灯之后，斯蒂芬妮撕开了一个带有紫色条纹并系着淡紫色蝴蝶结的袋子，她从袋子中拿出了一个毛绒孔雀玩具，孔雀的每一片羽毛上都写有英语、西班牙语和中文这三种语言的短语。这样，小宝宝在学会说话前就能经常看到这三种文字。

这些所谓的益智玩具随处可见。玩具的包装反映了广告商们想要向家长和社会推广的观念："若盒子里没有ABC或者123，我们的孩子注定要失败。"他们声称，如果孩子在年幼时能够掌握更多的常识，他们的大脑就会发育得更好，而更好的大脑能帮助人们拥有更高收入的工作和更多可自由支配的财富。例如"聪明宝宝"的广告就声称他们能为左脑和右脑提供不同的DVD来让宝宝学习。然而事实上，神经科学家早已指出：不要说一个大脑尚未发育完全的婴儿，就是一个成人也不能简单粗暴地被贴上左脑型或者右脑型的标签。另外，像"让你的宝宝学会阅读"这样的产品也创造出了数百万美元的收入。我们这些研究幼儿语言及读写的人在看到这类广告时可能会进行反驳："别再胡扯了，你的孩子根本不可能从中学会怎么阅读！"与之相反，一些长久以来颇受人们钟爱的经典的毛绒玩具，如玛格丽·威廉斯的童书《绒毛兔》里的兔子或者电影《玩具总动员》里的"胡迪"，都已被放在了后面的货架上无人问津。如今，家长们并不想买"机灵鬼"或者"培乐多彩泥"这样的玩具，他们认为这些玩具并没有教育价值。事实上，作为父母，我们往往忘记了，孩子们在捏制橡皮泥塑像和搭建铁路模型的同时，也在进行空间感的学习。在儿时玩城堡玩具的时候，我们会遇到炮门垛口和穿过护城河的盔甲骑士，在此过程中，我们很自然地进行了语言、词汇的学习，并学会了讲故事，但这一学习过程被作为家长的我们忽视了。我们时刻都在想着优化孩子的学习潜能。是啊，谁不想找到一个快速简单的学习方法，为自己的孩子铺就一条通往世界名校的康庄大道？

然而问题是，学习和掌握大量的常识并不能帮助人们获得成功。因为在当今世界，我们动动手指就可以通过网络掌握大部分的常识信息。如果使用谷歌或维基百科，每个人都能快速且轻易地找到几乎所有日常问题的答案。当然，有一些信息是需要我们去记忆的，比如字母表和乘法表。当代儿童（或者说当代父母）所面临的真正问题是，面对每天接踵而来的多种信息，我们该如何分类、优先选择和有效地利用它们？在当下和未来，世界500强公司会更倾向于选择具有更强思考能力的人，而思考能力并不能通过更多的记忆获得。

雇主们真正重视的究竟是哪些能力，我们又该如何将一个更踏实可靠的、走向成功的方法融入当下的文化？这是本书想要探讨的核心问题。我们都听到过诸如美国国家优质教育委员会等机构的呼吁，它们警告说，由于教育的失当，美国经济的优势地位也产生了动摇。我们还听说了一些可怕的预测，例如，美国国家教育与经济研究中心曾嘲讽道，美国的课堂正在把孩子们培养成1953年的蓝领工人！但是，真正面对这种现状时，我们究竟能做些什么？在本书中，我们从研究儿童学习机制的专家们的视角来审视这一问题。我们的目标是指出两个问题：第一，对你的孩子来说，你认为什么才算成功；第二，我们该如何利用与我们自身的文化和生活相匹配的方式帮孩子实现这些目标。我们要给学习和教育下一个新的定义，这可以帮助大家在养育自己的孩子时做出更为明智的选择。或许各位已经了解到，虽然"学习行业"试图让公众相信许多益智玩具的作用，但我们认为，乌龟夜灯或者所谓的多语言玩具并不能真正帮助孩子们学习和成长。仅仅在常识测验中表现良好也不能反映孩子真实的学习情况。正如联合国秘书长在《全球教育倡议书》中所提到的：

> 世界面临着全球性的挑战，这需要全球性的解决方案。这些相互关联的全球性挑战，要求我们对人类的尊严重新思考并做出行为上的改变。只培养出能阅读、写作和计算的人，对教育来说是不够的。教育必须具有变革意义，并能带来共同的价值观……教育也必须在回答当今的重大问题时起到应有的作用。

在全球范围的教育讨论中，创造出一套核心的价值观和成果已成为一个焦点问题。无论是温迪·科普及其团队的"美丽世界"组织，还是电视节目《芝麻街》，又或是布鲁金斯学会的全球教育行动，甚至是正在探讨全球视角的纽约科学院，其关注的重点都是21世纪孩子们要想获得成功所需具备的技能，以及如何用一种具有文化敏感性的方式传授这些技能。让我们考虑这样一个类比：在服装设计上，文化差异并没有带来什么限制，唯一的真正的限制，就是衣服要在穿上两条胳膊和两条腿的地方有开口。同样，在日益缩小的世界里，地理上的限制也很容易打破，当今世界的发展早已为孩子们重新划定了成功所需技能的范围，但孩子们却不可避免地被地域性的认知趋势所左右。由于科学技术水平的快速发展，如今这些普适性的新技能，与我们的父辈及祖辈们追求成功时所需的技能，有着许多不同。简而言之，目前主导世界舞台的教育方法还未能促成联合国秘书长提出的这些目标的实现。虽然世界各地的许多组织都在质疑当下的教育实践，但大部分学校的运作方式还是和这些新目标背道而驰。

在思考这些普适性技能方面，加拿大的安大略省一直走在前列。他们的一份使命宣言定义了21世纪孩子们应有的共同目标。安大略省正在努力创造出一个好的环境，以帮助孩子们成为"今天的快乐健康的儿童与青少年，明天的富有同情心、创造力与责任感的成年人"。我们也可以就这一话题展开论述，强调在学校内外创造出良好环境对社会繁荣发展所起到的作用。这些环境应该有益于那些快乐、健康、善于思考、有同情心和善于交际的儿童，使他们能够在今后成为善于合作、有创造力、有能力、有责任心的好公民。如果说这些论述总结了或者说近似性地归纳了一套共同的价值观，那么接下来的挑战就是确定该怎样实现这些目标，而这正是本书的使命。

重构校内外教育：6C

究竟怎样才能完成这一崇高的使命？让人略感讽刺的是，这个问题的答案并非来自某所学校或某个部门，而是来自一个出人意料的源头——孩子们自己，以及儿童学习科学。关于孩子们是如何学习的研究为我们打开了一扇窗，让我们了解到了一套综合的、系统性的技能，这些技能可以为我们的孩子带来他们想要取得的结果。正如序言中提到的，我们可以将以下技能称为6C——合作能力（Collaboration）、沟通能力（Communication）、知识储备（Content）、批判性思维（Critical thinking）、创造力（Creativity）和自信心（Confidence）。

从生命开始的那一刻起，婴儿在刚进入家庭时就表现出了初步的合作能力，并探索着怎样与不同的家庭成员依偎在一起。合作的方式包括：学习文化模式的方式，对不同人做出不同反应的方式，学会与他人互动的方式，学会拼乐高积木并与他人一起合作拼积木的方式，以及最终发展出的、让合作真正产生的自我心理调控方式。作为人类，我们对他人有着与生俱来的敏感，这是生物进化所导致的。每一个社会人都是构筑完整社会的核心，而人与人之间的团队合作则是新的商业模式的核心，甚至我们中的许多人都是由于合作而学会了如何学习。就像自我控制一样，合作能力是一项核心技能，也是儿童和成人拥有优秀社会能力的基础。

沟通能力则建立在合作的基础上。当婴儿与他们喜爱的人在一起时，即使不会说话，他们也会发出"咕噜咕噜"的声音来和那个人进行"对话"。就像动画片《摩登原始人》里的弗林史东一家，他们用完美的发音来吸引别人，并就他们的需求与他人进行交流。想想看，对一个10个月大的婴儿，这一方式会多么有效。在看到他最喜欢的玩具时，他会利用"皇家法则"，发出命令式的声音。孩子们利用他们与生俱来的社交基础，和人们进行最初的交流。他们在谈话中变成了"说话者"和倾听者，通过对话，他们逐渐了解了自己的父母，认识了独角兽和牙齿仙女所在的虚拟世界。阅读、写作等技能也都通过父母与婴儿的早期接触得到启蒙。良好的沟通能力与较高的健康水平和较强的学术能力息息相关。

知识储备同样是影响儿童发展的六项重要技能之一，它是我们从交流沟通中获得的——我们怎样获得与周围的人物、地点、物品及事件相关的信息。知识储备也指我们学习的方式，即我们接触新信息时所采取的方法和策略。

当婴儿了解到地板是可以用来爬行的、墙壁是不可穿过的时候,他们的知识储备正在构建。不久前,研究者们还认为婴儿会把他们的世界看作"杂乱无章"的地方。事实远非如此。婴儿能够理解他们听到的语言中的许多句式,在8个月大的时候,他们就能够对听到的句子进行统计分析。8个月大,多么令人惊讶啊!8个月大时进行的词汇学习是孩子们在2~3岁时快速发展的语言能力的开端。在出生的第一年里,孩子们就已经成为小小物理学家,能够了解物体的属性;也成为小小社会学家,能够模仿成年人,并且仔细观察作为一个社会成员意味着什么。3~4岁的孩子已经能够对不同的形状进行分类,会数葡萄干,与此同时,他们正在形成对数字和几何的感觉,这为其数学思维的形成打好了基础。但阅读和数学并不是知识储备的全部。这些孩子也在学会如何学习,在玩纸牌游戏和其他游戏中找到方块牌的同时,他们也逐步建立了强大的记忆系统。

哈佛大学教育学院的认知与教育学教授霍华德·加德纳指出,知识储备应当是广泛而全面的,要包含真、善、美的内容。在这个事物普遍联系的世界中,美学和道德不仅仅是字母和数字的附属品。当我们在多云之夜欣赏月亮周围的神奇光晕时,或者在公交车上给老人让座时,它们都是至关重要的。我们生活在一个充斥着大量新信息的时代,想要在信息时代生存,就必须快速有效地获取大量的新知识。掌握知识以及快速地、战略性地获取新信息的能力是进行思考的基础,也是我们成为批判性思考者和有创造力的创新者的前提。

哥伦比亚大学的迪安娜·库恩教授提出了一套完整的关于批判性思维的理论,从4岁孩子的"眼见则信",到判断利贝卡是否扣动了扳机的陪审员们对证据的深思熟虑,这个理论包含了批判性思维的各个发展阶段。然而,任何一位目睹了近十年政治圈风云的人都能够感受到,即使在成年人中,这种批判性思维也并不是稳定发展的。我们的的确确生活在一个信息爆炸的时代。

谷歌前首席执行官埃里克·施密特计算出，我们每两天创造的信息量，和人类从文明伊始到 2003 年所创造的一样多。商业领袖们也告诉我们，知识每两年会翻一番。因此，即使我们现在记住了关于文明的所有知识，在两年半以后，我们知道的知识将变成不到知识总量的 50%；而在 5 年以后，我们的知识量则会降到不到总量的 25%。

新时代需要批判性的思考者，因为他们能够后退一步，去反思我们到底需要什么和需要回答哪些问题。批判性思考者具有科学家们所说的执行力：舍弃旧的解决问题的方法，并迅速转向一种新方法的能力，以及制订必要计划以解决问题的能力。批判性思维的关键是专注——深入挖掘并记住相关事实信息能够推动解决方案的形成。

创造力的形成则来自知识储备和批判性思维。孩子们天生就是思维发散的、具有创造力的思考者，而且他们的思维几乎没有受到任何其他因素的限制。对孩子们来说，彩色图纸上的简笔画其实就是一幅全家福！而在土豆泥中搅动出旋涡，则让 3 岁的丹尼斯看到了海浪！然而，有关创造力的研究表明，在通往创新的漫长道路上，人们需要去习得知识而非绕过它。真正有创造力的艺术家早已学会了一流的技术，而富有创造力的发明家往往是受过良好教育和训练的机械工程师或电子工程师。创造性构想并不是凭空形成的，例如，一个设计的完成需要一系列的过程，从最开始的草图，到设计主要图纸的初稿，再到之后跳出固有的思维模式，最终设计出世界贸易中心的自由塔，而学习科学记录了这一过程。

职场正在不断地变化。据估计，如今的毕业生一生中将拥有 10 个工作岗位，而其中的 8 个职位至今还没有被发明出来。对于那些无法适应数码相机的摄影师和坚持认为书籍必须是纸质的出版商，我们同样感到很遗憾。在知识驱动型经济中，工人们经常要面临新的问题和不断变化的产品需求。例如，平板电脑保护套在 2010 年 4 月才发明，而现在市场上保护套的数量已经非常多了。难怪参加21世纪技能调查的企业高管们呼吁更有创造力、更具灵活性的工作团队。IBM在2010年5月发布的一项研究报告中声称，创造力和对复杂事物的管理能力是全球1 500位企业领导者最重视的两个特质。

　　一些创造性的解决方案——就像我们有时喜欢拿超大号的书本做门挡一样——偶尔会不太好使，而我们的努力也会随之白费。但拥有自信心并坚持下去则会让我们克服失败，不放弃、不认输。当第一个解决方案不奏效的时候，有效的自我调节能够帮助我们坚持下去并寻找新的方案。在现实生活中我们经常看到，家长们因为担心孩子摔跤而不允许他们去玩攀登架；还有，人们通常只会奖励说出标准答案的孩子，却没有更进一步地鼓励他们尝试用其他方法解决问题。学习科学目前正在研究这种让孩子对失败产生恐惧的教育模式。我们并不是一定要我们的孩子去触摸滚烫的热水壶或者横穿车水马龙的街道。但是，如果没有探索的动力和测试新想法的信心，爱迪生就不可能发明电灯。在知识工作者的时代，经济发展依赖于有信心去进行有把握的冒险。

我们为何需要6C

　　如果你愿意从一位学习科学家的视角来看待儿童的教育和发展，我们会向你展示如何帮助你的孩子成为一名具备良好自我调节能力的批判性思考者，他们甚至可以创造出下一部平板电脑，或者写出下一部伟大的畅销小说。6C（即六种能力）是通向成功的路线图。这六种能力并不是相互孤立的，它们组合在一起，增加了我们获得成功的机会，其中每种能力的形成都建立在其他能力的基础之上。正如你在表1–1中所看到的，这些能力是从左到右、从底部到顶部构建的（就像如果没有人在家，就无法进行面对面交流）。

表 1-1　6C（六种能力）的四个发展阶段

	合作能力	沟通能力	知识储备	批判性思维	创造力	自信心
第四阶段	共同创造	一起讲故事	专业知识	给出证据或"进行复杂的怀疑"	视野和想象	不惧失败
第三阶段	相互讨论	对话／交换意见	建立联系	提出主张	表达	可预期的风险
第二阶段	并肩前进	展示与讲述	知识面扩展／一知半解	各持己见	手段—目的	我在什么位置？
第一阶段	独立完成	原始情绪	早期学习／特定情境	眼见则信	实验	盲目自信

我们邀请你在需要的时候去回顾关于 6C 的总结，并用它来检测自己。当你在阅读时，你可能会问自己：我的孩子目前发展到批判性思维的哪个阶段了？或者，我该如何邀请孩子和我一起使用缝纫用品？又或者，我应该设定哪些界限，又应该暂时放弃哪些限制，这样我的孩子就会为他新掌握的驾驶技能而感到自信？你也可以用这个表格作为工具来快速评估孩子从学校带回家的作业。那份历史事件报告除了要写日期、名字、地点和参考文献，还有其他要求吗？你四年级的女儿从搭建圣巴巴拉教堂的模型中学到了什么？如果她只是简单地从网上打印了一些照片，那她能否学到什么东西？如果她在网络上对加州的其他教堂进行了研究，那么你能否通过问她一些问题，如她搜索了哪些关键词或者为什么有的信息来源比其他的更加可靠等，从而提高她的批判性思维能力或知识学习能力？

根据前面提到的 6C 及其不同的发展阶段，我们运用最新的科学知识为终身学习创建了一份新的成绩报告单，它超越了对知识内容的狭隘关注，帮助我们使所有的孩子获得普适性的价值观，而这个价值观定义了我们这个时代所谓的成功。或许，只是或许，我们不需要那盏乌龟夜灯或那个多语言玩具。也许是时候去拓宽我们的视野了，去思考什么是成功，以及我们的儿童教育应当怎样帮助孩子们获得成功。

Becoming Brilliant
What Science Tells Us About Raising Successful Children

第二章
益智产业与学习科学:
教育改革是如何让我们走错方向的

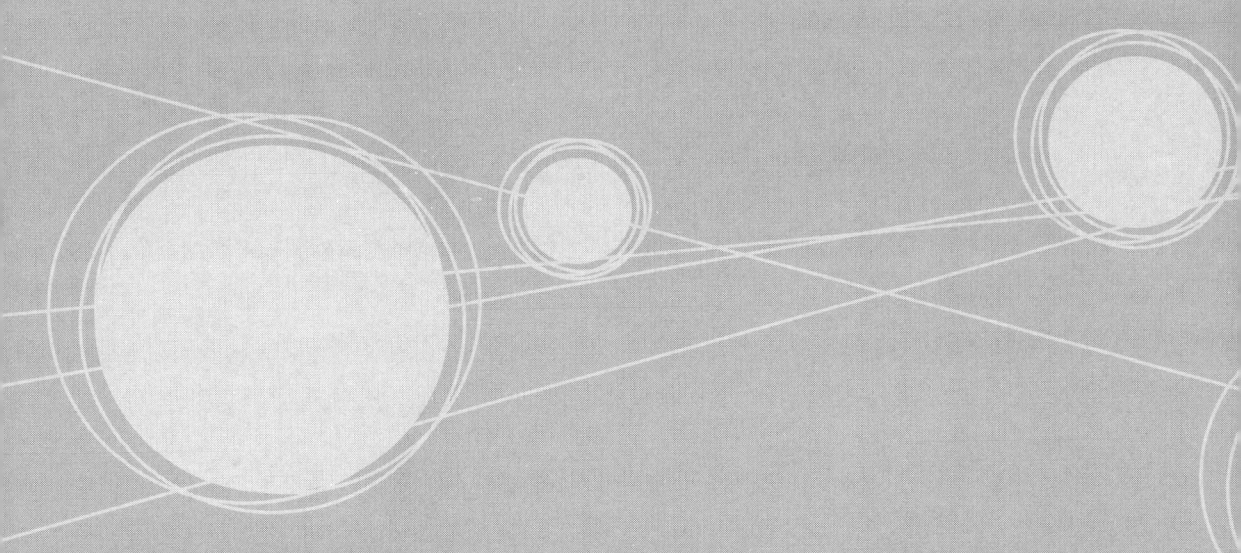

为什么我们会认为，让孩子们接触益智玩具所提供的常识信息，会对孩子们的成功起到帮助作用，哪怕只是一点点的帮助？数十年来，我们一直将焦点放在对知识的习得上。在知识至上的情况下，几乎没有发展孩子其他能力的空间，更何况他们还要应对现行的高利害评价体系的步步紧逼。不知从何时起，我们逐渐忘却了，对孩子的未来更重要的是成为一个快乐并善于交际的好人。我们究竟是从什么时候开始，把孩子视为被动的教育对象，而他们社会化的自我层面却在无数常识信息面前变得更加次要了？大致来说，这一切都开始于20世纪中期，当时美国正在和苏联进行冷战，可以说正是这场冷战促成了教育改革。

天啊：苏联人就要赢了

1957年10月4日，《纽约时报》的头条新闻上写着"苏联发射人造卫星"。这一历史事件对我们那一代的所有人都造成了巨大的影响，并引发了美国学校前所未有的教育改革。这块重达184磅（83.5千克）、大小仅相当于沙滩球的移动金属，已成为苏联人赢得太空竞赛的标志和证明。有人认为："苏联人在太空领域击败我们是因为他们有更好的学校及教育。"这在当时是最被人们津津乐道的故事与话题,这不仅是一场关于太空技术的竞赛,也是一场关于未来以及世界主导权的竞赛。到1958年,也就是仅仅一年之后,美国国会就迅速通过了《国防教育法》,以提升学生们的学术成就。对教育——尤其是数学和科学——发展上的急于求成,导致在20世纪60年代形成了一套甚至连老师们都难以理解的所谓"新数学"。同时,与现在相同的是重新强调了STEM即科学(Science)、技术(Technology)、工程(Engineering)和数学(Mathematics)的重要性。

我们如何才能改变数百万美国儿童的成长轨迹,使他们成为下一代人造卫星的开发者? 1983年出版的《危机中的国家》(*A Nation at Risk*)回答了这一问题。这份由顶尖科学家、政策制定者和教育家们撰写的报告用这样沮丧的内容作为开头:

> 我们的国家正处于危险之中,我们在商业、工业、科学和技术创新方面的领先地位正在被世界上的竞争对手超越……一代人以前无法想象的事情已经发生——其他国家正在追赶,甚至超过我们的教育成就。

11年后,在克林顿总统的领导下,《危机中的国家》的提议于1994年5月31日被签署成为正式法律——《2000年目标:美国教育法》。这项法律告诉我们,想要在新时代的世界格局中拥有竞争力,就必须在2000年之前使学生们在读写能力、数学能力和科学能力三个方面得到高水平的发展。其中包括"美国学生将成为世界上数学和科学成就的第一名"(目标4)和"每一个美国成年人都应具备读写能力,并且拥有在全球经济竞争中所需要的知识和技能,享有公民权利并承担公民责任"(目标5)。这是一项十分艰巨的挑战,因为在美国,每个州都有自己不同的标准和目标。这种现状使得实现国家目标非常困难。事实上,在克林顿总统的任期中没有任何实质性的教育改善与提高的迹象。

第二章 | 益智产业与学习科学：教育改革是如何让我们走错方向的

正是在这种历史背景下，乔治·沃克·布什政府宣布了一项新的、范围更为宽泛的教育改革。许多前任总统都认为自己是"教育"总统，但布什政府签署的《不让一个孩子掉队法案》才是所有改革中最彻底的一项——这一改革把学校的责任和孩子的学习放在国家议程的核心位置。教育与学习领域的科学家们齐聚一堂进行探讨，为教育改革指明方向。在这次会议中，我们所在会议室的讨论里充满着这样一种氛围，即科学家们最终会与决策者们携手合作，帮助国家缩小成绩差距。但是，随着时间的推移，必须快速采取行动的政治压力占据了上风，《不让一个孩子掉队法案》开始被各种现成的考试取代，这些考试在阅读和数学等科目中呈现出十分狭隘的评价结果，并常常产生许多遗留问题，如孩子们能否利用他们在数学中学到的知识来测量制作布朗尼蛋糕的材料配比，或者能否用一句通俗易懂的话来解释"批判性的"这个词语的含义。但却几乎没有人提到，我们应该如何利用科学方法来进行更为深入的学习，以及如何用它来改进老师们的准备工作。

尽管科学家们尽了最大的努力去开发新的教育及测验体系，但那些存在已久的传统测验方法还是被抹去灰尘，从文件柜中再次拿出来，只因它们可以立即使用并体现政绩。全美国的孩子都将接受专注于读写能力和数学能力的教学与训练（快忘掉科学与艺术什么的吧），然后在不会占用太多课堂时间的简短测验中重复答题。在宾夕法尼亚州，学生们有两周的时间专门学习如何通过宾夕法尼亚州的州评测验，而不必参加常规课程的学习，并且不同年级的学生需要参加不同等级的测验。而这些测验要从小学三年级持续到高中。《纽约时报》报道称，许多四年级孩子在参加这些高利害测验时有哭泣、焦虑和肚子痛的现象。2011年7月30日，斯坦福大学教育学教授琳达·达林-哈蒙德在华盛顿特区举行的一场拯救儿童的游行活动中说道：

许多人在问："我们为什么在这儿？"……我们之所以来到这里，是因为我们想让孩子们为即将进入21世纪现代社会做好准备，而不是为了那些偏离了儿童教育使命的、没完没了的多项选择测验题。

请相信，我们这些科学工作者其实并不反对教学效果考核制度，甚至并不反对那些能够真正检验学习效用的测验。但我们必须提出一些关键问题：我们采用教学效果考核制度的目的究竟是什么？在学校或生活中，究竟什么才是成功？传统测验的结果能否真正衡量这些技能？这些东西真的能够告诉老师们，该如何帮助孩子们成长为快乐、健康、有思想、富有同情心并具备较强社交能力的人吗？我们对戴安·拉维奇这样的同仁表示同情，她是纽约大学教育史方向的教授，也是布什总统"推广教学效果考核制度"运动的总规划师。她和她团队的出发点是让孩子们做正确的事，并试图缩小低收入家庭与中等收入家庭孩子之间的成绩差距。客观地说，布什总统及其团队的初衷是好的，但即使是拉维奇自己，也在她2010年出版的《伟大的美国学校教育体系的生命与死亡：考试及定向选择是如何一步步毁掉教育的》一书中，为他们当初犯下的错误向全国人民道歉。

令人哀叹的是，改革仍然在继续。《不让一个孩子掉队法案》彻头彻尾地失败了。与此同时，改革却仍旧继续推行。2001年，《不让一个孩子掉队法案》刚刚实施，11年后，当时只有4岁、还在上幼儿园的孩子们成了15岁的高中生，这些孩子参加了国际学生评估项目。他们的表现究竟如何呢？可能有人会认为，通过这些年一系列的教育改革，他们的表现会远胜于其他工业化国家的学生们。然而事实上，美国学生的数学成绩仅排在第30名，比斯洛文尼亚的孩子还要落后整整13名。在阅读方面，美国也仅仅排在第20名，落后于芬兰、波兰和日本。在科学方面，我们依旧只排名第23位！对常识信息的记忆不会让你在国际学生评估项目中获得好成绩，更加不会有助于你在21世纪取得成功。

如今，教育改革运动已经成为奥巴马政府所提倡的《共同核心课程标准》的推动力。这套标准有不少优点，例如它的出发点很好：认为孩子们应该受到良好的教育。或者说，至少，这一计划不仅包括了读写能力与数学能力，还涵盖了科学和艺术，以求拓宽孩子们的知识面。这一计划指出，社交技能也是成功的关键，一些让孩子们"学会该如何学习"的技能，如批判性思维及解决问题的能力等，都是21世纪思维的核心元素。

这里的问题是：由于对成功的狭隘定义，导致像《共同核心课程标准》这样坚实的方案也被社会误解。这套标准最终演变成一种"结果"，测验人员和课程开发人员正在寻找各种方法，对这一"结果"进行学习，并直接对其进行测验。在撰写本书的时候，美国已经有43个州采纳了这套课程标准，但依然有许多人认为这套课程标准是错误的。尽管这一标准具有很多积极意义，但现实中"为考而教"的情况却仍在持续，作家大卫·科恩在《纽约时报》上就这一点发表了他的意见：

> 这种教育无法培养出能够发现与创新的人，只能培养出知识的被动接收者、跟随者，而不是发明者。在21世纪，我们需要的究竟是哪种人？

进入测验的文化圈：益智产业胜过学习科学

到21世纪初期，美国孩子在学业成绩上已经落后于他们的国际同伴，这一事实震惊了整个美国。"国际学生评估项目分数"和"成绩差距"这样的词语变成了日常用语的一部分。坦率地说，美国人那时正感到恐慌。没有什么比恐慌更能刺激经济的了。在那之后，2005年，托马斯·弗里德曼的著作《世界是平的》问世。他的观点是，在我们这个崭新的"扁平"世界里，没有任何一家公司能够提供终身雇佣，而美国也需要不断地强调科学和工程学的重要性。2007年，《艰难抉择或是艰苦岁月》报告的问世，让我们的周围充斥着这样的信息：如果希望孩子们为未来的工作做好准备，我们就需要让他们大量记忆知识点。

一些像卡普兰（Kaplan）这样的公司，最初只是辅导在SAT考试（美国学术能力评估测验）上有困难的孩子，现在也开始将业务扩展到辅导学龄儿童，这是由于学校已经成为孩子们通往美好未来的加油站，而接受课外辅导则能令他们领先于同龄人。像卡普兰和公文式学习法（Junior Kumon）这样的辅导班越来越多，这很好地反映了当下学前教育辅导产业正在蓬勃发展。

测验公司也在赢利。由于对成功的狭隘定义——例如知道堪萨斯的首府是托皮卡，针对《不让一个孩子掉队法案》标准和《共同核心课程标准》的各类测验层出不穷，并且很容易被大众接受和应用。这些课程标准是固定不变的，而基于这些标准所设计的、旨在提高阅读和数学水平的各种考试与课程，却已经成为一个价值数十亿美元的产业，或者就像评论员们调侃的那样："测验中自有黄金屋。"

最后，还有所谓的益智玩具。玩具制造商称其为"寓教于乐型产品"（一个由阿丽莎·科特创造的专业术语，她于2006年刊登在《大西洋月刊》上的"极端的教育"一文中首次提到该词语）。如今，这不仅包括学习卡，还包括游戏、移动电话和前文中曾提到过的乌龟夜灯。益智玩具也是一项价值数十亿美元的产业，仅2009年一年，这些所谓的益智玩具的销量就已经超过了传统玩具。

除了玩具，还有无数的"教育类APP"和媒体，它们可以在汽车、地铁或公共汽车上让孩子们反复地练习与数字和字母相关的题目，从而为即将面对的测验做好充分的准备。无论是用智能手机、平板电脑还是计算机，我们团队中最小的孩子每天也至少要在网上花4个小时（相当于一份兼职工作了），而 8 岁及以上的孩子则每天要在屏幕前待上大约 8 小时。现在市面上还出现了许多专门针对孩子们的、每天 24 小时不间断播出的教育类节目，如《萌芽》。

简而言之，市场填补了教育机构在无意中创造的空白。按照这种说法，如果我们较早地开始对孩子们进行经常性的训练，就可以更好地帮他们为成功打下基础。虽然在《芝麻街》《蓝色斑点狗》和《罗杰斯先生的邻居》等节目中有一些明确的反例，但如今在市场上不断涌现的各类产品里，其实没有任何一种产品符合儿童教育领域的最新研究成果。与科学研究结果相反的是，市场发现了一个商机，商家们纷纷去满足家长们的需求，让更年幼的孩子为今后的测验成功打好基础。如果我们使用测验作为衡量成功的标准，而这些测验本身对于成功的定义又是极其狭隘的，那么那些记住要考的知识点的孩子就已经可以被称作成功人士了。有人可能会说，益智产业正在重新塑造人们对于成功的定义。但实际上，我们在讨论如何才能让孩子们为取得校内外的成功打好基础的同时，真正行之有效的学习科学反而在很大程度上被埋没了。

未来之路

学习科学领域的科学工作者们其实从未放弃过他们的研究与努力。在 2004 年，美国国家科学基金会建立了"学习科学中心"，该项目旨在资助那些能够推动学习科学从实验室走进学校、课堂和家庭的实践性研究。大量的科学家参与了这一项目，广泛地收集关于儿童如何才能学得最好的实际证据——如大脑是如何处理书面文字的，如何将阅读地图这样的空间逻辑能力融入数学学习中，以及无法克制个人冲动是如何对学习产生消极影响的。作为科研工作者，我们研究了孩子们如何在高科技世界中学习，也了解了他们如何在像公园这样的低科技含量的环境中学习，因此，我们有许多有价值的东西可以和益智产业进行分享。而且对我们的经济及孩子们的未来最为重要的是，从我们的研究工作中所获得的发现，与商业团体所表达出的需求其实是完全一致的。但我们现行的教育体系，或者说益智产业为我们带来的教育体系，却没有考虑到这一点。尽管老师们对这种现状也感到担忧，但他们还是必须完成教学大纲上的任务，如周二应该教课本的第3页，周三前则要教完第6页。

一些新闻媒体也对益智产业所推动的测验体系进行了讽刺，它们指出：我们并不是在教育孩子成长，而是在毁掉他们的未来。关于这个问题，我们最常举的（也是最令人惋惜的）例子是，在"为美国而教"的年轻志愿者中，有一位女生被安排在费城的某所学校执教，她有一次打电话给我们，抱怨说她被要求必须向孩子们教授形容词。"教形容词挺好的呀，"我们说，"不如尝试一些有趣味性的自由搭配，比如教给孩子们'红色的卡车'或者'快乐的学生'之类的？唔……他们现在懂得什么是名词了吗？""当然不懂，没有人教过他们，"她回答，"但今天是星期四，而星期四是形容词日，只允许我们教形容词。"

《时代》杂志指出，即使里普·万·温克尔（美国作家欧文在一个多世纪前创作的著名短篇小说的主人公）生活在现代学校里，也依旧会感到非常自在。这个说法非常准确，因为我们的学校教育在过去的一百多年里其实并没有发生太大的变化，尽管我们在学校教育改革中做出了大量的尝试。

那么，我们该如何用更开阔的视角去看待成功，并用与学习科学的研究结果更为一致的方式来帮助孩子们学习和参与社交？我们应该做些什么才能帮助所有的孩子变得快乐、健康、有思想、有同情心、善于社交和热爱学习，并使他们在未来成为乐于合作、富有创造力、具备较高能力和责任心的公民？鉴于我们正深陷于由教育改革和益智产业所推动的世界观中，我们又该如何才能做到以上这些？我们的管理顾问伊丽莎白·哈斯·埃德莎姆——也是彼得·德鲁克（通常被称为现代管理之父）的门徒——曾告诉我们，这就像是做一个绿地试验——你站在这块绿地上，在没有任何限制的情况下，问自己：你究竟想要建造什么？德鲁克的建议曾对商业模式的全球推广起到了至关重要的作用。

也许在教育上我们可以采取同样的做法。事实上，一些国家已经在朝着这个方向前进了。让我们来看看他们是怎样做的，以及我们该怎样才能做得更好。

Becoming Brilliant
What Science Tells Us About Raising Successful Children

第三章
成功所需的技能是全球化的

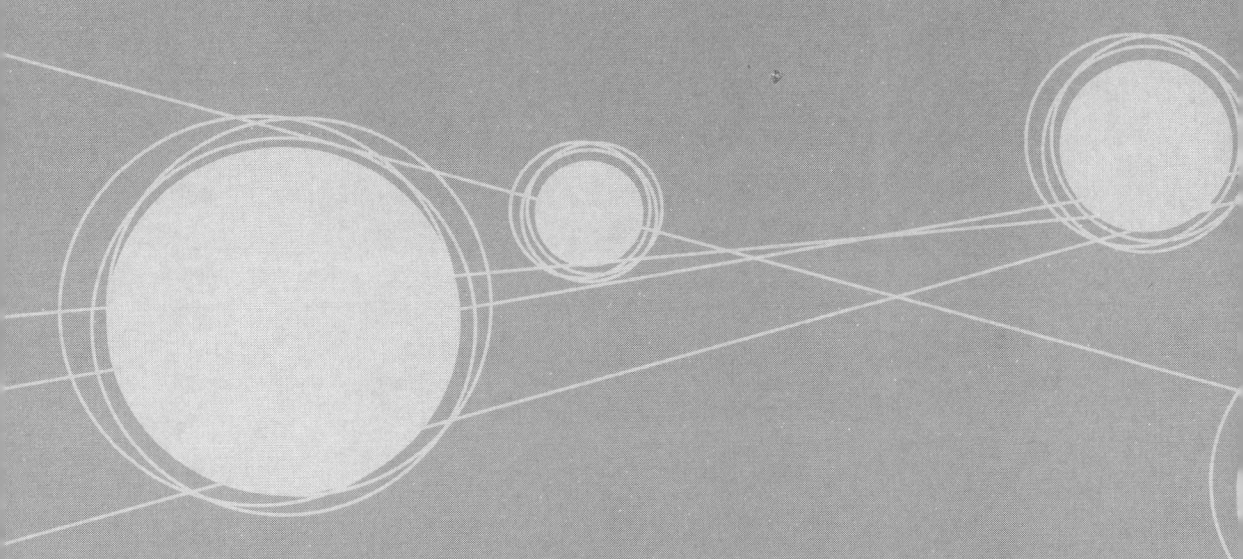

詹姆斯·赫克曼是一位诺贝尔奖获得者，同时也是芝加哥大学的经济学教授，他直言不讳地说道："《不让一个孩子掉队法案》发展到最后变得有些病态。"在布鲁金斯学会举办的全球教育峰会上，他向一个关注不断变化的国际劳动力需求的组织发表了演讲。来自"21世纪合作伙伴"的斯蒂芬·特尼普西德则解释了为什么我们如今"深陷困境"：截至2015年，在我们的地球上一共有72亿人，其中40%的人通过250亿台设备连接到互联网上，而这些设备之间可以互相交流信息，产生巨大的生产力；到2020年，地球上将有约115亿人，其中超过50%的人将在超过500亿台设备上进行网络连接。技术变革的步伐在非洲和在美国并没有什么区别，都会随着时间的推移而不断前进。不久的将来，在世界上的绝大多数地区，机器人将取代人类劳动力，并将指导人们该做什么。到了那时，只有那些富有创造力和协作能力的人，才能完成那些设计精良的机器人所无法完成的任务。特尼普西德继续说道："现在的学术培养体系只能完成它最初被制定时的目标，即仅仅依靠个人对于知识的大量记忆来进行学习并取得成功，但事实上这早已无法适应当今世界的发展。"

在世界各地，很多国家都注意到了这些警示之言。在全球的经济发展前景中，它们需要依靠一个能够与21世纪的发展相适应的教育体系。尽管这些国家各自的文化十分多样化，政治体系也非常不同，但它们都在制定值得我们学习的教育改革方案，有一些甚至在当下就已经对他们学生未来的成功产生了影响。许多国家，如新加坡、芬兰、加拿大和乌拉圭等正在推动着变革。而一些在过去不太重视创造力的国家，如中国和新加坡，现在也已经意识到，想要在未来具有竞争力，它们就必须培养孩子们的创造力及解决新问题的能力。否则，就是在为机器人的上位让路。

温迪·科普的"美丽世界"组织以及纽约科学院等组织一直在进行全球化的思考。它们认识到，泰国的孩子们所需要的技能与斯洛文尼亚的孩子们所需要的技能是一样的。例如，"美丽世界"组织曾努力思考一个问题，即世界各地的孩子们究竟需要学会什么。杰斐逊大学的公共卫生专家罗伯特·西蒙斯创造了一个术语，叫作"全球本土化"（glocal），即基于不同的文化，同一种技能可以通过不同方式进行传授（来源于2015年7月我们之间的一次交流）。纽约科学院（尽管其名称是具体到州的）已经建立了一个全球性的STEM联盟，致力于"为世界最大的挑战寻求解决方案，发展无论个人还是国家的未来都将需要的关键的STEM技能"。纽约州立大学校长南希·齐默尔在他们的网站上指出："为了满足日益增长的对精通技术的新型劳动力的需求，在我们的课堂上运用和教授当今的顶尖技术与创新性思维是至关重要的。"

新加坡的进步

新加坡这个规模虽小但实力强大的城市国家清晰地听到了这个世界性信息。我们曾收到一封布莱恩·卡斯韦尔发来的电子邮件，他是一家名为"思冠"（Mind Champs）的公司的创始人之一。他读了我们的书《爱因斯坦不玩识字卡》，并想与我们开展交流。我们最初对此感到怀疑。"思冠"这样的名称听起来有点像我们正在与之抗争的益智产业所惯用的宣传口号。毕竟新加坡是一个在街上嚼口香糖都违法的地方！他们怎么会想起要和我们进行交流？

事实证明，我们的草率判断是错误的。新加坡教育部感受到了变化之风，他们知道，创新将是新加坡未来几十年经济发展的关键。向东北方向看，新加坡看到了正向它逼近的中国经济；向西北方向看，它看到了充满活力的印度经济。想要在未来力争上游，新加坡的孩子们不仅需要在国际评估中胜过他人，他们还必须取得更进一步的突破。长期以来，新加坡的教育并不提倡创造力的培养，但在一个相对开明的体制下，改变这个规则并不是一件难事。新加坡正在试着设置一个新的体系，以确保他们不仅能够教育出聪明的劳动力，还可以培养出富有创造力的人才。

教育部希望新加坡的学校能够让学生做到：

> 拥有良好的自我意识、健全的道德准则，以及应对未来挑战的必要技能和知识。对家庭、社区和国家负责。对身边的美好事物充满感激，拥有健康的心灵和身体，对生活充满热情。

看看吧！当美国的政策制定者们忙着把音乐、艺术和课间休息从我们的学校活动中取消，为阅读训练腾出更多时间的时候，新加坡的政府却宣布，这些"额外"的内容对于教育和培养下一代的思想家是至关重要的。新加坡教育部意识到，如今在幼儿园的4~5岁的孩子们会成为未来的生产力，为了保持现代经济的奇迹，他们必须将这些孩子培养成具有批判性思维的思考者，以及富有创造力的发明家。

思冠的创始人也加入了这一潮流，并希望能创造出一种建立在学习科学基础上的新的教育模式，这将有助于强化新加坡对成功的新定义。新加坡教育部的官方网站告诉世界什么才是他们所重视的：

> 我们想要培养出能够提出问题和寻找答案的新加坡年轻人，以及那些愿意用新的方式思考、解决新问题和为未来创造新的机会的人。并且，

同样重要的是，我们想要帮助我们的年轻人建立一套健全的价值观，使他们拥有面对生活中不可避免的挫折而不被打倒的坚强性格和韧性，他们也愿意努力工作去实现他们的梦想。

难怪思冠的创始人认为，他们可以培养出有助于推动新加坡经济成功的下一代。

芬兰领先各国

20世纪70年代，在美国意识到其教育体系需要彻底改革的同时，芬兰人也在为他们的未来教育提升自己的计划。根据经济合作与发展组织（即那些管理国际学生能力评估项目的人，这是国际公认的能力评价标尺）的一份报告，在1991年，仅有5%的芬兰工作者从事的是研究与开发工作；而到2003年，这一比例已上升到了20%。另外，"2001年，芬兰在世界经济论坛的全球竞争力指数排名中，由第15位上升到第1位，此后一直保持或者接近榜首的位置"。

芬兰人为什么会领先于他国？帕斯·萨尔博格在他2010年出版的《芬兰经验：世界能向芬兰学习什么》一书中分析了其原因。萨尔博格在2013年凭借其创新的思想获得了著名的格文美尔奖，同时，他也是芬兰教育与文化部国际流动与合作中心的负责人。他既是在自己的国家创造变革的推动者，同时也是一位讲述芬兰成功故事的巨星。以美国人的经验来看，我们很难相信，对芬兰7~8岁的孩子们来说，他们所需要做的，只是每天上4小时的课，并且没有作业，也没有考试！

那么他们成功的原因到底是什么？一些关于芬兰教育奇迹的文章称赞道，芬兰的教师们得到了如同顶尖专家一般的报酬和尊重，他们通过讨论来设计课程，而不是使用现成的教案文本，由此带来的结果是，他们能够强烈地感受到，他们对于自己所教育和培养的学生的成功或失败负有完全的责任。不仅如此，学校还会注重奖励创造性和包容性，他们的工作是为了让学生们感觉到，自己超越了校园的围墙，并且投入到了整个社会的核心部分中。芬兰的孩子们在愉快地玩耍并灵活地运用所学到的知识，而美国的孩子们则压力重重，为了考试而死记硬背。

你是否在想，我们不能把芬兰同美国这样体量很大的国家进行比较？如果是这样的话，那么你正在经历着塞缪尔·艾布拉姆在《新共和国周刊》中所提到的反思批判："对芬兰和美国的教育体系进行比较的反思批判指出，芬兰在国际学生评估项目上取得这样的成果，是因为它是一个非常小的、种族较单一的国家（530万人，只有4%的人是在国外出生的）。"但事实上这并不是芬兰取得成功的原因。芬兰的邻国挪威也很小（只有480万人），和芬兰有着非常相似的种族单一性（只有10%的人在国外出生），但挪威并没有达到芬兰所能达到的高度，因为挪威采取了与美国非常相似的体制：教师的薪酬并不高（"有15年教龄的教师只挣到大学毕业生的70%"），针对教师的教育极少，并且自2004年起，挪威就已经建立了国家标准化考试制度。

枫叶国太棒了：看看人家加拿大！

另一个值得一提的例子是我们边境以北的大国。加拿大人在国际测验中也胜过了我们，尽管看起来他们在各个方面都和我们很相似。但与美国不同的是，在过去的十年里，加拿大的教育一直都是建立在学习科学的研究与发现的基础之上。尽管加拿大人并不以上蹿下跳或者挥舞国旗而闻名（除非在冰球比赛中），但他们依旧可以骄傲地宣布，他们在数学能力、读写能力和科学能力的国际测验中排名第五。

我们在加拿大的安大略省参加了他们最新的儿童教育计划展示。2009年6月15日发布的一份关于安大略省儿童学习计划的报告详细地描述了"一个通用的学前教育计划将如何提高孩子们的入学准备水平,在这个计划中,教育工作者们需要提前学习儿童早期发展的相关知识,并正确认识寓教于乐(通过做游戏来学习)的重要性"。把趣味游戏放在教育议程的中心位置正是学习科学家们所提倡的,但不幸的是,大部分西方国家所采取的将信息大量灌输到孩子头脑中的方式与这一科学倡议完全背道而驰。

我们受邀前往加拿大,以消除人们对这个新项目可能造成的损害的担忧,并试着让人们相信,孩子年幼时,在玩耍中学习才是真正有价值的。在2009年我们初次到访的时候,周围几乎都是持怀疑态度者。而当我们在2010年和2011年再次前去访问的时候,那里的老师已经非常相信这一理论了。多伦多约克大学的斯图尔特·杉克尔教授在他具有远见卓识的报告《每一个孩子,每一个机会》中写道:"这里的目标不是去复制那种以老师为主导的项目,而是创造一个能调动孩子们的兴趣与想象力的、以儿童为主导的活动环境。"其实,我们现在有很多东西需要向我们北边的邻居学习。

乌拉圭的试验

如果你认为芬兰和加拿大的教育改革不那么令人羡慕,那我们就去看看拉丁美洲国家乌拉圭。这个人口刚刚超过300万的国家,正在进行一个能迅速进入数码世界的试验。在过去的7年里,政府已经向全国的儿童和教师发放了50多万台笔记本电脑。这个项目被称为"CEIBAL",这个缩写代表在线学习的基本信息教育连接(Conectividad Educativa Informatica Basica para el Aprendizaje en Linea)。这个名称和赛波树有关,赛波树开出的花是乌拉圭的国花。该计划旨在推广技术、提升知识和促进社会平等,利用书籍、教材和每个家庭成员都能够参与并且颇受大家喜爱的游戏来普及笔记本电脑。南美的科学家们设计出了专门让孩子们玩的游戏，以此来激发他们对学习的热爱和求知欲。如果游戏的内容是由学习科学的原理来指导的，那么电脑游戏对孩子们来说也是相当有益的。孩子们在学习知识内容的时候，采取的是一种有趣的、积极的、协作的方式，而老师和家长们也都陪在他们的身边。乌拉圭的顶尖学习科学工作者们已经开发出许多相关的 APP，并通过不断研究来确保这些 APP 能够得到持续性的改进。

乌拉圭是将国民和网络云端连接起来的典范。每一个公园、图书馆和学校都接入了互联网。在孩子们阅读和玩游戏时，他们笔记本电脑上所有的互动都会被上传到网络云端，这样老师和科学家们就能够知道游戏是如何转化成学习的。他们希望这种学习模式能够推动乌拉圭的经济在国际市场上取得成功。虽然乌拉圭的总统何塞·穆希卡以热爱经营农场并喜欢穿牛仔装（即使是在许多国际场合）而闻名，但其实他已经发起了一场全国性的教育改革运动。结果怎样呢？就目前而言，这个项目还在进行中，现在就对其下结论还为时过早，但一个科学评估小组发表了一篇论文指出，一个在阿根廷实施的与 CEIBAL 十分相似的项目确实提高了学生们的阅读及数学成绩。并且有研究指出，旨在帮助孩子们提高自控力的 APP 是有效的。这个结果给乌拉圭的其他教育改革项目带来了希望。我们在 2014 年访问了乌拉圭，他们对教育的热情和兴奋是显而易见的，整个国家似乎都在致力于建立一个学习共同体。本以为只有几百人感兴趣的全国性数学竞赛，却吸引了几千人来参加。这是一个充满学习潜力的国家。尽管孩子们常常是玩着笔记本电脑来学习数学、阅读和科学的，但他们却在开动脑筋解决问题的同时享受到了许多乐趣。

很多国家逐渐意识到，要通过更有效的方式教育孩子们，这些方式必须在未来把本国推向经济阶梯的顶层，并且尊重和鼓励那些包含大量创造力及创新性的真正意义上的思考。这些国家都非常重视社区教育，并愿意在年幼的孩子们身上投入更多的资金，同时给孩子们更多的时间来积极地探索有趣的信息。它们也很重视教师，并采用一种教师/学者的教育模式，在这种模式中，教师们把自己看作和孩子们一起学习的人。换句话说，教师们不再需要将知识灌输到孩子们的头脑中，相反，他们是和孩子们一起构建知识。

回到新加坡的未来

我们重新回来谈谈新加坡。抛开当前的大环境不谈，思冠公司想要和两位强调"趣味学习"的学者进行交流是令人略感奇怪的。但是，在教育改革席卷全球以及重新定义孩子的成功的大环境下，或许我们的确算得上是开展了一次前所未有的、令人耳目一新的对话。我们的口号是：支持主动参与，支持有意义的学习，支持在家庭、学校和社区中的社会互动。思冠的成员希望将这套科学理论塑造成一种新的力量，用以帮助孩子们在以科技进步为主导的世界中获得成功，因为在当下的世界，仅仅依靠学习知识是远远不够的。

在全球教育峰会的演讲中，赫克曼鼓励我们放弃这样一种观点，即我们可以通过标准化测验——甚至包括像国际学生评估项目这样被高度重视和认可的测验——的分数来衡量成功。相反的是，他要求我们去找出一套让孩子们在世界上取得成功所需的技能。我们认真地接受了这项挑战，本书接下来的内容便描述了我们所提供的解决方案。在充分认识到社交技能和个人幸福也是获得成功的关键之后，我们分享了学习科学告诉我们的关于如何在21世纪让孩子们取得成功的知识。其他国家正在做出的改变，以及我们所处的新世界，都要求我们必须彻底改造我们的教育体系，只有这样，我们的教育才会不仅仅灌输ABC，而且还能够提升孩子们的6C。在未来孩子们走向社会时，6C会让他们拥有一套所谓的硬技能，以及能够提升他们竞争力的软技能。

Becoming Brilliant
What Science Tells Us About Raising Successful Children

第四章
硬技能和软技能：找到最佳的平衡点

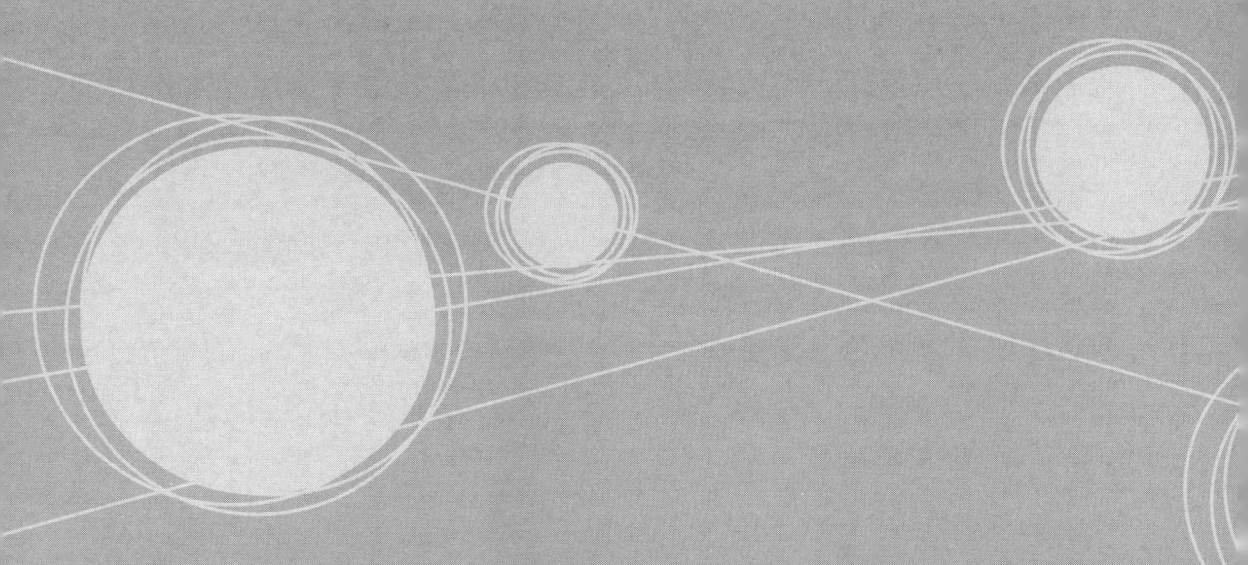

"软技能对人力资本的发展和劳动力的成功是至关重要的。越来越多的证据表明，这些技能完全可以与学术技能或技术技能相媲美，并用来预测人们的职业、收入或其他方面的结果。"在 2015 年 6 月发布的有关劳动力关系学领域的儿童趋势报告的开头就提到了，我们需要超越所谓的"硬技能"，同时更要拥抱软技能。硬技能是指那些容易识别、测验，以及可以跨越时间进行追踪的可测量性结果。传统成绩单上的学习科目就属于硬技能，如数学、阅读和打字等。而在日常的工作场合，硬技能则指的是计算机编程、机械操作或特定的科技知识等。

尽管有些技能被称为"软技能"，但它们和"软"这个特点其实毫无关系。我们在本章中使用这个术语，只是为了和大多数作者的著作中所使用的名称保持一致。我们充分认识到，其实这个术语不是那么恰当，因为这些技能其实是硬技能的基础，而非字面上看起来的对立关系。所谓的"软技能"实际上包括了合作能力、调节情绪的能力（当会议不按你的想法进行时不会情绪失控）以及执行功能。执行功能是一种具有高度集成性的复杂能力，拥有这项能力，能够让你的思维变得更加灵活，或者在面对棘手的问题时找到另一种解决方法，而不是固执地一条道走到黑。当你的孩子在门外大声放着音乐并喧闹玩耍时，你能够把注意力完全集中在平衡家庭收支上，这也是执行功能这一能力的另一种体现。以上这些术语适用于各个职业，无论你是门卫、律师还是医生，都会用到它们，我们将会在第七章继续讨论它们。尽管商业团体和社会科学家在这一领域取得了巨大的进展，但它们却变得更加难以被鉴定和衡量。事实上，我们越了解儿童和成人的人际关系与社交能力，就越能够意识到那些所谓的"软技能"其实一点都不软，并且与所谓的"硬技能"相比，它们可以更加有效地预测一个人的学业成就。

当你回顾商业领域和社会科学领域的文献时，会发现很多术语都被纳入软技能的范畴，其中包括适应能力、自主性、沟通能力、创造力、文化敏感性、同理心、高阶思维能力、正直、计划性、积极的态度、专业能力、韧性、自我控制、自我激励、社交技能、团队合作能力、责任心、领导力、学习能力、说服力、组织能力、主动性、个性、目标取向等。没有人会否认这些技能的重要性，而且只要我们看到这些词，就完全明白它们是什么意思。尽管在今天，以上这些技能早已被视为在职场、学校或其他领域取得成功的关键因素，但我们的教育却仍然执着于对那些硬技能的培养。

《纽约时报》的教育版编辑雅克·斯坦伯格在一个专栏里举例说明了这一点。2009年9月11日那天，斯坦伯格问我们是否愿意为他们报纸上一个名为"选择"的博客写篇文章。两天前，哈佛大学的招生与奖学金委员会负责人威廉·菲茨西蒙斯作为受访嘉宾，回答了读者们有关大学入学的问题。紧接着，《纽约时报》的编辑们就从忧心忡忡的家长那里收到了一千多封充斥着问题和评论的邮件，这令他们非常惊讶。在这些邮件中，父母们坦露了他们的担忧，以及对于如何才能让自己的孩子进入顶尖学府的茫然——虽然他们的孩子有的才刚满5周岁。斯坦伯格认为，家长们的邮件充分体现了他们对于孩子未来的焦虑与不安，并十分渴望得到专家的分析和帮助。

父母关心的问题：硬技能的规则

有一位母亲给菲茨西蒙斯院长的信是我们认为最具代表性的信件之一，她这样写道：

> 我女儿的平均成绩绩点是3.9分（满分4分），她是网球排名赛的双打冠军，并出版了两本诗集（不是那种普通的打油诗，而是精致的、深奥的古典诗），她在去年7月参加了为贫困的危地马拉儿童建立校舍的活动，并在周末参加了有关治疗白血病的义工活动。她马上就要上初中了，我想知道应该加入哪些社团或参加哪些活动，才有助于她今后被哈佛大学录取。

其他提问者如尼迪，她想为她5岁和7岁的孩子找到所谓的内幕消息；伊恩的孩子还在读小学三年级，他就已经想要找到能够提高孩子未来被哈佛录取的概率的最佳方法；切萨拉则想要在网上给孩子购买达特茅斯大学的所有物品，以促使她那还在读五年级的孩子立志考入达特茅斯大学；埃斯特则想要知道，如果花很多钱让他的孩子达科塔接受私立教育，能否帮助他敲开普林斯顿大学的大门。

也有一些高中生的家长，他们关注的焦点是升学，在见面会上，他们中的一些人甚至向菲茨西蒙斯院长提出了相当于公开走后门的申请。例如一位家长一边使着眼色暗示一边说道："我孩子的平均学分绩点是4.0，是校队的运动员，他需要做什么才能成为2014级的一员？"我们甚至见到了当时刚刚成为父亲几天的肯，他想知道是否应该发送孩子的阿普加评分（APGAR，即新生儿出生后使用的健康登记量表），以确保孩子能够在2026级的班级中有一席之地。我们希望他问这个问题是开玩笑，但我们其实并不确定这一点。

我们的论坛原本的议题是不透明的大学录取程序，但这场讨论很快就演变成一个关于"如何才能让孩子上哈佛"的问答环节。这些父母（还有成千上万个和他们类似的家长）采取了"空瓶"的方式来培养自己的孩子，他们相信，只要将正确的内容（硬技能）灌输到孩子的头脑中，孩子们就一定会进入成功的殿堂，并得到一个月六位数的薪水和一个安全的先锋基金账户。

当然，真正的头条新闻是，所有这些问题和评论让我们看到了人们对成功的扭曲理解。虽然我们都承认硬技能是十分重要的，但它并不是孩子的全部，而只是个人发展的一小部分。如果我们真的接受了本书所提出的更加广义的对于成功的定义，那么我们的孩子是否会成为一个好人，以及一个善待他人的人，也同样是重要的组成部分。没有人希望自己的孩子按照传统的标准来实现目标，也没有人希望孩子过得痛苦。我们要向营销人员和益智产业"致敬"——他们把孩子们视为生意和商品，把成绩作为通往光明未来的首要途径。虽然我们一定会为那些赢得拼写大赛或地理知识比赛的孩子们鼓掌，但下一代中真正的赢家将会是那些能够从海量信息中筛选出有效信息并用来解决问题的人，这就如同选择一辆车身更轻、油耗更少的汽车。信息筛选者认为，学习应该是从多种途径提出不同的解决方法，例如解决一个复杂的工程问题，或是为超市购物车的管理提出三种更为高效的可行性方案。他们知道怎样在知识碎片中找到有价值的内容，借用 GPS 的术语，他们能够在错误转弯之后"重新规划路线"。商业领袖和教育工作者都是这样认为的。因此可以说，在 21 世纪全球化的世界里，我们现行的教育与孩子们获得成功所需要学习的东西并不匹配。

商业领袖以及许多行业的领导者都在寻找思考者和问题解决者，而不是单纯的知识吸收者。科学家、学者（比如我们）、律师和各行各业的人们，从服务部门到卫生部门，都必须超越"常识信息"来解读事物，并提出新的想法。正如一位律师朋友所说：

我需要的是能够阅读法律案件，仔细思考其中的论点，随后分析出客户可能得到的潜在后果的毕业生。然而，我必须在每一个环节对这些新律师们进行指导，就像组装一个宜家的书架一样。

伊丽莎白·埃德莎姆和彼得·德鲁克把这类人称为"知识工作者"，就是这些人发明了平板电脑并彻底改变了我们对触屏的看法，也正是这些人目前在开发纳米技术，目标是突破人类在生物学上的瓶颈。例如失聪的人可以通过人工耳蜗恢复听力，无法控制手臂的截瘫患者可以通过眼球运动在键盘上输入信息。知识工作带来的价值的核心是创新，正如德鲁克所定义的那样，创新就是赋予资源一种新的能力，以创造财富。

商业思想家和畅销书作者丹尼尔·平克在《全新思维》一书中这样说道：

过去的几十年属于一群拥有特定思维的特定类型的人——那些会写代码的计算机程序员、可以起草合同的律师，以及能够分析金融报告的工商管理硕士们。但是王国的钥匙正在逐渐被转手。未来属于有不同思维的不同类型的人——那些创造者和有同理心的人，以及模式识别者和意义制造者。艺术家、发明家、设计师、小说家、看护者、安慰者、大思想家，现在这些人会在社会上获得最大的回报并收获最大的喜悦。

丹尼尔·平克想要传达的一个重要信息是，在所有行业，我们都需要更多富有创造力的思考者、更多的发明家。我们没有注意到的是，许多在过去不需要具备信息筛选和鉴别能力的职业，今天都已悄然发生了改变。以销售工作为例，比如说销售复印机。新的复印机不断出现，客户们现在可以在线比较复印机，阅读大量信息。如果复印机的销售人员没有跟上这一变化，那么他一定会在与对手的竞争中失利。在科学上也是如此：如果你不再阅读和解读其他实验室的新发现，你的实验室也会被湮没在灰尘中。

在 2009 年出版的《驱动力》一书中，平克指出，给予金钱或物质奖励这种"胡萝卜加大棒"的激励在 20 世纪是有效的，但也经常会产生与预期相反的结果。平克认为，我们不应该再试图通过外部奖励来激励人们进步，真正有效的是提升人们学习并创造新事物和改善世界的能力，让他们自发地渴求进步。而这种动机完全是发自内心的！

当然，平克并不是唯一一位重新思考我们的孩子在知识工作者的时代究竟需要哪些技能以获取成功的人。在 2006 年的 4 月和 5 月，世界大型企业联合会、企业工薪家庭协会、21 世纪技能合作组织和人力资源管理协会共同发布了题为《他们真的准备好去工作了吗？》的报告。400 多名雇主被问及他们最看重的技能是什么，以及高中、两年制大学或者四年制大学的毕业生是否具备这些技能。有趣的是，在雇主们重视的技能中，排名前五位的是口头表达能力、团队合作能力、专业水平、书面沟通能力、批判性思维与问题解决能力。另外，81% 的回答者还强调了创造力和创新能力的重要性。该报告引用了万豪国际集团董事长兼首席执行官威拉德的话，他指出：

> 为了在当今的劳动力市场获得成功，年轻人需要的不仅仅是基本的阅读和数学技能。他们需要大量的科学知识和信息技术与技能；高超的思维能力，对变化的适应性；以及在多文化、跨职能的团队中取得成功的人际交往能力。

在目前的大学毕业生中，只有 24% 的人被认为拥有优异的、在当今世界获取成功所需的技能。

家庭与工作协会在 2005 年发布的关于雇主的调查也得出了类似的结果。他们的结论是，如果我们的教育不再是为了考试，并且也不再要求学前儿童坐成一排或是必须一起写作业，那么孩子们就会拥有克服 21 世纪挑战所需的技能和多样化的思维方式。根据这份报告，未来所有的工作都需要与遍布全球的伙伴们一起合作来解决问题，因此，独自工作的模式将不再是未来取得成功的典型模式。

2013 年，《福布斯》杂志的一篇文章总结了大学毕业生在工作中获得成功所需要的技能。在全美大学与雇主协会的调查中，排名第一的是在团队中工作的能力以及做出决策和解决问题的能力。

显而易见的是，在思考如何为未来的世界培养孩子时，那些就斯坦伯格的专栏给他写信的家长们与雇主、科学家和教育家们有着不一样的观点。列出一套技能成了重中之重，其中包括硬技能和软技能，还有一些技能似乎是以上两种技能的结合，这些技能可以被学校和家长用来培养孩子，这成了许多人在讨论所谓"21 世纪的技能"时所选择的方向。

技能的激增：绘制蓝图

事实证明，2009 年是一个分水岭——也可能是一个平静的转折点。2009 年时 iPhone 只有 2 岁，YouTube 只有 4 岁，Facebook 则是 5 岁。新一代的尚在成长中的学习者们只需要动动指尖就能获取信息。无论是商业、科学、艺术、交通，还是其他任何你能说得出的领域，都在跨越着地理的界限，而我们学习和处理信息的方式也在一夜之间发生了转变。在我们的记忆中，那些商业领袖和儿童心理学家们第一次使用了同样的语言，并寻求着同样的标准。而在过去的几个世纪里，我们的学校系统发展的脚步却似乎停在了农业社会的某个阶段。

同样是在 2009 年，21 世纪技能合作组织出版了《面向 21 世纪的学习框架》，它包括一个共同核心工具箱、一本书和一本用于专业培训的教师手册。在商业调研的基础上，他们概述了他们的 3R 和 4C 方法。3R 代表阅读、写作和算术的标准，任何学习方法都绝不会忽略它们。但我们目前的教育方式却恰恰止步于此。

然而，这个"框架"其实远远超越了我们的基础教育，它提出了更多的能力要求，即批判性思维、沟通能力、合作能力和创造力，另外，它还增加了学习技能、生活与职业技能，以及信息、媒体、技术技能，如资讯和传媒意识。

同年，我们还出版了一本儿童心理学书籍《学前教育中趣味学习的重要性》，这本书提倡玩耍的价值，并把玩耍作为一种正向的、有参与感和富有意义的学习方式。当孩子们通过玩梯子与滑道的游戏学会了计数，或者通过亚瑟王与圆桌骑士的传说理解了故事的时候，学习这件事就自然而然地发生了。我们的书以实际行动颂扬了学习科学，并且得出我们所说的5C的结论——这是一套源于科研但用于生活的21世纪的技能。5C包括：合作能力（或孩子们如何学会一起工作，以及从另一个角度看问题）、沟通能力（表达和倾听）、知识储备（阅读、写作、数学、历史、科学和艺术）、批判性思维，以及创造力。让许多人惊讶的是，这些技能大都是孩子们一起在沙坑中玩耍时获得的。

到了2009年底，在我们为《纽约时报》撰写那篇文章的时候，5C变成了6C，我们有信心去尝试更多的研究，以列出更为完整的发展技能。当我们在犹他州、伦敦、泰国以及其他国家和地区开展工作的时候，另外还有40个C也陆续被推荐给我们，其中包括文化素养、性格特征、个人魅力以及清晰的思维能力。最后，我们坚持采纳了那些与学习相关的C，它们在科学上是有效的，并且能够适用于真正的在家生活、在学校受教育的孩子们。

令人惊讶的是，"21世纪技能"这个术语的使用率自那时起就在迅速激增。这个词在2009年才首次被提及，而现在，2015年，短短30秒内我们就在谷歌页面上获得了这个词的7 260万个搜索结果。提升"21世纪技能"已经成为一个小型产业——也许会是一个非常大的产业。

第四章 硬技能和软技能：找到最佳的平衡点

埃伦·加林斯基的《成长心智》一书是为这个不断发展的领域做出重要贡献的著作之一，这本书出版于 2010 年，书中罗列了现代社会获得成功所需的七项生活技能。这本以科学为基础的书非常有影响力，因为它把最新的科学成果传授给了教育者和家庭，并直接向他们提出了一个问题："我想让我的孩子成为什么样的人？"

另外值得注意的还有佩莱格里诺和希尔顿的《生活和工作的教育》，以及劳拉·格林斯坦的《评估 21 世纪的技能：评估性学习和真实学习指南》，这两本书为评估学生各项能力的发展水平提供了工具，并基于科研结论提出了关于如何适应 21 世纪共同核心的理念。这两本书的主题非常相似，也都意识到了问题解决能力、批判性思维、沟通能力和自我管理能力必须加入传统的学校课程中，并且必须是能够衡量和评估的。

经济合作与发展组织是由 35 个市场经济国家和 70 多个非成员经济体组成的，该组织在 2015 年发布了一份报告，概述了一系列有助于孩子们在未来获得成功且具有较强可塑性的技能。在这些技能中，他们特别强调了软技能。报告中写道："社交技能与情感能力在孤立状态中的确是不起作用的，但它们能够与其他认知技能相互作用，并有助于人与人之间互相取长补短，还能够进一步提升孩子们在未来的生活中获得积极成果的可能性。"所有这些举措都有一个共同点，那就是它们都超越了传统的观点，不再认为只要掌握硬技能就可以为成功铺平道路。当今社会的孩子们需要一整套包括软技能在内的技能体系。正如人才管理战略专家多萝西·道尔顿所写的那样："硬技能是职业成功的地基，而软技能才是真正构筑成功的混凝土。"

尽管已经取得了不少进展，但我们仍然面临一项难题：我们该如何分类整理大量的技能，并确定在我们的时代中，哪些是取得成功最关键的因素？比起孤立地审视这些技能，我们能否找到一个方法来整合和定义这些能力，从而形成连贯的课程设计、积极的课堂和家庭体验以及对技能水平的良好评估？正如《华盛顿邮报》的杰·马修斯所建议的那样，如果我们无法做到这一点，这些 21 世纪的技能也不过就是一场"最新的并注定会失败的教育潮流"。

硬技能和软技能的良好结合：6C

在这里，我们接受并应对了这一挑战，指出学习科学的发展能够帮助解决这些问题，我们可以通过实证研究总结出一套系统性的技能，并在教育框架中建立模型来完成这一任务。

我们提出的这套技能，即 6C，由 6 种技能组成，它们可以满足以下需求：合作、沟通、知识储备、批判性思维、创新和自信。6C 和现有的其他模型有所不同。第一，我们的模型源自学习科学，并植根于数十年的儿童发展研究。通过这项研究，我们可以将一长串有价值的特质压缩成几项重要的、互相关联的技能。这些技能是递归性发展并经过相互构建而最终形成的。第二，我们的这些技能都具有可塑性。任何人都可以在每项技能中不断达到新的水平，并且没有人能够完全掌握所有知识领域的各项技能。这些技能不是某种性格特质，也不是一次性获得的，更不是一张等待打钩的列表。第三，我们所提出的技能的焦点是学习者本身，而不是老师或者家长。我们的模型不仅强调孩子们能够学到什么，也强调他们的学习方法。第四，这些技能适用于许多情境。这一点很重要，因为孩子们只有大约 20% 的时间待在学校。因此，我们有义务告知家长们，在诸如客厅、图书馆等非正式环境中一样存在着大量的学习的可能性。

更广义地看待成功

那些给菲茨西蒙斯院长写信的家长们，对自己应该做什么来确保孩子的

第四章 | 硬技能和软技能：找到最佳的平衡点

成功有着很清晰的认识。答案非常简单——硬技能、硬技能以及更多的硬技能。当一天结束的时候——孩子们可能真的非常聪明或富有天赋——他们学习了在职业网球巡回赛上所需要用到的技巧，并报名帮助那些生活在偏远地区且贫困落后的孩子们。但这些孩子们同时也承受着巨大的压力。在2000年发表的一篇专栏文章中引用了菲茨西蒙斯院长的话：

> 除非有什么变化，否则我们会失去很多孩子的未来……他们中的大多数都会经历不同形式的挫败，这将是一场灾难……家庭生活的正常架构就这么被摧毁了。

这是因为孩子们不再能抽出时间和家人待在一起了。一家人的海滩之旅也已经让位给了儿童学校的足球训练。

通过借鉴学习科学的研究以及许多潜在的21世纪的技能，我们利用儿童自然成长的过程编织了一张技能网，这些技能将有助于他们获得更加健康和丰富的生活。这个模式借鉴了过去10年中许多广为传播的主题，但它引入了新的视角，即鼓励家庭成员在孩子们离开学校后继续帮助他们发展这些技能。现在的学校大多教授的是硬技能，但要培养一个快乐的、具备较强能力的人，需要的可不仅仅是硬技能。我们选择的这些技能，可以被孩子们用于丰富他们的个人及职业生活，而随着这些技能的不断完善和扩展，它们可以在孩子们的整个人生中提供帮助。

最近发表在《美国公共卫生杂志》上的一项研究阐明了软技能的重要性。研究人员对753名孩子进行了长达20年的追踪调查，从他们20世纪90年代上幼儿园开始一直到他们成长至25岁。哪些因素对孩子们20年后的样子有着重要的影响？你认为智商或者是家庭的社会经济背景一定很重要吗？来，准备好听一些可能会让你感到震惊的事实吧：比起那些社交能力较差的孩子，那些在幼儿园里就具有很强的社交能力，并且经常与人分享、合作或者帮助他人的孩子长大后更有可能接受高等教育并获得高薪水的工作。事实上，无论是种族还是性别都不重要，研究人员猜测，统计学数据与孩子们的个人背景特征是完全正相关的。当研究人员将社交能力加以整合，并用一个满分为5分的量表来给孩子们打分时，他们得出了一些十分有趣的结果：在社交技能上每提高1分，孩子们上大学的可能性就会是原来的两倍，而在25岁后找到全职工作的可能性则增加了46%。其实戴尔·卡内基一直以来都是正确的：在你还在上幼儿园的时候，社交技能就已经很重要了，而且特别重要。社交技能的高低可以预测孩子们成年之后的生活和事业，这意味着我们不得不以一种更为全面的方式来思考校内外教育。孩子们的人生可远不止是他们在考试中所取得的成绩。

6C推动着我们更加广义地看待成功，以培养出快乐、健康、有思想、有同情心和具备较强社交能力的孩子。因此，让我们一起来深入地探讨6C，以便更清楚地了解我们应该如何塑造乐于合作、富有创造力、具备较高能力和责任心的未来公民。

Becoming Brilliant
What Science Tells Us About Raising Successful Children

第五章
合作：一个人演奏不了交响乐

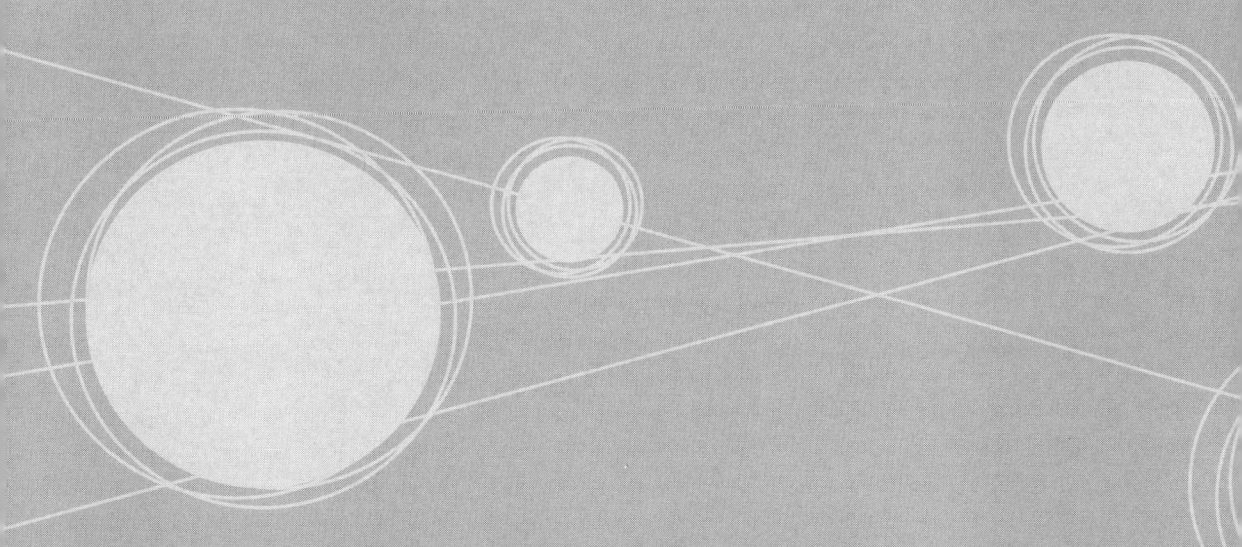

> 永远不要怀疑，一小群深思熟虑、尽心尽力的公民可以改变世界，事实也一直是如此。
>
> ——玛格丽特·米德，美国人类学家

转瞬之间！仿佛只是一眨眼的时间，又一款教育类 APP 已被放入苹果商店的软件库中，而另一个翻唱歌曲的视频出现在了 YouTube 上，令人上瘾的网络游戏中又更新了不少更吸引人的内容。你的孩子是否正盯着屏幕看得津津有味？或者这是否已经是他们今天第 14 次向你请求玩电子产品？这些消耗在屏幕前的时间究竟会对我们的孩子产生什么影响？他们又可能会因此而错过些什么？

加州大学洛杉矶分校的帕特里夏·格林菲尔德教授提出了这一系列问题。她通过一项研究来观察孩子们的社交能力：一项由许多六年级学生参加的为期一周的露营活动，在活动期间他们被禁止携带任何电子产品——就像生存测验类型的活动一样。她将这些露营者与那些在学校里或家里过着正常生活的孩子们进行了比较。这两组孩子在露营开始前都接受了测试，以此来了解他们是如何解读他人的面部表情和情绪的。尽管这两组孩子在研究开始前的生活状态都是完全相同的，但在一周过去之后，与待在家里长时间看着电脑屏幕或者电视屏幕的孩子相比，参加了露营活动的孩子明显有着更好的社交能力。正是与真人进行面对面的交流才使他们之间产生了这样的差异。

对人类来说，无论对象是生活中的伴侣还是来自瑞士的同事，也不论是在现实中面对面还是在网络上进行交流，合作都有着十分重要的意义。人类通过合作了解到了如何学习，如何完成任务，以及如何让自己取得进步。约翰能够制作出很棒的图表，而萨利则善于对观点进行简洁有力的描述，如果他们一起合作，就能够写出一篇十分出色的论文。合作是最基本的软技能，是其他技能的基础。当我们来到这个世界时，我们是孤独而不具备任何能力的，彼时我们所做的第一件事就是和他人进行接触并建立联系。

历史事实及学习科学的研究结果均证实了，他人的存在对于促进我们的学习起着极为重要的作用。在苏格拉底的时代，学习更像是网球比赛中的有来有回，所谓教学相长，而不是现今这种"听课——被动吸收和消化知识"的学习方式。事实上，在每个时代，人们都是在与同伴或其他支持他们的人的互动中学到了最多的东西。传统的犹太教育要求学生与同伴一起对《圣经》进行研究和学习，这种合作学习的方式被称为 Hevruta（以小组的形式通过彼此的探讨来进行学习）。这种"以辩论来学习"的方式仍然在布鲁克林的犹太学校和耶路撒冷的寺庙中被使用。最近，人类学家观察到，这种学习方式就像一场正在社会中传播的运动一样，成为许多人共同的议题。比如民权运动，或者推动"走绿色发展道路"。如果我们从来没有在一起交流和分享过共同的主题及信息，而只是肩并肩地在街上游行一番的话，这些群众运动是根本不可能发生的。合作才是产生这些变化的关键，因为只有通过团队合作，我们才能够建立起组织和社区，并相互尊重。这些反过来又依赖于社交情绪的控制，通过情绪控制我们才可以调节我们的情绪冲动并做出理智的选择，而不是纯粹地发泄个人情绪或做出完全以自我为中心的行为。

第五章 | 合作：一个人演奏不了交响乐

为什么会这样呢？显然，因为我们自从出生起就一直在向身边的人学习，尤其是那些能够敏锐地察觉到我们的想法并积极地给予回应的人，比如我们的父母或其他监护人、老师、朋友、同学或同事们。7岁的乔什非常喜欢和朋友们一起玩一个充满协作性的棋类游戏，在进行这个游戏的过程中，他的好胜心被调动起来，同时也学会了诸如"鬣狗"和"火烈鸟"这样的全新词汇。当我们和2岁的劳拉一起散步的时候，她在人行道上发现了一个鼻涕虫，这时她更有可能学会"蛞蝓"这个词。当崭露头角的新律师们与一位备受尊敬的同事坐在一起，展开一场复杂而深刻的辩论的时候，他们学会了如何像真正的律师那样思考。

如今，由于计算机技术的飞速发展，平板电脑和智能手机等电子产品已经对父母与孩子之间的沟通产生了惊人的影响。你可以试着走进任何一家餐馆或者快餐店，基本都能够观察到这一现象：在55对父母中，大约有40对都会在与孩子一起吃饭的时候使用手机或平板电脑。他们不仅对孩子们讲话越来越少，而且73%左右的人都会全神贯注于手上的电子设备——一直盯着屏幕，几乎忽略了其他所有的东西。

从另一方面来说，数码世界也为个性化学习带来了福音。初中和高中的孩子们正在通过"可汗学院"（美国的一个免费教育平台）来学习代数，在这所"数码学校"里，原本写在黑板上的关于如何求解 $a^2 + b^2 = c^2$ 方程式的例子，在一系列在线课程中得到了更为详细的阐述，并且这些课程可以针对每个学生的长处及弱点进行适配性的调整。然而，这些数码设备能够满足人们对于小组学习（Hevruta）或者与他人一起工作的需求吗？在我们看来，答案显然是否定的。诚然，人们可以从在线教育中学到很多东西，这一点毋庸置疑，但这种学习仅仅是一个开始而已。当我们想要以辩证思维来学习一些内容，而不仅仅是不经思考的全盘接受时，我们就必须与其他人一起讨论和学习这些材料。我们会提出许多问题，例如：这份材料中的内容是完全真实的吗？我们所学的内容是否有什么局限性？在什么情况下也许会不适用？事实上，对我们这些在教育与学习领域开展科研工作的人来说，所面临的挑战是如何以"与他人共同学习"的理念为基础，创造出一种社交型的教育媒体。就如同芭芭拉·史翠珊所说的那样，我们每一个人都是"需要他人的人"。

迈克尔·托马塞洛教授关于黑猩猩的研究更加凸显了人类对他人的依赖。这些毛茸茸的人类近亲同样是群居生活的，尽管它们基因中的99%都与人类完全相同，但黑猩猩的社会中却从来没有类似人类的集群学习行为（比如去学校上学），也从来不会在年长与年幼的黑猩猩之间建立稳固的师徒或传承关系。这是为什么？迈克尔认为，这是因为只有人类才是"极度依赖社交的"。

在位于德国莱比锡的普朗克研究所的实验室里，迈克尔（现就职于杜克大学）和他的学生们在研究猿类究竟掌握了哪些知识，以及它们是如何进行学习的。在迈克尔观察黑猩猩们是如何找到被藏匿起来的食物或其他行为时，其实也正在逐步揭开人类进化过程中的传承脉络。我们可以在迈克尔的网站上一窥他的研究成果，并了解到他所讲述的关于合作的故事。这个故事的开始并没有令人感到意外——尽管黑猩猩很聪明，就好像电影《人猿星球》里描述的一样。在迈克尔及其合作者的一项研究中，他们以一个2岁的孩子和一个年轻的黑猩猩为对象，分别做了一系列的测试，以了解两者对物质世界及社会世界看法的异同。事实上，黑猩猩非常擅长学习实验内容中关于物质世界的部分，它就如同2岁的人类孩子一样，完全能够明白"一个滚动的球会从障碍物后面冒出来"这类情况。但是它的社交能力如何呢？唔，相信从来没有黑猩猩能够担任牧师、心理学家或调酒师的角色。

实验中有这样一项测试，即"通过合作来寻找被藏匿的食物"。黑猩猩和参与实验的孩子都必须分别在两个被翻过来的黄色水桶中寻找奖品，而奖品被放在其中一个水桶下面。两个水桶并排放置且间隔大约一英尺（30.48厘米）。在孩子与黑猩猩对面分别坐着一名迈克尔的研究生，他们首先会直视黑猩猩或者孩子的眼睛，然后指向并看向藏有奖品的那只水桶。人类孩子与黑猩猩是否都能够跟随研究生明显的指示和目光来找到美味的食物呢？具备追随他人观点的能力是建立社会理性的第一步，而合作则建立在它的基础之上。你可能觉得，21岁的黑猩猩祖鲁会认为这是一件压根儿不必费脑筋的事，因为对我们来说，这种情况就好像研究生在大叫："快看！左边的水桶下面有香蕉片！"但事实上，即便祖鲁有着非常丰富的与其他黑猩猩以及人类交往的经验，但它却依然没有抓住这条对我们来说显而易见的线索。而与此同时，2岁的孩子欧文虽然至今还没有和10个以上的孩子一起玩耍过，但他却直接走向了那个放有奖品的水桶。

猿类在合作以及与同伴一起工作这一项目上的成绩接近零分。猿类并不像我们，能够轻易地把不同的事物联系起来。人类学家金·希尔补充说，人类之所以特别，并不是因为他们那脑容量极高的大脑。脑容量并不是我们能建造火箭和飞船的原因——因为没有任何一个个体能够单独做到这些。我们能够拥有火箭，是因为有成千上万人在一起合作并生成了信息与知识。

人类这种一起工作和学习的特征，也就是所谓的合作，会给人类带来巨大的益处。迈克尔的书《我们为什么合作》和《人类认知的文化渊源》也论述了这一点。人类的合作是行为的基础，也正是因为合作，才让我们从动物王国中脱颖而出。人类的语言就是一个很好的例子。人类能够说话，意味着我们咽喉部位的生理结构使得我们比其他动物更容易被食物噎住而导致窒息。这在进化论上显然是疯狂的。然而，语言这一巨大的进化优势盖过了可能窒息的危险。我们今天要去哪里打猎？我们应该带足两天的食物吗？你能想象在没有语言的情况下该如何"讨论"这些问题吗？无论是建造村庄、宰杀动物以准备晚餐、订购杂货，还是扑灭大火，语言作为人类的一种独特的能力，很可能是从我们对合作的需求中进化而来的。人类从一开始就是合作者。

迈克尔把这个论点推演到了极致。合作是所有人类文化的基础，在他的书中写道："这种理解他人并与他人合作的新模式，改变了所有社会互动的本质……因此，一种独特的文化演进形式开始在历史上发生。"

没有人需要重新发明轮子或者重新发现火。我们共享的所有知识以及文化实践最初都是通过合作发展而来的，并且是可以代代相传的，因此我们并不需要每一代人都重新处理同样的问题。正如迈克尔所说，"齿轮效应"不断地改变着孩子们成长的环境。想想摩天大楼、烤面包机和快闪族。200年前这些都不存在，它们的创造都需要合作才能够完成。合作能力不仅对于课堂学习和全球商业很重要，它甚至可以说是人类经验建立的基础。我们所做的每一件事都会受到我们生活的社会环境的影响。除了那些被贴上自闭症标签的孩子，每个孩子从出生起就有着很强的社交优势。

尽管婴儿和孩童的可爱之处甚至可以让一个性情乖戾的人为之倾倒，但他们仍有很多东西要学。只要问问任何一位家长或者幼儿园老师就知道这一点。上一秒还在游戏中愉快合作的孩子们，下一秒可能就会突然爆发激烈的冲突。还记得在我们的新型成绩报告单上有一栏"和他人一起工作或玩耍得很好"吗？事实证明，这一栏中的内容才是我们能否在人际关系以及职场中取得成功的关键。

在商业、科学和几乎任何一个行业中，合作都是一种新的常态。这种新常态包含了一套软技能，如果我们想要获得成功，就必须掌握这些技能。美国国家公共广播电台采访了为苹果和IBM公司招聘技术人员的杰夫·温特。温特说道，有很多人都有很强的编程能力，但他们的社交技能阻碍了他们的发展。他指出："尽管他们很优秀，但他们没有找到他们的扎克。"这里指的是脸书的创始人马克·扎克伯格。换句话说，如果你的社交技能拖累了你，你就不会有机会施展拳脚。如果你不具备与人相处的软技能，你就不会拥有同理心，也将无法避免祸从口出。

事实上，社会控制是合作的基础。研究人员发现，早在孩子们7岁时，其自控能力的差异，就已经能够预测他们在 40 年后将会失业多久。无法控制你的冲动以及情绪表达将会导致冲突，而这也就几乎阻断了继续合作的可能。这些最新的发现与经典的棉花糖实验的后续研究结果十分相似。那些在 4 岁时能够控制自己的欲望，并等到实验者到来之后才开始吃棉花糖的孩子，在申请大学时均具有更好的 SAT 成绩——事实上，他们的分数比另一些人要高出 200 分以上。

孩子们是怎样学会合作的？学习科学指出，他们通过渐进式的四个阶段来取得进步。幸运的是，和 6C 一样，合作也是一种可塑的技能。我们可能生来就是社会性的，但这并不意味着我们生来就具备合作所必需的自控能力。成功的合作所需的要素是可以习得的，也是可以被明确地教授的。和他人一起工作和相处是一项重要的生活技能，在学习科学中，人们称之为自我调节或自我控制。

第一阶段：独立完成

小婴儿奥利维亚因为不想睡觉正在失控般地尖叫着。与此同时，她的父母却在客厅里蜷缩着，不知该如何是好，甚至在想要不要戴上耳机，或者把电视的声音调得更大。其实很多时候奥利维亚也会和他们"对话"，例如她常常一边咯咯地笑着一边高兴地走来走去。婴儿生来就是社会性的，但他们还不知道该如何进行自我调节。作为合格的父母，我们应该做的是帮助小奥利维亚学会如何控制自己。合作是我们一生中都需要不断完善的技能，但它始于自我调节。每当出现问题的时候，自我调节能力能够避免我们变得歇斯底里。奥利维亚的父母可以通过安慰她以及分散她的注意力（"噢，看看那只小鸟！"）来培养她的自我调节能力，直到她自己慢慢学会调节情绪。除非我们学会自我调节，然后学会有礼貌地表达我们的想法，并且真正倾听他人的意见，否则合作将不可能完成。

就像画家们站在高楼外的脚手架上进行创作一样，成人应该成为孩子们的"脚手架"，帮助他们学会互动以及按次序轮流做事情。当2岁的索利试着将三角形插入形状分类器时，他遇到了困难，这时候他的爸爸会帮助他旋转这个分类器，这样索利手中的三角形模具就能够与分类器吻合并顺利地插进去。当索利的弟弟坚持要在吃晚饭时玩玩具并吵闹不休时，爸爸开始给他唱划船曲，小婴儿被歌声所吸引，安静了下来。

孩子们的第一阶段就像是在《聚焦时刻》杂志上玩隐藏数字游戏一样。你甚至不会注意到那些合作的萌芽时刻，也不会注意到父母在推动孩子的自我调节方面所扮演的重要角色。所有这些日常互动都给孩子们提供了更多的机会，并将有助于他们选择更多更成熟的行为。正是在父母帮助孩子们克服挫折，以及帮助他们转向其他选择的过程中，自我调节以及合作的能力才得以形成。

父母在所有领域都能够为孩子们提供帮助。善解人意的父母会帮助孩子们，为他们提供表达自我情绪的其他方式，而这些方式是孩子们自己想不到的。当孩子们还处在第一阶段时，主要是父母在帮助孩子，而孩子们暂时还意识不到父母所扮演的角色。但较低的等级是高等级的必要组成部分。开始的时候，是父母在完成促进合作以及社会控制的任务；到后来，孩子们逐渐地承担起越来越多的责任。

在安迪·梅尔佐夫的婴儿实验室里，14个月大的露蒂正在仔细地观察着一个她以前没见过的男人，他则正在反复尝试着把一串珠子放进一个窄口的花瓶里。他最终放弃了，然后把珠子推给孩子。小露蒂拿起珠子，把它们直接放进了花瓶中——虽然她从来没有看见过他完成这一动作。事实上，小露蒂理解了这个男人想做的事情，并表现出一种精神上的共鸣。这种"看透他人心思"的能力将是小露蒂未来与他人进行合作的基础，同时也是理解他人

第五章 | 合作：一个人演奏不了交响乐

情感的基础。

婴儿随着成长能够越来越多地理解周围的人，但他们并不能真正地与他人合作来实现目标。这在一定程度上是因为他们的目标是非常有局限性的（"我想要那个！"），不具备长远规划。婴儿不可能和你一起计划旅行，也不可能以任何现实的方式进行合作，或邀请谁来参加他们的游戏小组。婴儿甚至没有那些我们认为理所当然的通信设备及方式。

可悲的是，虽然不是所有地方都如此，但我们的确在许多国家的教室里看到了第一阶段中所描述的情况。孩子们越来越多地被鼓励独自坐着，不和别人说话，也不和别人一起学习，很少甚至从来没有被鼓励去与他人合作。

信不信由你，如今在各行各业中有一些成年人仍然处于第一阶段的水平。1991年，据信是由管理顾问吉尔里·拉姆勒发明了"筒仓综合征"这个词。这个如今听来似乎是陈词滥调的词汇，最初是用来描述企业中各部门是如何发展其独立的文化的。人们甚至在和其他部门的人交流时会遇到困难，这明显是第一阶段的行为特点。地盘保护（我们部门只负责做工程，并不需要你们部门的想法，谢谢）就是筒仓综合征的典型代表。如果你有筒仓综合征，就不太可能会有创新。毕竟，谁会去考虑大局呢？你考虑的永远只是自己所在的部门。你是否想成为这类组织的一员：当你走进另一个部门时，感觉就像是在入侵外国的领土？或者你更愿意在丰田这样的公司里，每个级别的团队成员都能在一起讨论并参与决策？引用管理顾问埃文·罗森的话，第一阶段的筒仓综合征"会产生狭隘的思想，以及冗余和次优决策"。你想把你的组织从一个各部门互相独立、互不合作的团队转变为一个运转良好的、团队成员间充分合作的团体吗？我们可以再一次从儿童研究中得到启发，父母的角色从简单的"脚手架"变成了能够促进改变的管理教练。

说到次优决策，我们想到了卡特里娜飓风。据《时代》杂志报道，当路易斯安那州州长凯瑟琳·巴宾诺在卡特里娜飓风袭击当天给白宫打电话时，乔治·布什总统和总统办公室主任都不在。到处都找不到有效的沟通网络——所有人都在自己孤立的环境中处理问题。事实上，联邦紧急事务管理局局长迈克尔·布朗认为，情况正在变得越来越严峻！在这场灾难中，筒仓综合征简直无处不在，它让人们失去了生命，让许多家庭永远活在这场灾难的影响中。当大大小小的社区之间根本无法展开合作及互助时，自然灾害最终演变成了大规模的灾难，而这些灾难原本是可以避免的，或者至少可以很大程度上得到减轻。政府各机构之间缺乏合作，最终在新奥尔良酿成了前所未有的惨痛局面，这必将在很长一段时间里为人们所诟病。

第二阶段：并肩前进

在第一阶段中，作为一个蹒跚学步的婴儿，索利在父亲的帮助下，把三角形模具放入了形状分类器中，并开始学着控制自己的情绪。现在，在第二阶段中，合作的意念正一步步地在索利的思维中生根发芽。索利自发的主动行为越来越多，并逐渐对他人的需求产生尊重（虽然不多，但至少已经有了）。"并肩前进"是"独立完成"的一个进步。小婴儿们明白了他们可以借助别人的帮助来完成一些事情。虽然此时"合作"的概念还没有在他们幼小的心灵中完全形成，但这一意念已经在他们的脑海里出现了。如果我们能将时钟拨快几年，我们将明显地看到孩子们的进步。

3岁的丹尼尔和辛西娅拿着他们的小铲子、小水桶和城堡模型正在沙坑里一起玩耍。刚开始时表现得十分安静，相互之间也没有任何交流，直到丹尼尔忽然发现自己的城堡模型不见了。他看着辛西娅说道："你看见我的城堡了吗？"辛西娅把手伸进沙子，抓住了一个微微显露在沙子外面的红色塑料尖角，然后笑着把丹尼尔的城堡从沙子里拉了出来，并非常开心地说道："在这儿！"在这次玩耍中，他们可能会时不时地聚在一起，把沙子堆起来，或

第五章 | 合作：一个人演奏不了交响乐

者是把之前堆起来的沙子推平，但实际上他们并没有真正地去合作完成一个共同的、有实质意义的行动。他们的玩耍并没有任何的计划性，只是时不时地恰好一起做点什么。因此，科学家们把这种模式称为"平行游戏"。让我们来看看其中是否有些积极的因素：两个孩子在玩耍中的相对自主性，使得他们各自都在维护着自己的空间，与此同时不去占有别人的城堡玩具——至少，在这个过程中他们已经开始学着控制自己的冲动。

在这个阶段，孩子们逐渐意识到，别人可能有着与自己不一样的目标和愿望。小婴儿们，甚至是黑猩猩，都渴望能够帮助成年人去实施他们的计划。哈佛大学的菲利克斯·沃内肯教授把3岁的孩子们放在一个需要通过合作去解决问题的情境中。孩子们是否能够在一台设备上共同操作，来获取小熊软糖和贴纸呢？他们会分享彼此的劳动成果吗？事实上，他们的确做到了，即使其中某一名孩子本可以把所有的糖果都独自拿走，但他还是选择了和其他小朋友一起分享。在3岁的时候，孩子似乎有动力去平均分享他们的劳动成果。而在同样的实验中，黑猩猩们则不会一起合作，因为它们行为的出发点主要是为了自己（典型的第一阶段）。沃内肯和他的同事们写道："人类的孩子与黑猩猩形成了鲜明的对比，黑猩猩之间的合作关系由于它们强烈的抢夺劳动成果倾向而受到了严重的制约。"

托儿所及幼儿园环境的影响能够提高或者减弱孩子们的合作意愿。如果周围的成年人能够给孩子们分配一起做事情的任务，那么即使是非常年幼的孩子也能学会一起工作。"杰克和拉里，你们能不能把那些积木整齐地放在积木区，把同一类型的放在一起？"杰克和拉里非常愿意听老师的话，并把积木分门别类地摆放整齐——长砖块和长砖块放在一起，半月形和半月形放在一起——这正合他们的胃口。当他们完成这项任务返回老师身边时，庄乔老师把他们作为班级的榜样并表扬了他们："拉里和杰克一起把积木收拾整齐，任务完成得非常好！整个过程中我没有听到任何争吵！"只要老师有意识地去培养，孩子们就能够学会合作以及对自我的"社会控制"。

孩子们看起来是充满了分享的欲望的。但是当我们在电子设备上玩平行游戏的时候，这种天生的欲望会被抑制，而这些游戏正在越来越多地消耗孩子们（和我们）的课余（业余）时间。其实，即使是孩子也一样能够完成较低水平的合作。但现实的情况是，孩子们即使和一群朋友坐在同一个房间，也往往是互相发着短信，而不是面对面地聊天！2011年8月22日，乔尔·巴肯在《纽约时报》上发表了一篇专栏文章，他对这样的现状表示非常担忧：

> 当我和两个孩子坐在一起时，他们似乎和我相隔一百万英里那么远，他们被不断变换的在线社交圈、令人上瘾的视频游戏以及虚拟世界所吸引，当他们目不转睛地盯着各种视频短片或他们与朋友们的照片时，实实在在地让人感到哪里有些不太对劲。

如果孩子们沉迷于玩《愤怒的小鸟》或《你画我猜》的游戏，他们将如何学会从别人的视角看问题，如何学会了解他人的感受？

虽然孩子们早已过了一起在沙坑里玩平行游戏（上文所述丹尼尔和辛西娅的状态）的年纪，但实际上仍有许多学习环境的设定体现出了"集体学习"的特点。从幼儿园开始，孩子们坐在一排排的桌子旁，互相挨着写作业，但彼此之间并没有什么互动或合作。如果一个孩子每天晚上回家后都必须完成大量的练习题，这就表明孩子们有非常大的可能是在各自独立地完成任务，而非彼此交谈，共同合作。

共同合作能够增进相互之间的理解。如果克里斯和迭戈需要共同解决分数加法问题，那么当他们一起讨论解题的具体步骤以及这么做的原因时，他们将会更好地理解分数。当迭戈向克里斯解释为什么要在某一步加上分子时，他的角色则超越了单纯的数字计算者，而成为一个问题解决者。事实上，这就是共同核心要求孩子们在学习数学时所做的事情。

第五章 | 合作：一个人演奏不了交响乐

即使学校要求孩子们独立学习，也依然有其他场所可以帮助孩子们建立合作。当我们观看一场儿童足球比赛时，可以注意到那些穿着蓝色和绿色球衣的孩子们一开始只是不停地从一个球门跑向另一个球门，而没有去关注他们的队伍里有谁或者他们自己到底在做什么。他们每个人都只有一个念头——把球踢进球门，甚至会因此而打乌龙球！这时就需要耐心的教练来帮助孩子们理解，他们每个人都是球队的一分子，而不是自己一个人在场上踢球。还需要一位更有耐心的教练来教导孩子们学会自我控制，从而无私地为其他队友助攻，而不是总想着自己进球。在这里，我们又一次看到了，自我控制以及他人协助才是合作的核心特征。

你小时候是否玩过糖果乐园，并一次又一次地接着玩这个棋类游戏？尽管父母们可能都已经要抓狂了，但在这种不断的循环中，孩子们却正在学会轮流参与，以及需要等到其他人结束自己才能开始的规则。我们都明白，这些概念在最初的时候对孩子们来说完全是陌生的，他们需要学着去一起玩这个棋类游戏，而家长则是其中的关键——成为他们的"脚手架"，为他们学会合作提供外部支持。诚然，当父母长时间不在家时，独自玩电脑游戏的体验也是不错的，但这却不能帮助孩子们学会合作。

第二阶段的并肩前进模式非常适合在沙坑里玩耍的情境，但是这种合作相当肤浅。在费城郊区一个主要社区的镇议会上，我们一直能够观察到这种"并肩前进"的心态。这座小镇由于多年的过度利用，很多老旧建筑非常破败，必须进行彻底的翻新。为解决这个问题而成立的委员会中，每个成员都有着自己的关注焦点——一个人想要美化火车站，而另一个则关注城区建设，还有一个关注的是停车场的构造（难道你真的要让一个停车场成为人们注目的焦点吗？）。每个来参加会议的人都为自己的计划感到兴奋不已。可是，预想中的新火车站似乎与城区建设没有任何建筑学上的关联，而所有人又都对停车场的构造表示出强烈的不满。然而，没有任何一个人对"总体方案"有任何的想法。每一个研讨小组都只关注本组的目标而各自为政，却没有人想到要以任何一种方式来协调这些设计。这就是第二阶段——向着一个共同的目标并肩前进，但还没有产生真正意义上的合作。幸运的是，第三阶段和第四阶段与前两个阶段相比，将会有很大的提升。

第三阶段：相互讨论

到 4 岁的时候，曾经一起在沙坑里各自玩耍的丹尼尔和辛西娅已经变得十分乐于分享彼此的水桶和模型，他们会互相询问对方正在做些什么，并进行着"要挖通地球到中国去"的对话。他们能够相互交换意见，或者对彼此正在做的事发表看法。"嘿，你用的那把铲子是坏的，来试试我这把！"辛西娅大方地说道。在第三阶段中，孩子们开始能够一起追求他们广义上的共同兴趣点。或者说，至少他们已经意识到，除了自己的兴趣之外，还存在着"其他人"的兴趣点。他们此时能够表现出一定程度的自控能力（至少有时是这样），因此他们不会去破坏对方在沙坑里的建造成果。早在 1932 年，帕腾就把这种游戏模式定义为"联合游戏"。当你观察到孩子们对彼此的兴趣已经超过对他们手中玩具的兴趣时，你就可以认为他们的表现已经进入第三阶段了。在第二阶段中，孩子们虽然待在一起，但却各自相对独立。如果他们是成年人的话，我们很可能会觉得他们是在彼此生气（或者只是各自打着电话），因为他们之间的互动太少了。在第三阶段的合作中，孩子们开始真正地相互交流并一起工作。"辛西娅，我能帮你一起建造这个塔吗？"丹尼尔甚至已经理解了辛西娅究竟想要做什么！

心理学家们拥有一些很有趣的研究和评估合作的方法。想象一下有 4 名 6~10 岁的孩子正在一起玩游戏，在这个游戏中他们每个人都需要拉住一根绳子。孩子们手中的绳子连在同一支笔上，而这支笔则固定在一个支架上，以

第五章　合作：一个人演奏不了交响乐

保持它与正方形游戏板的接触。这块板子被等分成四个区域，每个区域里都画了一个圆圈。游戏的目标是让笔在游戏板上的每个圆圈中划过，并做出图形标记。在这个游戏里，合作是至关重要的。除非他们能够完全协同地控制那些绳子，否则是不可能让笔在每个圆圈内都做出标记的。孩子们必须自己想办法解决这个问题。每个孩子都坐在游戏板的一角，兴奋地握着自己手中的绳子。如果他们能够成功地让笔在四个圆圈内做出标记，他们每个人都将会得到一小包奖品。那么，孩子们的表现如何呢？简直棒极了！

但是，在随后的实验中，研究人员改变了规则：现在每个孩子会根据他们在自己区域的圆圈中做出标记的次数而单独获得奖励。向合作说再见吧！果不其然，接下来的实验中各种混乱接踵而至。孩子们都试图把手中的绳子拉向自己，却没有一个人意识到，如果他们能够互相配合，轮流在自己的圆圈中做出标记的话，所有人都会得到奖励。这时孩子们其实又回到了第一阶段——他们每个人都想要同样的结果，而且进行了很多的讨论，但合作却只会在极偶然的情况下出现。

这个故事还有另一个影响因素：文化氛围。在集体农场（比如以色列的基布兹）长大的"乡村老鼠"，比"城市老鼠"更有可能合作，因为对"城市老鼠"来说，独立做事更加重要（借喻源自著名的英文寓言故事《城市老鼠与乡村老鼠》）。我们在刚刚描述的实验中所看到的场景，就是发生于四个在城市里长大的孩子身上。于是研究人员也让四个在农村长大的孩子参与同样的实验。这些在集体农场基布兹长大的孩子，全都得到了很多神秘的奖品袋，因为这些孩子一致同意轮流在自己的圆圈里做标记并且非常愿意互相帮助。想要让孩子们学会合作吗？其实只要让他们知道，互相帮助将会比单打独斗收获更多的成果。

反复讨论也同样可以使课堂的学习氛围活跃起来。默娜·贝克老师经常安静地坐在讲台前，饶有兴致地看着自己课堂里的这些三年级的孩子们一起学习或讨论。罗尔德·达尔的《飞天巨桃历险记》是今天孩子们小组会议的焦点。孩子们究竟该如何把故事中的一个关键场景改编成一出短剧呢？他们应该选择哪个场景？是选择巫师将放有神奇种子的魔法袋送给詹姆斯·亨利·特罗特（这个小男孩是故事的主角），从而让他开启整个冒险的场景，还是选择一大群海鸥把詹姆斯和巨桃举上天空的场景？贾马尔和莎文关于这些议题的评论，听起来就像是著名影评人西斯科尔和埃伯特在评论一部电影一样。他们用了很多复杂的语言（"这很重要，因为……"）和"如果……那么"句式（"如果没有那个情节，那就不是一个故事了！"），并且他们像专业的影评家一样展开了辩论。但是，如果他们没有一起学习和讨论这些故事的话，他们有没有可能学到更多东西呢？

针对这一疑问，约翰·霍普金斯大学的罗伯·斯莱文以及明尼苏达大学的约翰逊兄弟的研究结果指出，反复讨论的学习方式与学校中通常采用的"独立学习、相互竞争"的方式相比，能够更大程度地提升学习效果。在竞争的模式里，只能产生极少数的几个"赢家"，而在合作的模式里诞生的"赢家"则会多得多。合作可以扩展语言技能，并鼓励像贾马尔和莎文这样的孩子表达他们的观点。学会倾听他人的想法以及学习辩论技巧——这些都是日常生活中非常实用的技能——无论是在你和配偶的相处中，还是在平时的工作中，它们都能起到十分积极的作用。即使是非常害羞的孩子（还记得你的那位不爱说话的小学同学吗），在小组讨论中也会变得更愿意说话且更加敢于冒险，同时他们也更有可能得到他人的倾听和理解。

但是，如果换成每个孩子独自阅读这本书（《飞天巨桃历险记》），然后完成传统的作业——读后感，他们能够学到同样多的知识吗？显然不能，因为这场辩论活动的核心目的是提供一个让所有人即时交流自己对整个故事的理解的机会。通过其他小朋友的强调，贾马尔意识到，送给詹姆斯魔法袋的人是一个"巫师"——他了解到了一个很酷的职业并学会了一个很棒的新词！而

第五章 | 合作：一个人演奏不了交响乐

莎文在听到其他人的发言之前，从来没有真正理解，一群鸟在云层之上飞行的场景是如何引出整篇故事的。比利则一直在悄悄地观察着其他小朋友读懂了故事中的多少内容及细节，并暗下决心，在下次阅读时要更加认真细致。

这些例子都证明了合作的力量。或者说，在某种程度上，以上这些成功的出现，是因为在孩子们需要去完成的每个任务中——无论是拉绳子的游戏还是课堂阅读及辩论——外力协助都是隐性的。建立类似这样的环境来促进孩子们之间的合作，不仅能够有效提高他们的社交技巧，还能够为他们带来更好的学习成果。

合作学习的模式不仅仅适用于孩子们。著名的《科学》杂志上发表了一篇由三位物理学家联合撰写的文章，他们分别是：路易斯·德斯劳里尔斯、艾伦·谢卢，以及英属哥伦比亚大学的卡尔·威曼。他们厌倦了传统的物理教学方式——讲座，也并不相信学生们在听讲座时都是真的在认真学习。于是他们尝试了一些新的东西，这些新的尝试发人深省、回报颇丰。

他们将学生们分为两组，其中第一组由200多名学生组成，他们在本学期将通过标准的、为时3个小时的量子力学讲座来学习，授课的老师是一位课堂教学评价很高并且经验丰富的老师。

另一组学生的授课则由一位新晋博士后来执行，形式为在课堂上与学生们进行问答讨论而不是传统的讲课。这一组的学生几乎整堂课都在进行着小组合作，并尝试着"以科学的方式思考"。以索尔和米兰达为例。他们被随机分配坐在一起，并组成了一个双人小组。两人起初都不能理解"熵"这个概念。但是老师向他们提出了一系列具有挑战性的问题，来激励并引导他们像物理学家一样思考。当他们不断探索并讨论这些问题时，微弱的理解之光开始闪现，而他们的表情也在兴奋与严肃之间不断变换。最终，在非常确定自己理解了这些问题之后，他们独立完成了一份对问题的回答，并交给了老师。通过新的学习方法，索尔和米兰达的成绩都得到了大幅度的提升。而且毫不意外的是，在学期末的一份调查问卷中，索尔和米兰达都报告说他们非常喜欢物理。如果换成是你，当你和一个朋友一起实践，而不是一直枯坐在冗长且缺乏回应的课堂上，你难道不会变得更喜欢物理吗？新的学习模式让索尔和米兰达自发地投入钻研、互相交流，这在极短的时间内便对他们的学习与理解产生了非常大的影响。索尔和米兰达也都是社会动物。正如学习科学（和古老的 hevruta 小组学习实践）所指出的，索尔和米兰达以及我们所有人都是一样的，我们喜欢向他人学习。

第三阶段的合作在办公室的场景中同样也有所体现。反复讨论是我们开展许多业务以及工作交流的特点。糟了！你电脑的硬盘系统崩溃了，于是你决定去附近的电子商城修理。作为一名只接受过基础技术培训的前台"维修专家"，亚当很快就意识到你电脑的故障已经远远超出了他的技术所能够处理的范围。不过在如今全球化的世界中，亚当并不是独自一人在工作。他立即给在印度班加罗尔的技术团队——身处 8 000 英里之外但真正训练有素的维修专家发了一封加急邮件。通过这种"第三阶段"的合作，亚当将电脑的故障信息发送给远在印度的技术人员，而有了你电脑故障相关的数据，班加罗尔的技术人员就可以向亚当提供针对性的指导，告诉他该如何修复你的电脑。只有通过向远在班加罗尔的苏拉请教，在费城工作的亚当才能取得成功。同样，也只有足够多的像亚当这样来自费城或其他遥远地方的人来联系苏拉，他才能获得成功。这就像是在完成一个拼图：他们每个人都有自己独有的信息，将这些信息互相交换和拼接才能够实现共同的目标。于是，你的硬盘故障搞定了！

让我们一起来想一想，在商业环境中合作究竟需要些什么。迈克尔·施拉格写过一本书《思维共享：合作的新技术》。在当今这个信息爆炸的时代（在关于批判性思维的章节中，我们会讨论更多），没有人能够掌握所有的信息。这就是为什么在合作关系中，借助并融合彼此的长处可以产生如此强大的力量。通过一些方法，我们可以达到更高水平的合作，然而并不是所有的企业都能够遵循这些方法。显而易见，这些方法中的第一步应该是"明确合作的目标"。比如说，我们究竟是想要提升现有小部件的品质，还是想要弄清楚如何降低该部件的成本？接下来的问题是，哪些人应该成为合作的参与者。成功的合作依靠的是不同的意见，而不是相同的观点。正如施拉格所说，合作是共同的创造，当两个或者更多的拥有互补技能的人在一起进行发明创造，或者构想出一些全新的想法时，这种合作才会产生最好的效果。用一位首席执行官的话来说："合作可不是一起喝几杯啤酒，合作是一门学科。"

合作需要广阔的空间和充足的时间。施拉格认为，刨除那些实时的邮件或信息，我们的个人电脑实际上妨碍和抑制了我们与他人分享新的观点。当我们听到"你们有30分钟来一起解决这个问题"时，往往感觉像是在说"我不在乎你们怎样合作甚至是否合作，我只在意你们每个人是否拼尽了全力"。事实上，只有当领导者不再只是耍耍嘴皮子玩玩概念时，合作才会是最有效的。

其实，家长们也可以通过邀请孩子们加入他们正在做的事，来推动家庭中"第三阶段"的合作。比如说，该把柴火堆一堆了，让我们一起来完成吧！又或者，让我们一起整理从杂货店买回来的物品好吗？为什么要认为让孩子们一起参与做事会增添麻烦呢？事实上，当孩子们帮助我们完成这些事情的时候，就是在学着进行合作，何况与此同时我们也可以间接地引导孩子们认知共同协作的重要性。在学校里，有一些合作课题就符合这一要求。比如要求孩子们一起制作一个模型来还原他们在书中读到的场景，这就是一个有趣并且充满合作性的项目。

真正的合作——即第四阶段——对于促进改变与成长是至关重要的。至少在第三阶段，人们开始为了一个共同的目标而进行反复的讨论。正如前布鲁克林道奇队的传奇教练凯西·史坦格所说的："找到一个好球员其实很容易，真正的困难在于如何让他们像一支球队那样打球。"

第四阶段：共同创造

休利特和帕卡德（惠普公司创始人）、勒纳和洛伊（20 世纪著名剧作家和作曲家）、沃森和克里克（DNA 双螺旋结构发现人）、埃伯特和科斯特洛（20 世纪著名喜剧演员）、马斯特斯和约翰逊（20 世纪著名性学家，性学研究里程碑级人物），这几组名字之间有什么共同之处呢？每组名字中的两人之间超级成功的合作使他们在人类历史上留下了印记，也让他们的名字变得家喻户晓。显然，并不是所有的合作都能够达到他们这样的高度，也不是每个人都必须成为明星，"莫莫简餐"这一地方上的小餐馆也可以通过很好的合作而诞生。不过话说回来，如果勒纳和洛伊——或者是马斯特斯和约翰逊——当初不是共同合作而是自己单干，他们一定不会取得后来那么大的成就及影响力。

事实上，无论是音乐剧、性别生物学，抑或是优质的餐饮或服务供应，所有领域的合作都具有一些共同的特点。第一，这些合作伙伴们都有清晰的目标：把新的办公产品推向市场、写出成功的百老汇音乐剧、解开 DNA 的结构之谜、让世界充满欢笑，以及探寻性的真正运作过程。合作者们必须都能够认同该目标的重要性，并且拥有不惜一切代价来实现目标的激情。第二，合作者们之间坚定的信任是必不可少的。在真正的合作中，合作伙伴之间常会进行激烈的反驳和争论——这往往容易动摇彼此间的信任。但事实上，能够博采众长的伟大想法却几乎都诞生于合作者们互相之间的辩论中。在和沃森一起发现 DNA 的双螺旋结构并获得诺贝尔奖之后，克里克谈道："在科学探索中，总保持礼貌将是所有良好合作的毒药。"

最后，每位成员的付出都应该得到尊重，而且团队成员们必须对他们的劳动成果有一种共同的责任感。其中还包括成员们对彼此意见的尊重以及自我控制，这样才能够保证让每个人都可以说出自己的想法。除非南希认为自己是整个过程的一分子，并且为结果的产出做出了贡献，否则她不会感觉到

第五章 | 合作：一个人演奏不了交响乐

自己对最终产品有任何的所有权。而没有了这些元素，合作将会随之消失。前文列举的诸多合作伙伴们全都在一起工作了许多年，包括本书的作者们也都已经合作了35年以上。

那么，这类合作是如何发展而来的？如同我们所珍视的大部分技能一样，它们都起源于我们的童年时代。还记得丹尼尔和辛西娅吗？在第四阶段，我们可以观察到帕腾所提出的"合作游戏"。他们两人一起计划和定义规则，并为彼此分配角色。在看了迪士尼的电影《冰雪奇缘》之后，辛西娅兴奋地说道："让我们来建造艾莎城堡吧。""好的，"丹尼尔说，"但是之后我们必须建造一堵高墙来阻止入侵者。"辛西娅说："那么我来当艾莎女王，你就当奥拉夫，那个雪人。"尽管不是很情愿，但当丹尼尔想到他可以模仿雪人奥拉夫那些充满弹性的神奇动作时，他还是同意了。

一些学校中的活动也上升到了第四阶段的合作模式。你走进一间在不同高度挂满了纸飞机的房间，穿过走廊来到了一个有整间教室那么大的阿梅利亚·埃尔哈特的飞机模型前，或是进入一个正在通过摩斯电码将信息发送给远在另一个房间里的飞行员及导航员的通讯中心……这听上去似乎令人感到不可思议，但这些却是发生在费城郊区的贵格中心学校里的真实情况，那里的老师们每年都会一起为孩子们选择并讲授一些全校性的主题。在科学课上，孩子们会探讨"热力学"的定义，而艺术课上的孩子们则会专注地绘画，并思考如果人类可以像鸟一样飞翔，世界会变成什么样。这种基于不同项目的学习模式（真希望我们小时候也有更多这样的模式）简直就是培养合作的天堂。孩子们能够在一起花很长的时间来认真地探究一个具体的、真实的主题，并提出许多能够推动他们共同调研的问题。在这里，真实的问题指的是那些在日常生活中曾真实发生的情况，比如莱特兄弟为实现飞行而作出的努力。

我们在很多地方都能看到"第四阶段"的合作。例如，五名演员在没有剧本的情况下走上了舞台——他们准备开始一场即兴表演！玛丽是一名身材娇小的金发女郎，她对着一位观众大声喊道："我们是谁？"另一名穿着红色衬衫的男演员则立刻接着喊道："建筑工人！"表演就这样开始了！根据《闪！》的作者马尔科姆·格拉德威尔的说法，在即兴表演中，有且仅有一条不可违背的规则，即"永远不要说不"。"永远不说不"意味着要根据搭档说出的内容来做出积极的回应。如果约翰说："我正在努力避免我的丝袜被这些聚氯乙烯管扯破。"那么玛丽就不能说："你的努力是徒劳的！"相反，玛丽应该接着他的话说："试试把混凝土铺在高跟鞋的鞋跟旁边！"这就是为什么第四阶段是"共同创造"——即兴表演的演员们分享着一个共同合作的总体计划，从而打造出精彩的表演。

当人们互相之间充分了解的时候，即兴发挥的效果将达到最好。如果你和同事们长期在同一个问题领域共同工作，比如在工厂里或在一个科学实验室里工作，那么你就已经走在正确的道路上了！新的思想正是在这样的情形下得以形成并得到评估的。在最佳的第四阶段的模式中，社团（在商业、科学、工程和许多其他领域）将会一起解决问题。通过第四阶段的模式进行合作的组织，很少会有管理层来提供一个自上而下的解决方案。恰恰相反，当小组成员们共同努力寻找答案时，解决方案往往会自下而上地产生。

关于合作的最好例子之一来自开源编程和维基百科。维基百科是"共同创造"的最佳例证："截至2012年6月，维基百科包含了超过2 200万篇可自由使用的文章，共有284种语言，由超过3 400万名注册用户和世界各地无数的匿名贡献者共同编写完成。"基于很多人在同一词条中的合作编辑，维基百科成为我们日常生活中寻找各类问题的答案的绝佳工具就不足为奇了。

我们从维基百科了解到，它成立于2001年1月15日。受到维基百科的启发，唐·泰普斯科特和安东尼·威廉姆斯合作编写了一本书，名为《维基经济学：大规模协作如何改变一切》。这是泰普斯科特与另一位商业专家汤姆·彼得斯所讨论的新的社会现实。泰普斯科特认为，维基百科激发了"成功的合作"。他谈到了他的邻居罗德·麦克尤恩，他如今是一位亿万富翁，并创造了另一个成功合作的例子。麦克尤恩曾经拥有一座金矿，并想要在此开采黄金。但是当他聘请的地质学家们勘测这块地产时，并不能确定这里是否还有黄金，或者说还有多少黄金。于是麦克尤恩决定将这一信息公之于众，他在网上公布了他们的地质勘测数据，并发起了一场竞赛：如果有人能够告诉麦克尤恩这块土地上能否继续开采出黄金，那么其中的获胜者将会得到50万美元的奖励。泰普斯科特告诉我们，在采矿业中，原本没有人会发表他们的地质勘测数据，因为这是他们自己的智力劳动成果。但是麦克尤恩却洞察到了互联网中存在的潜力，并且打破了原有的规则，转而寻求与世界上任何能够给他提供帮助的人进行合作来寻找黄金。最后他不仅找到了黄金，他公司的市值也从9 000万美元增加到100亿美元。

维基百科背后的合作精神激励着人们离开他们原先的舒适区，寻求来自世界各地的帮助，以解决他们所面临的问题。泰普斯科特还讲述了宝洁公司与它的首席执行官雷富礼的故事。在宝洁公司，7 000名研究员仍旧无法让创新的引擎持续运转，所以雷富礼呼吁开展"点子市集"活动。当宝洁公司需要一种微粒来洗掉红酒的污渍时，它就发动全世界研究醚类物质的化学家们一起寻找答案。这种方法果然奏效了。事实上，雷富礼说"联合与发展"正是宝洁的口号，而"发现在别处"则恰如其分地展示了这一策略的价值。"点子市集"的概念并没有给他们带来任何负面影响。事实上，正如第一章提到的IBM研究所显示的那样，凡是使用这一策略的公司几乎都处于其所在领域的领头地位。

当然，这正是彼得·德鲁克当初所预言的状态。德鲁克研究了他的"水晶球"，发现随着知识越来越丰富，未来商业成功的关键是公司"之外"的合作，以及与那些过去被称为"竞争对手"的人的合作。以戴尔公司为例。伊丽莎白·埃德莎姆是德鲁克传记的作者，她指出戴尔公司是"合作的先锋"。戴尔以帮助客户组装自己的电脑而闻名，而组装所用的部件则几乎全部是由其他公司生产制造的。当戴尔开始密切地与波音这样的大公司开展合作，并为它们的网络需求制订计划时，这种合作方式的价值得到了体现。德鲁克对埃德莎姆说道，我们现在就像住在一个"乐高世界"中，各公司正在逐渐跨越地理和商业的边界，并加入一个"乐高人群"，他们生产"乐高"、构想"乐高"，再把它们拆分并重新组装，成为一个全新的"乐高结构"，然后再根据新的情况重新开始这一过程（比喻针对不同的情况选择与不同的对象进行不同层次或种类的合作）。

通过将两场会议中的数字媒体社区连接在一起，从而把人们聚集在一起，为共同的目标努力，这正是丽莎·格恩西所构想的模式。格恩西开始把这个领域的合作形式从第二阶段发展到第四阶段。原本是竞争对手的人们如今坐在一起共同思考应用程序的未来，并去了解各种可能性以及那些可能会成为行业标准的东西。此外，他们还谈到要建立一个新的平台来开发和审核教育程序。这种合作姿态的转变并不会剥夺市场自由，或是束缚住个别学者和企业，抑或阻碍创新。相反，它最大限度地激发并整合了这些群体的才能。随着美国公共广播公司、芝麻街（幼儿教育电视节目），以及其他公司的发展，它们在创新的文化环境中进行着不同程度的转变，这将会使所有人都受益。

父母们应该如何支持孩子们发展第四阶段的合作？家长们可以先看看孩子们就读的学校是否对合作项目持鼓励态度，或者换个角度，孩子们是否总是在独立学习和工作（例如桌子是一排排地独立摆放还是围成一个圆圈集群摆放）。如果学校是鼓励合作的，那就意味着孩子们能够理解什么是共同目标，并且当你向他们提问时，他们能够很好地对其进行解释，此外他们也能够懂得每一个成员的付出都是值得尊重的。同样，课外活动也应该是鼓励合作的，因为在课余时间里，孩子们也渴望与同龄人进行互动和交流。

合作就是一项团队运动。在足球比赛中，如果我们总是自己带球而从不传球，那么我们将不可能赢得比赛；同样，如果我们不能学会合作，并从不同的角度看待事物，我们也无法在全球经济中获得成功。一旦我们确定了要一起工作，就可以通过建立强大的沟通渠道来进行合作，这会使我们建立一个共同的词汇库，并互相倾听彼此的叙述。

行动起来

当我们观察到"合作"时，我们该如何正确地认知它？

关于自己

我们所有人都能成为更好的合作者。回顾一下合作的几个阶段，问问自己：我现在发展到哪个阶段了？我该怎样爬上所谓的合作之阶梯？我是不是那些爱闯黄灯或者喜欢通过别车来阻止他人并道的司机之一？我是否曾在明知道该征求同伴意见的情况下，擅自决定旅行计划？在网球比赛、篮球比赛乃至日常生活中，我们中的许多人往往都会选择自己出手得分，而不是选择助攻——将荣耀一刻让给我们的搭档。事实上，即使是在团队运动中，也总有一些人会成为最有价值的选手。

我们的孩子其实一直在观察我们，我们应该做他们的榜样。如果我们愿意花些时间来反思自己的行为，那么我们可以试着从小事着手进行改变——比如替拎着沉甸甸的购物袋的女士撑住门让她优先通过——诸如此类的小细节将会使我们在寻求与他人合作的态度上逐渐变得更为积极。在这个过程中，我们可以给孩子们更多的发言权——当你允许她全权决定自己要买什么样的衣服时，你难道会介意她是否选了条纹格子款式吗？

关于孩子

学会分享是件比较困难的事，尽管缺乏自控力一定会阻碍孩子们的发展。

毕竟，当你正在秋千上玩得很开心的时候，要求你停下来让给别人玩显然是件困难的事。那么，我们该怎样帮助孩子们意识到，和其他人一起玩耍会更加有乐趣？我们该如何培养孩子们学会分享以及依次轮流行动？我们可以从陪着孩子们轮流滚动皮球开始，接着在棋类游戏中引导他们学会轮流行动，然后可以带着孩子们去与其他小朋友一起玩接传球游戏。毕竟，没有人想要自己一个人来玩接传球！而且，如果我们能够向孩子们展示该如何去做，他们就能够通过我们的行动了解到与朋友们分享以及大家轮流行动的优势。比如，你和朋友们一起设计的布里奥火车模型，其布局通常会比你自己一个人设计的更为复杂和有趣。

推动孩子们学会更高级别合作的第一步，是找到机会让他们开展轮流行动并分享乐趣。之后，可以通过影响孩子们的行为（"下一块拼图如果能让阿尔文来拼那就棒极了！"），并且根据他们的行为反馈，去奖励他们的积极的社交行为："哇，你真是一个很棒的分享者！非常感谢你愿意让阿尔文把那块拼图拼上！"其实在日常生活中，我们有无数的时刻可以鼓励孩子们与其他人合作及分享，而不是独自一个人去完成所有事。

关于周边环境

我们经常被问到，该如何判断哪些学校才是最能够帮助孩子们获得成功的。其实这并不困难，因为如前文所说，合作是可以后天培养的。当你想了解一所学校时，这些东西是值得去关注的：试着弄清楚孩子们是否总是被要求乖乖地坐在自己的座位上，并且只有经过老师允许才能自由行动？孩子们是否会共同构筑一些东西，他们在此过程中的合作效果是否显著？学校里有积木角吗？有没有特意装扮过的角落，能够让孩子们聚在一起玩角色扮演的游戏？对年龄大一些的孩子，可以问问他们是否与同伴们一起合作完成过项目，还是一直都是自己单独完成所有的任务。如果一所学校里有以上这些元素，那么它很可能是一个鼓励合作的地方。但如果没有，可你的孩子又必须去那里上学，别担心，因为在家庭环境里也可以有很多方式来鼓励合作。

那么课外活动又该怎样评判？当然，最优质的课外活动应该是有组织、有计划的，但同时它们也应该允许，或者更加确切地说是鼓励合作。团队运动可能就属于这一类的课外活动。我们之所以用"可能"这个词，是因为近年来，有一些团队运动被一部分过度狂热的教练所侵扰，在这些教练眼里，似乎"不惜一切代价赢得比赛"才是唯一重要的事情。以足球运动为例，教练们是应该鼓励孩子们进行默契的团队合作，还是如前文所描述的足球赛一样——孩子们仅仅是聚在一起追着球跑而已？一旦孩子们能够理解这些有着极强组织性的体育运动中各个队员位置的名称，他们就必须随之学会更好地控制自我来履行他们在该位置上所应尽的职责。这就好比在足球场上，后卫应该去阻止对方球队任何可能的进球，而前锋则应该去射门得分。明确认知你的任务将有助于你的团队取得成功。

那么在戏剧课上情况又是怎样的呢？这类课程长期以来的主要目标，一直都是鼓励孩子们学会站在他人的角度看问题。戏剧表演之所以能够促进合作，是因为在表演时，孩子们不得不互相交流并一起工作。那么芭蕾舞课或者音乐课呢？其实，任何一种需要孩子们在一起进行表演的场景都能够促进合作。而这也同样发生在各种"学雷锋"活动中：一些学校会要求孩子们考虑自己该如何为他们的社区做一些力所能及的好事，这些活动将帮助孩子们意识到，他们需要在更大的范围内与他人进行合作，并且他们也在这个世界上占有很重要的位置。

我们该如何创造出能够促进合作的环境

一旦了解了"合作"的发展轨迹，你就可以设计出那些能够激发合作的环境或情景。举一个例子，在儿童博物馆里，有一只吊桶挂在一台大型起重机上。如果要把桶里的东西拿出来，首先需要有一个人把东西放进桶里，之后还需要有另一个人去操作起重机。尽管孩子们之前并不认识彼此，但他们依旧组成了一个团队，并成功地把（重量轻的）灰色石头从一个地方移到了另外一个地方。合作往往是建立在活动过程中的。

在大学课程里，我们可以通过把小组活动写进教学大纲来促进合作。我们的学生必须以小组为单位做研究报告，有时甚至会鼓励他们通过小组学习来备考。这是为什么呢？因为通过这种方式，你将得到比自己单独学习时更多的收获，你的产出也将超越以往。

以上这些都不会妨碍我们的休息或影响我们个人的独立。这意味着，就像我们常常会寻找机会来培养坚实的个人特征一样，我们也必须寻找一些机会来培养自己的社交技能。我们往往认为，应该把注意力放在知识内容上，学习各种知识点，而社交相关的东西则无关紧要。然而，这些软技能也同样需要练习，在日常生活中，其实有很多机会可以让孩子们学会从一个孤独的个体变成能够在团队中贡献力量的一员。

成功之路

合作对于孩子们的发展是至关重要的，幸福也需要友谊和自我控制。有研究结果表明，那些拥有归属感以及社交伙伴的人会更加健康、愉快和满足。此外，认知类的技能也是需要合作的，这样我的弱项才会被你或他的优势所弥补甚至抵消。这就是为什么合作通常——尽管并不绝对——会比单独工作产生更好的结果。成为社区的一分子，最终将能够促使我们每个人做到最好。想一想，我们该如何才能在这个世界上有所作为。

Becoming Brilliant
What Science Tells Us About Raising Successful Children

第六章
沟通：连接线

> 沟通中一个最大的问题就是它产生的错觉。
>
> ——乔治·萧伯纳

  如果我们的孩子要行驶在信息高速公路上，他们所需要的教育就应该发生翻天覆地的变化。从科技时代到信息时代的变迁就像我们曾经见证过的历史变迁一样，社会从口头体系跨越到一个受古腾堡的印刷机影响的体系。这一变化反映了我们的曾祖父母们在19世纪末的工业革命中所目睹的情况。在20世纪，世界开始变得越来越小。火车和飞机连接了海峡两岸的人们，货物也得以在海岸之间自由运输。如今，到了21世纪，这个世界就变得像一个胡桃一样小了。

  如今，沟通经常跨越地理边界发生。这正是使国际贸易的新范式得以推进的润滑剂。当企业领导者呼吁员工需要有更好的沟通技巧时，他们主要关注两个方面：口头表达和书面写作。雇主们假设所有的员工都会使用计算机，但这些员工都能够表达出他们发现了什么吗？说和写是正在消失的艺术。1964年，爱德华·默罗在获得"人类一家"奖时说："最新的计算机只能迅速加剧人类关系中最古老的问题，最终，沟通者仍会面对这个古老的问题，即说什么和如何去说。"

约瑟夫·普里斯特利被认为发现了氧气,他曾经说过:"我们沟通的方式越精细复杂,我们的沟通就越少。"真希望普里斯特利能看看脸书、轻博客和推特!人类渴望沟通和联系。我们一直在发明新的交流方式。我们中的许多人都无法克制自己在开车时打电话,尽管我们知道,即使是使用免提电话,也是不安全的。克利福德·纳斯是斯坦福大学研究电子干扰的社会学教授,他写道,当我们开车时,我们通常是独自一人。这对从根本上而言是社会性动物的人类来说,是很困难的。"电话铃声或短信铃声成为人类联系的保证,就像人类的猫薄荷一样。"

来说说猫薄荷!根据皮尤研究中心的互联网和美国生活项目调查,在2011年,年龄在18~24岁的人群中有95%的人平均每天发送或收到109.5条信息。短信是绝佳的分享碎片化信息的途径,并且我们一直都在使用它。

交流是不可抗拒的,它对我们的生存和进化做出了毋庸置疑的贡献。但是还记得那个边发短信边走路,结果一头栽进喷泉的女人吗?类似的事故越来越多地发生在成年人身上,并且当家长们忙着玩自己的通信设备的时候,这也经常发生在运动场上玩耍的孩子们身上。沟通有着不可抗拒的吸引力。惩罚人类最残酷的方式就是把他们孤立起来,对孩子们而言,我们把这称为"暂停"(time-out)。

"有效的沟通"是推动合作的动力,同时,沟通也建立在合作的基础之上,这是因为,如果没有人听你分享故事,交流也就没有必要了。许多故事都告诉我们沟通的重要性,这甚至超越了单纯的合作。举例来说,丽莎·格罗斯曼的《连线》杂志专栏报道了题为《度量标准的数学错误使火星气象任务失败》的故事。1999年9月23日,当著名的"火星气候探测者"号消失的时候,它被认为进入了一个稳定的环绕火星的轨道。然而探测器并没有像规划的那样环绕火星飞行,它飞行得过低,以致进入了火星大气层的顶部,随后被焚毁了。这是为什么呢？因为负责这一高科技任务的科学家们之间沟通混乱。来自美国国家航空航天局（NASA）的团队使用了公制单位，然而探测器却被设定为使用英制单位——英尺和英寸。这导致的结果便是一颗卫星的损失——一个价值1.25亿美元的灾难！

沟通包括能让别人理解你的信息的口头表达、能让别人领会你所写内容的清晰有效的书面表达，以及真诚的倾听。工作中成功的沟通只是孩子们需要的一部分。要想在人际关系中获得成功和愉悦，他们必须以礼貌的方式和别人说话。直呼其名？这是不可接受的。真诚地分享自己的感受？这是必需的。

在全球经济中，我们需要这些技能来与他人合作，分享信息和说服他人。在我们的文化、科技、政府、医疗以及体育和娱乐的世界中的每一个领域，这都是必要的。扎克·比索内特是一位商业作家，他曾逗趣地将他的一篇专栏文章的标题定为《正在找工作吗？研究莎士比亚吧》。由于雇主希望员工具有优秀的沟通技能，比索内特建议大学生们选修一门需要大量写作的"高级写作"课程。公共演讲的课程可能是最有帮助的，因为它可以教会你如何克服恐惧。当蕾妮要在会议室里的10个人面前进行演讲时，尽管10个人并不算多，甚至连人群都谈不上，但她还是感到非常害怕。但是，能够说服她的同伴，让他们认同为孤儿院做公益工作的重要性，这对她来说是非常重要的。蕾妮不得不"找到她的声音"，以分享她的想法。她在当地大学选修的公共演讲课程改变了她。如今，她已经可以游刃有余地在公共场合演讲了。蕾妮不是第一个克服演讲恐惧的人。1936年，戴尔·卡内基写了一本书，书名为《人性的弱点》，这本书至今仍然是商务交流的畅销书籍。根据维基百科的说法，有800多万人曾参加过戴尔·卡内基的课程。

沟通不只是面对面或在电话中发生，国际边界在网络空间中每天被数十亿次地跨越。如果美国公司犯下的一些错误不是那么代价高昂的话，它们会很好笑。根据 Kwintessential 网站提到的，一家公司把它在拉丁美洲发行的昂贵的新目录册的每一页都印上了"OK"的手势，但是，由于在许多拉丁美洲国家"OK"的手势被认为是一种下流的手势，所以所有的目录册都必须重印。还有一个沟通不当的事例，也是发生在拉丁美洲：有一种新的食用油的名称，在西班牙语中的意思是"公驴油"。公司的经理们感到非常震惊。想象一下，有多少产品必须被召回和重新包装。生活在一个全球化的世界中意味着曾经寻常的生意也可能会变得危险。这些公司必须从它们工作的国家的角度来考虑问题，否则它们可能会制造很多错误。比如，在伊斯兰国家的古龙水广告中，让一条狗在一个有男子气概的男人身旁，这就是不恰当的，因为在这些国家狗被认为是不干净的。

成为一名优秀的沟通者、倾听者或写作者并不是件容易的事。20 世纪 40 年代的喜剧演员阿博特和科斯特洛就是在对话中绕圈子、抓不住重点的"专家"。在他们著名的相声表演《谁在一垒》中，他们展示了沟通失败的典范。无论是在学校、家里还是其他地方，说话、倾听、写作和辩论都是必须学会的技能。这些能力是通过一系列的等级，以可预见的方式磨炼出来的。与其他各项技能一样，这一切都从摇篮开始，并在整个生命周期中被重新审视。婴儿在摇篮中的行为是达到更高水平的基础。

第一阶段：原始情绪

哭泣。这是像利兹和乔丹这样刚成为父母的人最先注意到的事。他们的新生儿露露在不断地哭泣。哭泣会吸引人的注意，大自然把它设计得很好。露露哭泣的脸就像在尖叫："快看我！"她的嘴巴张得大大的，眼睛闭上了，她的紧张感随着身体的颤抖和僵硬变得更加明显。而露露的父母此刻就像脑死亡了一样，不能做出回应。的确，科学发现这种交流是十分有效的。当露露哭泣的时候，利兹和乔丹也会感受到一些不舒服的生理变化，如血压升高和心率加快。

学习行业正是利用了孩子的啼哭给父母带来的不适感。一些人认为，在那些笑声和哭声背后，存在着复杂的沟通。普里西拉·邓斯坦声称，婴儿会发出五种类型的哭声，分别意味着"肚子饿了""帮我打嗝""我累了""肚子胀气了"和"我不舒服"。因为邓斯坦曾参加过奥普拉的节目，学习行业现在开发了邓斯坦婴儿语言系统。露露的父母被吸引了。只要39.95美元，他们也能解读露露的"语言"。但其实并没有那么快。学习科学家测试了这样一种观点，即人们可以区分不同类型的哭声背后的含义，结果并非如此。我们可以在孩子哭的时候大致区分他们痛苦的程度，但无法区分它是意味着"我不舒服"还是"我饿了"。

那么为什么我们不再继续哭了呢？在第一年中，露露得到的拥抱和安慰越多，她就哭得越少。渐渐地，像露露这样的婴儿变得更容易交流了，他们能够用更复杂的方式表达自己的情绪和愿望。失去控制，呼吸急促，哭得停不下来，这些都不是告诉人们自己想要什么的有效方法。像露露这样得到安慰，并学会安慰自己的婴儿们，很快就会以更成熟的方式进行交流。大概到一岁，露露学会说话前，她会用所谓的"皇家规则"来交流。为了回应指向一个方向的小手指，露露的父母会冲到冰箱前取回苹果泥。与最初的尖叫相比，发出咕哝声和用手指出方向，会帮助他们更快地得到想要的结果。

当露露的父母冲到冰箱前时，他们对她的非语言要求做出了及时的回应。在她的手指向某一方向后，他们立即行动起来，并且试图理解她的意思。我们的研究表明，以这种方式做出及时的反应，是帮助婴儿提高交流能力的最佳方式。我们发现，与看电视相比，人们和婴儿的互动更能够有效地帮助他们学习语言，这本身就是一个众所周知的发现。但同时我们也发现，无论是在婴儿身边，还是通过网络视频，人们对婴儿进行语言教学的效果是一样的。

事实证明，与祖父母的对话真的很有效！当婴儿艾莉指着她的睡衣发出声音的时候，祖母说道："噢，你正穿着睡衣呢！"祖母正在帮助艾莉学习"睡衣"这个词的正确发音。偶然的交流事件可以把沟通带到下一个更深的层次。作为成年人，我们所做的一切都是建立在这一基础上的：当约翰谈起伦敦，而凯西谈论那里的剧院的时候，约翰就知道凯西倾听了他刚刚说的内容。

在学校的教室里，进行第一阶段的交流的孩子们经常会遇到麻烦。这些孩子缺乏自控能力，他们生气时就会发脾气，想要一个东西时就会自己去霸占它。毫不意外的是，这些孩子很少得到老师的喜欢。有许多项目和课程可以训练孩子的沟通能力和社交技巧。第一个是费城德雷赛尔大学的默娜·舒尔教授创建的项目"我能解决问题"。这个项目已经被学校用来预防暴力，并且获得了奖项。宾夕法尼亚州立大学的马克·格林伯格教授创建了另一个名叫"路径"的课程，旨在促进另类思维策略的发展。与舒尔的项目一样，他的课程是基于科学的，当然更是基于常识的：与攻击先抢到秋千的孩子相比，学会用语言来表达愤怒是一种更有效的方式。

当爱默生被告知不能再吃一块蛋糕时，她说"我非常生气"，然后开始跺脚，而不是抢走妹妹艾米的蛋糕或者尖叫着在地上打滚。这表明第一阶段的交流会被第二阶段的交流所取代。通过指导爱默生转移注意力（"噢，你午饭时不是吃了一个大冰激凌蛋筒吗？"），或者告诉她当她生气时可以"用她的语言来表达"，爱默生的父母帮助她在情绪管理方面做出了很多努力。这些温馨和有回应的互动为更好的交流铺平了道路。

在2012年的就业前景调查中，全美大学与雇主协会发现了沟通和合作能力的相互联系。在这一调查中，排名最高的是"在团队结构中工作的能力"。但如果没有良好的沟通，合作就不会发生。所以"能够和组织内外的人进行口头交流"成为雇主提到的第二个重要的技能。合作取决于它。

有时候沟通也需要写作。2011年全美教育进展评估写作框架告诉我们：

"写作是一种复杂的、多方面的、有目的的交流方式。"埃德蒙被要求在一个重要会议中做会议记录,他忘了他是写给那些不能出席会议的人看的,结果没有一个人在读了会议记录后能够理解其中的内容。以自我为中心的写作就像跟自己说话一样。在美国,有 21% 的 12 年级学生没有达到写作能力的"基本"水平。

在有压力的情况下,即使是行业领袖也可能回归到第一阶段的沟通模式。易趣(eBay)的首席执行官梅格·惠特曼被指控口头训斥了一名员工,并在这个过程中推了她。她花了六位数的和解费才把这个问题解决。对员工采取"攻击性的战术"是毫无意义的。尽管许多工作环境都给员工带来了很大的压力,但如果你通过情绪化的、激烈的长篇大论来释放压力的话,最坏的结果是你会收到一份解雇通知书。即使是最好的情况,也要花很长一段时间才能恢复同事和主管对你的看法。

另一个在业界处于第一阶段交流的例子来自 eHow Money 网站。2001 年,一家不知名的医疗软件公司的首席执行官也失去了冷静,他通过电子邮件就迟到早退的问题对所有员工进行了斥责,甚至威胁他们,要通过取消员工福利来惩罚他们。在我们这个微小的、相互联系的世界里,这种第一阶段的交流方式会产生广泛的影响。一位员工收到了这封充满怒气的邮件,并把它公布在网络上,这给了这位首席执行官有力的一击,这家公司的股价持续大幅下跌。

良好的沟通不仅仅包括保持冷静和以可接受的方式表达情感。商业领袖们都迫切希望员工拥有良好的沟通技能,主要包括口头表达和书面写作。我们的高中生和大学毕业生也许可以在电脑上做技术工作,但是他们能就他们发现的内容进行交流吗?说和写成了正在消失的艺术。

倾听技巧与良好的口头表达和书写能力一样重要。由于做出无意识的反应,我们可能会成为糟糕的听众。有时候手势和面部表情比语言更有说服力。

加里是一所重点大学的校长，在倾听访问学者做研究报告的时候，他会模仿喜剧角色皮威·赫曼的样子来做鬼脸。友好的同事们不得不提醒他，他正在做出这样的行为。他没有意识到他的心情全写在他的脸上。很明显，就像美国国家航空航天局和"火星探测者号"的工程师一样，经验、年龄和高学历并不能保证一个人的交流能力超过第一阶段的水平。

最后，第一阶段描述了那些"难以去倾听"的人（但并不一定是"有听力障碍的人"）。尽管我们生活在一个对博客、短信和微博无法抗拒的社会，但矛盾的是，我们发现真正的倾听反而变得越来越难了。其中一个原因是人们很难放下手中的电子设备。劳拉的朋友们都知道，他们几乎要把手机从她的手中夺走，才能和她进行交谈。

借用一本最近出版的书的书名，我们常常"心烦意乱"。有时候，注意力分散会付出惨痛的代价。2008年，一辆客运列车与一辆联合太平洋货运列车在加州相撞，造成25人死亡。当时货车司机正在发短信，并通过了停车标志线，右转到迎面驶来的货运列车的轨道上。当我们谈话时，发短信和打电话会让我们更难集中注意力和倾听。第一阶段的交流就会造成这样的结果。

我们真的是被驱使着分散注意力。露丝和丈夫布莱尔以及两个二十多岁的孩子一起坐在餐桌旁，每个人都在玩自己手上的电子设备。她的儿子说道："今天肯定很难成为一个孩子，因为没人跟你说话。"第一阶段的交流就像这样：每个人都在自己的世界里。这有点类似于平行游戏。第一阶段的交流就类似于你在脸书上发布自己吃了什么早餐，或者只是发泄自己的情绪。交流必须超越这一层次，从而变得更好。在第二阶段的交流中，至少情绪得到了控制。

第二阶段：展示与讲述

在1994年的电影《低俗小说》中，乌玛·瑟曼问约翰·特拉沃尔塔："你在听吗？还是你在等着说话？"特拉沃尔塔回答："我在等着说话，但我正试着倾听。"第二阶段！就像是老师说："戴安娜，轮到你来展示和讲述了。你今天想跟我们分享什么呢？"小戴安娜一直坐在她的座位上，等着分享她的宝贝（一个需要一系列复杂动作才能打开的木制的中国谜盒），但她几乎完全没有听欧文、亚历杭德罗和舒密尔的演说。她迫不及待地想要展示，并且这么做了。展示和讲述的重点实际上是展示者，而不是观众和倾听者。这比第一阶段要好，因为至少戴安娜意识到房间里还有其他人。但她并不在乎他们是否在听，或者是否做出回应。只要能表达，她就很高兴了。社交媒体是一种新的展示和讲述。脸书大约有 8.45 亿用户，更不用说 Instagram、品趣志（Pinterest）、推特和其他的分享网站了。用户们每天都登录。这些网站上几乎没有对话，都是图片、事件和成就的分享。

第二阶段相当于我们小时候写的读书报告。还记得那些吗？菲利普写了一篇关于《哈利·波特》的报告。他在封面上画了一幅哈利的画像，接下来是报告的内容。但菲利普提供的只是对事件的逐个叙述，并没有考虑到读者的知识储备。首先，哈利是一个和麻瓜生活在一起的男孩。然后，哈利收到很多邮件，告诉他去霍格沃茨魔法学校，诸如此类。菲利普从来没有解释，麻瓜是非魔法界的人，而和他们不同的是，哈利是一个魔法师。或许菲利普假设他的读者已经读过这本书了，但更有可能的是，菲利普所完成的只是一份没有评价性内容的信息堆积。在大学写作中，这就变成了读起来像一长串清单的论文——一个要点接着一个要点，没有特别的顺序，也没有内容的整合。有时，这些论文并没有一个论点，并且让读者在阅读过程中远离了论文的主要内容。完成一篇优秀的论文不仅需要重复事实，还需要对内容进行整合。换句话说，这些信息是如何结合在一起来讲述一个"故事"的？

学会如何倾听，如何有效地与他人合作，以及如何从听众或者读者的角度看问题，是孩子们（以及我们成年人）需要知道的最重要的事情之一。甚至还有一个著名的学前教育课程,来帮助孩子们培养这些技能。心理学家埃琳娜·博德洛娃和黛博拉·梁开发了"心智工具",教那些不够幸运的孩子在家里上"听力课"。孩子们把故事书中的故事"读"给对方听,并用图片来讲述他们最喜欢的故事。当轮到乔纳森来"读"书时,他面前的桌上放了一张嘴巴的图片。而劳里则拿着一张耳朵的图片来提醒自己,她不是说话者而是听众。然后轮到劳里了,他们交换了角色,劳里选了自己最喜欢的故事书。"心智工具"和其他类似的课程都被证明是有效的,其成功之处在于:不仅可以提高倾听技巧,还能增强孩子的自控能力,帮助他们在阅读和数学方面做得更好。

由于老师们被要求为考试而教学,美国的许多课堂都呈现出第二阶段的交流模式——老师进行展示和讲述,而孩子们负责倾听。正如杰奎琳和马丁·布鲁克斯在他们的《建构主义课堂教学案例》一书中所说,美国的课堂主要是围绕老师的讲课而不是孩子的活动。也许有人认为这是一种"智慧之源"的模式,老师们教育和期待孩子们去重复他们"学到"的内容。课堂交流的流程图将显示出大部分的箭头都从老师指向学生,少数箭头会从学生指向老师,或者指向孩子们。这种模式有什么坏处呢?毕竟,我们中的许多人都上过这样的学校。

学校不是必须采取这种"展示和讲述"的模式。凯莉·费雪是坦普尔大学的博士毕业生,她想知道和4岁孩子交流"是什么使三角形成为三角形"的最佳方式。如果她直接说出答案,孩子们会学到"三角形的秘密"吗?如果她和孩子们一起发现这些信息,情况是否会不一样呢?4岁的宝芬妮是一个健谈的孩子,她喜欢和凯莉单独坐在一起时得到的关注。凯莉告诉宝芬妮,假装她们是侦探,她们甚至戴着侦探帽。她们的任务是去发现三角形(或者任何形状)的秘密。是什么使三角形成为一个三角形呢?凯莉提醒宝芬妮注意到,三角形有边,暗示她这可能就是秘密所在。宝芬妮数着边数宣布:"没错!有三条边!"她非常满意。

宝芬妮的朋友珍妮弗的游戏却不同。珍妮弗和凯莉仍然是侦探,她们也戴着侦探帽,但是凯莉发现了秘密("噢!它有三个边和三个角!"),而珍妮弗只是被动地看着她兴奋地数着角和边。珍妮弗属于"告诉他们信息"("教授型教学")小组。在宝芬妮所在的"指导下的游戏"小组,孩子们数着边和角,然后一起发现了这个秘密。

为什么要和孩子们一起玩这个游戏呢?他们比我们知道的要少得多。为什么不直接告诉他们三角形的性质?这样做似乎更有效和直接。情况是这样的。宝芬妮所在的"指导下的游戏"小组所学到的东西,远远超过了珍妮弗所在的"告诉他们信息"小组所学到的。在最后的测试中,只有那些"指导下的游戏"小组的孩子们知道,奇怪的胖三角形和高瘦的三角形都是三角形。而坐在一旁看着凯莉发现三角形秘密的另一个小组的成员,他们并不完全明白是什么使三角形成为一个三角形。有时,这种方式适得其反。

但是,孩子们能靠自己来弄明白是什么使三角形成为一个三角形吗?彼得在自由游戏小组,他拿到了许多棍子,以组成不同的形状。事实证明,如果没有成人的帮助,孩子们完全不能了解形状。教师们必须给孩子的学习提供帮助和支持,他们应该邀请孩子们参与进来,而不是仅仅告诉他们信息。

通过被动的第二阶段的方式来学习或许能够让孩子们通过考试,但其作用仅限于此。向他们呈现一个不寻常的三角形,他们的认知就会脱轨。尽管我们的许多学校都采用了"照稿子念"的学习方式,让老师不去问孩子们问题和跟进,但家长们可以在家里问孩子们问题,并和他们一起讨论。我们中有一个人和孩子们玩了一个"提出论点"的游戏:告诉你的兄弟姐妹和我,你想看哪部电影以及为什么,并且捍卫你的答案。虽然这听起来很平常,但它确实帮助孩子们学会了用礼貌的方式表达自己的想法,并进行创造性的思考。

听说过翻转课堂吗？翻转课堂基于以下发现：在高中和大学，主动学习比坐在教室听课更有效。在翻转课堂，学生们在家观看教学视频，然后在课堂上和同伴一起完成以前是家庭作业的那部分内容。每个人都可以在课堂上发言，并对材料进行操作，而不是像"智慧之源"模式一样，强迫学生被动吸收知识。这就把学习的责任放到了学生身上。它把一个被动的、坐着听课的环境，变成了一个有创造力和活力的课堂，在这里，学生参与是一种常态，而不是例外。但是，翻转课堂并不仅限于高中和大学。特雷彻老师想让她的二年级学生在社会研究课上体验翻转课堂的模式。他要求家长和孩子们一起在家里观看一段关于地图的视频，视频介绍了他们需要的词汇，比如"南""北"和"图例"。第二天，孩子们以三个人为一组，制作了一张学校附近社区的地图。在这堂课上，孩子们玩得很开心，他们使用了所有的新词汇，并且不停地进行交流。你喜欢哪种课堂，传统课堂还是翻转课堂呢？

第二阶段的交流模式在商界和非营利组织的世界里持续了很长一段时间。这种交流有点类似于平行游戏，把会议室变成了沙坑。想象一下，罗伯塔和凯西参加了一个非营利组织董事会的提名委员会会议。我们在那儿帮助选出下一任主席。随着谈话的进行，我们发现"掌权的人"已经决定了谁是下一任主席。我们为何在那儿？这是一场劣质的沟通。

和第一阶段相比，第二阶段的倾听和表达已经取得了很大的进步，但这并不意味着人们的沟通产生了真正的理解。2003 年，布朗女士进入医院接受手术，45 厘米的结肠被切除。尽管她只有 31 岁，却永远也回不了家了。她被输入了 3 000 毫升错误血型的血液。怎么会发生这样的事？根据联合委员会关于改善员工沟通的指南，如果医疗事故在这个国家的主要死亡原因列表中，那么它将会在事故、糖尿病、阿尔茨海默病之前，排在第 5 位。1995 年到 2004 年期间造成患者死亡或者受伤的事件中，有 66% 的事件是像布朗女士所经历的医疗事故。在受过高等教育、善于表达和有才华的人之间的沟通错误，造成了许多其他的事故，比如给出错误的药物和手术差错。从飞机着陆失败到工业灾难（如1984年印度博帕尔毒气泄漏事故造成了超过2.5万人死亡），再到医疗事故，生命太短暂，我们不能停滞在第二阶段的交流上。

正如管理学大师彼得·德鲁克所说，当我们是第二阶段的听众时，"我们听到的基本上是自己所期望听到的，而通常会自动忽略自己意想不到的事情"。其他商业领袖也对真正倾听的重要性发表了评论。彼得·纳尔蒂是《财富》杂志编辑委员会的成员，他认为，倾听是领导者最有价值的技能，并将伟大的领导者和普通的领导者区分开来。在商业、学术或非营利组织中，处于权威地位的人必须从别人的视角来看问题，才能进行有效的沟通，并提升到第二阶段以上。否则，他们的沟通只不过是将自己的议程安排传达给别人。

在成长的过程中，当家庭成员处于第二阶段的倾听模式时，我们中有人会这样表达："如果明天不下雨，会是好天。"我们用了一个非常明显的方式，把人们从第二阶段中唤醒："醒醒！你没有在听！"电子屏幕可能加强了第二阶段的倾听模式。

第三阶段：对话 / 交换意见

"每次我们开口说话的时候，我们都充满信心——相信我们想表达的意思或多或少都会被听众们理解。"在《朝九晚五：工作的男人和女人》一书中，黛博拉·坦嫩提供了很多失败的男性和女性对话的例子。但你其实都不需要去看异性之间的交流所产生的混乱，许多交流的混乱局面都是同性制造出来的。尽管如此，在第三阶段，真正的交流产生于来回的对话中。杰克·肖可夫教授称其为"服务和回报"。

艾略特打了一个球，约翰跑到球落的地方并把球打回来。然后艾略特必须预测约翰将在哪里打下一个球。接着他会跑到那里并准备把球打回去。比赛者会对对手的行为做出反应，而第三阶段的对话也会以同样的方式进行。我们找到了一些有价值的资料进行分享，充满信心地希望听众们能够了解我们所提供的东西，并且对其提出意见，然后将一些新的信息反馈给我们，之后我们再做出回复。

作为语言发展的研究者，我们在肖可夫教授的研究基础上，想进一步知道，这种"服务和回报"对学会说话到底有多重要。一个关于母亲如何与2岁孩子沟通的研究，对这个问题做出了回答。我们的研究小组发现，母亲和孩子之间来回的、"服务和回报"形式的交流越多，一年后孩子的语言能力就发展得越好。我们所说的"会话二重唱"对学会交流至关重要，一个人不能独自进行良好的沟通。

在YouTube上，我们发现了一段很出色的、在孩子之间进行的第三阶段模式的对话。就像一位自豪的父亲所告诉我们的那样，这是他们第一次独立地打电话。孩子们在各自的家中被录像，所以我们看到的是对话的双方来回说话的剪辑。他们正在讨论的重要议题是在公园见面。开始是迈赫里邀请朱达在公园见面。他们的谈话非常出色，一直围绕着主题，甚至在讨论这个大的或小的公园是不是他们想去的那个。他们还讨论了是步行还是坐车去。当他们指向窗外的公园时，就不再是第三阶段的交流模式。当然，因为他们在不同的地方，指向窗外并不起作用。指向窗外带来的交流的失败，给我们提供了一个观察良好的对话是如何进行的机会。

善于交流的人会从倾听者的角度思考问题。第三阶段的对话需要心理学家所说的"心智理论"。4岁的莎拉在厨房看到了一盒M&M巧克力豆。于是她兴奋地打开了盒子，却发现盒子里装满了回形针。她的妈妈笑呵呵地问莎拉，当她6岁的表哥拉里看到这个盒子的时候，他会怎么想。妈妈很惊讶地听到莎拉说："回形针。"拉里怎么可能在M&M巧克力豆盒子没打开的情况下，看到里面装的是回形针呢？莎拉没有意识到，拉里会和她一样被盒子的外表所影响。毕竟，拉里也没有透视眼。但是"回形针"这个回答，暗示着莎拉想象不出拉里也许有和她不一样的想法。一旦她知道盒子里是回形针，那么拉里也肯定知道！她现在很难理解，两个人可能会产生不同的想法。当孩子们不再回答"回形针"，而是回答"M&M 巧克力豆"的时候，他们就拥有了一种心智理论——这是他们从听众的角度来看待问题所需要的。

第三阶段的交流要求我们至少要考虑到听众的心态（心智理论）。并不意外的是，当孩子们成为第三阶段的交流者时，他们就会改变自己与他人玩耍的方式。现在他们能够来回地、真正地交换信息，就像迈赫里和朱达一样，也许他们会用更高级的词汇和更华丽的句子。埃利奥和里德决定一起扮演消防员，埃利奥对里德说："我来扮演消防队长，你来扮演我的助手。"里德并不喜欢这样，所以他说："好吧，但之后我要当消防队长。"这就是进步！他们正在制订一个共同计划（合作）。埃利奥同意让里德当消防队长，也反映了他能够从别人的角度看问题。他理解了里德也想要体验成为领导人的荣耀。

不是所有的孩子都一样善于考虑他人的感受。有时候，孩子们会以网络交流为借口，说一些他们不会当面说出的话。当乔安在玩一个叫"宠物乐园"的在线游戏的时候，事情就变丑陋了。乔安在游戏里化身为一只豹子，她宣布 10 分钟内豹窝将给大家提供免费的冰激凌。乔安一边休息一边看着其他玩家的动物化身在对话框中纷纷欢呼："耶！冰激凌！"然而，有一个玩家说："我可以吃你的脸吗？"当乔安正试图理解这句话的含义时，这位化身为一匹狼的玩家又在对话框中写道："你不漂亮。"紧接着类似的话又出现了几次。不可否认，这是非常粗鲁无礼的言论。乔安摘下耳机，告诉她的母亲这位冒犯她的玩家对她说了什么。这引发了晚餐时的一场精彩谈话，他们谈到这位违规的匿名玩家在对别人说了刻薄的话之后丝毫不受影响的情况。于是，乔安和她的母亲一起上网，想知道如何使用游戏的拦截功能和举报系统。

你可能认为学校真的能帮助孩子们发展他们的能力，让他们参与第三阶段的有意义的谈话，但是你错了。如今，学校更多的是想要给孩子们灌输知识，而不是鼓励他们谈话。加州大学圣克鲁兹分校杰出的研究员戈登·韦尔斯教授报告说，在学校里，孩子们和成人交谈时几乎不怎么说话。这项研究是在1998年进行的，但今天的情况仍是如此，尽管学习科学的研究发现，当孩子们加入谈话时，他们能学到更多东西。

特拉华大学的法兰克·莫里进行了一系列精彩的实验，显示了孩子们之间的对话是多么的重要。这项研究基于皮亚杰所谓的"物体守恒"的概念，即意识到物体数量不会因为物体状态的不同而变化。当我们是小孩的时候，都会为了这个问题而争斗——特别是在点心时间。5岁的双胞胎尼尔和玛丽莎分别拿到了妈妈凯伦给他们的五颗 M&M 巧克力豆。尽管孩子们是看着凯伦数出这些巧克力豆的，但这对双胞胎还是坚持认为尼尔得到的更多，因为尼尔的巧克力豆堆在一起，而玛丽莎的是分散着摆放的。凯伦惊讶地发现，孩子们并没有意识到，巧克力豆的摆放方式对数量并没有影响。在实验中，莫里把像尼尔和玛丽莎这样弄错这个问题的孩子们进行配对。他要求孩子们就类似的问题提出共同的答案。后来，当他们被单独测试时，两个孩子都能解决最初的物体守恒问题。发生了什么？一场争论！不知怎么回事，当孩子们不得不向对方证明自己的观点时，他们在理解上都取得了进步。在第三阶段的交流中，如果我们可以真正地倾听谈话对象所说的话，我们就能互相学习。第三阶段中的倾听是我们学习的工具。

当老师和家长们促使孩子们站在别人的角度看问题时，他们就帮助孩子们达到了第三阶段的交流模式。"路易莎，如果马丁这样对你，你会怎么想？"这样的问题会促使孩子进行思考。老师和家长们更有可能通过这种方法来帮助孩子们达到第三阶段，而不是仅仅杜绝违规的行为。通过回答这类问题，随着时间的推移，孩子们会对其他人更加敏感。当看到拉里天真地问菲洛米娜是不是"增加了体重"时，我们就知道，即使是成年人，也可能需要提高第三阶段的敏感性。

那么写作呢？学习科学家们发现，一篇第三阶段水平的论文不再是一份"细目清单"。它不仅描述了一系列事件，而且不再停留于表面，并调查了人物的动机。在大学，一份第三阶段水平的论文可以获得 B 或者 B+，这是因为，学生讲述了一个连贯的"故事"，并且探究了这些碎片是如何组合在一起的。在这个层次上，学生可以提出一个论点，甚至就论文内容进行一次"电梯演说"。而第二阶段的作者只是在没有明确论点的情况下，将不同的元素串在一起。根据 2011 年美国国家教育进展评估（NAEP）报告，与第三阶段一样，12 年级的作者可以创作出连贯的、结构良好的、包括过渡段落的文本。尽管并非无可挑剔，但他们也掌握了扎实的写作技巧（语法、拼写等）。

第四阶段：一起讲故事

詹森、芭贝特和宝琳娜正在玩过家家的游戏，焦点是国王和王后。和孩子们玩耍的情景相比，就连汉普顿宫也相形见绌。他们戴着皇冠和头饰，穿着长袍，拿着权杖，并且鞠躬和行屈膝礼，主要活动是轮流发言。这一整套服饰给人留下了非常深刻的印象。这些幼儿园的孩子们完全沉浸在他们的游戏中。

这就是第四阶段的沟通，能够在角色扮演游戏中反映出来。它超越了第三阶段的对话模式，这不是因为服饰或者内容，而是因为孩子们在一起构建一个故事。如果我们是墙上的一只苍蝇，我们就会看到詹森兴奋地对芭贝特和宝琳娜说他们应该一起扮演国王和王后，告诉他们他的妈妈给他读的关于国王和王后的书，然后芭贝特说他们应该扮演"豌豆公主"的故事。宝琳娜不知道这个故事，但是她从犹太人的节日普林节的庆祝中想起了以斯帖皇后是如何成为英雄的。他们同意让宝琳娜扮演皇后，而皇后扭转了国家的局面。

詹森扮演国王，而芭贝特则扮演他们的孩子。他们都将帮助宝琳娜把"坏人"从王国中驱逐出去。

合作游戏包含了成功的沟通所需要的全部要素。在45分钟的角色扮演里，他们演绎了一个虚构的故事，并且轮流把情节向前（或向后）推进，同时将故事保持在国王和皇后的主题上，这让他们达到了很高的水平。通过学习科学的视角来看待这个虚构的故事，能够让我们更深入地了解正在发生的事情。

- 由孩子们一起构建的故事情节的发展过程中，有创新的内容。
- 他们对国王和皇后生活的规则进行排练。孩子们通过这种方式为成年做练习，这在角色扮演游戏中很常见。
- 内容也正在被构建——宝琳娜和芭贝特在使用像"皇室的""邪恶的"这样的词，这是詹森以前没听到过的。他结合上下文推断出了词义，就像她们从他身上学到"立即"这个词一样。
- 角色扮演可以让他们建立对自身能力的信心（尽管"婴儿"芭贝特穿着长袍被绊倒，让他们遇到了小挫折）。
- 长时间的角色扮演也能够增强他们的注意力。

角色扮演游戏是通过合作建立起来的，在没有交流的情况下是不可能发生的。范德堡大学的大卫·迪金森发现，孩子们玩这种角色扮演游戏越多，一年后他们的语言水平就越好。

第四阶段的倾听需要真正听到所提供的信息。尤金·奥尼尔写了《奇异的插曲》，在这部剧作中，演员通过向观众讲述他们的真实想法，从而"打破"了第四面墙。玛米说道："斯坦利，我爱你。"然而在接下来的一瞬间，她告诉观众："我之所以接受斯坦利，是因为荷马拒绝了我。"（有的电视节目也会这样做，比如《谎言屋》和凯文·史派西在《纸牌屋》中的角色）在现实生活中，倾听——真正的倾听——意味着把你所知道的关于讲话者的一切都考虑进去，运用你的心智理论，去领会言外之意。这就上升到了第四阶段。

在第四阶段，通过写作来交流可以减少读者对信息的猜测。我们渴望第四阶段的论文。这些论文会定义它们的术语，并列出它们将要处理的问题。它们使用细节和例子。它们不会让我们去思考这篇论文写了什么，因为它形成了一个连贯的论点。在大学阶段，这些论文能获得宝贵的 A。

在商业世界里，沟通正在发生根本性的变化。以建立在沟通基础上的谷歌公司为例。现在谷歌已经成了一个家喻户晓的词，它的覆盖范围很广，我们每天几十次用它来搜索信息，如第四街那个餐馆的名字、像"龙涎香"这样的词的定义，以及写这本书所需要的原始资料。谷歌是未来企业运作方式的典范。2010 年，谷歌被提名为对大学新生来说世界上最有吸引力的雇主。为什么谷歌如此受欢迎？谷歌有一种渐进的内部沟通方式。谷歌创建的文化以一种全新的方式进入了第四阶段的交流。例如，鼓励内部博客，让员工"积极参与组织的运作——表达他们的意见，提出问题并推动业务向前发展，始终帮助创造和发展他们的企业文化"。正如谷歌的首席执行官埃里克·施密特所写："这使得管理层与我们的知识工作者的想法保持联系，反之亦然。"如果没有第四阶段的沟通和无拘束的合作，谷歌向前发展所需要的创新将会被扼杀。由于其他公司正在寻求模仿这种方式，商业博客把这种情况称为"谷歌效应"。

复杂而流畅的沟通的能力也使沃尔玛走上了国际商业的舞台。沃尔玛采用了所谓的"即时经济"，这就免除了商店库存的需要。当加利福尼亚的一家商店需要一种产品时，亚洲的制造工厂就会通过通信线路得到通知，它们会立即制造足够的产品，让加州的商店能够立即重新进货。高效的供应链减少了库存，避免了大量的资金投入。沃尔玛和其他许多公司发现，清晰而有效的沟通是降低价格和提高产品需求的关键。这个模式中的通信线路非常有效，使得沃尔玛在 2005 年 8 月的卡特里娜灾难中成为主要的变革推动者。沃尔玛利用其运转良好的通信系统做了政府所不能做的事：为灾难中的民众提供水和援助。

第四阶段沟通中有什么原则，将其和第三阶段单纯的对话区分开来？保罗·格莱斯是一位来自英国的语言哲学家，他开发了一套准则来描述最佳的沟通实践。倘若违反这些准则，轻则造成不愉快的互动，重则使人们产生误解。就像我们从来没思考过语言，但却一直在使用它一样，尽管我们从来没思考过这些准则，但它们的确在控制着我们之间的交流方式。

"数量准则"提出，一个人所说的话要达到所要求的详尽程度，但不要比所要求的更详尽。清楚而准确地回答疑问是最有效的。以前的电视节目《天罗地网》中的那个家伙写道："只有事实，夫人，只有事实。"当莫林向听众讲述她在通往希博伊根的路上的每一次停车时，她就违背了"数量准则"。对一些人来说，这个准则并不容易！

质量准则是指"讲真话"。谣言在第三阶段很普遍，在商业和政治领域，这可能是致命的。凯斯·桑斯坦的书《谣言》告诉我们，如果有传言说一家公司即将倒闭，那么人们抛售公司股票的行为实际上可能会导致这家公司倒闭。在互联网时代，谣言传播的速度比死猫上苍蝇繁殖的速度还要快。几年前的4月1日，我们被一个关于曼哈顿的私立学校向家长们索要DNA样本的谣言欺骗了。考虑到家长们已经被要求写论文（是的，就像大学申请一样），并且支付了高额的申请费，所以在我们看来，索要DNA样本似乎是可信的。但是，考虑到4月1日这个日期，正如预期的一样，我们被愚弄了。在电影《幼儿园大学》里，我们扮演了一个配角（但至关重要），就像这部电影所揭露的那样，在曼哈顿，父母们几乎愿意做任何事，以便让他们的孩子进入"最好的"幼儿园。

然而，质量准则有其局限性。讲真话是一个很好的生活准则，但是有时候人们并不需要听到真话。大多数成年人都意识到，他们不必总是表达自己的观点。不明白这一点的人在他们各自的时代成了传奇式人物——但这并不是出于正当的理由。劳伦是一所大学的系主任，她其实希望她的女同事告诉她，她的发型很糟糕，这可能让人有点难为情。说真话是孩子们的强项，也许是因为他们缺乏心智理论。孩子意识不到他们的陈述可能会给别人带来怎样的感受。理查德带她的女友克里斯蒂去拜访他妹妹的家人。5岁的丽贝卡脱口而出："你的牙齿真大！"说实话，丽贝卡是对的，但大部分成年人都不会去分享这一"事实"。

"关系准则"认为，会话的趣闻应该与身边的话题相关。对孩子们来说，相关性是一个挑战，开始的时候他们可能在解释自己的绘画，而结束的时候却在谈论尼基是如何绊倒那位女士的。孩子们会谈论他们的想法，他们甚至常常意识不到，会话有一个主题！

最后，还有"方式准则"，或者说人们说话的方式。雷喜欢发表冗长的演说。我们都认识这种类型的人。卡罗尔在犹豫要不要邀请雷来参加她的晚宴。如果你问雷一个简单的、用"是"或"否"就能回答的问题，那么接下来的10分钟，他可能都在谈论为什么不能回答这个问题。说话的方式应该清晰而简洁——显然某些成年人不具备这样的能力。对孩子们来说，一个4岁的孩子在没有心智理论的情况下是很难表达清楚的，因为他们不能考虑到倾听者的知识储备。

第四阶段的交流取决于这些准则，并且知道如何以及何时应用它们。根据丹尼尔·埃尼马克在《基督教科学箴言报》的报道，电子邮件和其他社交媒体阻碍了第四阶段的沟通。如果没有听众的声调和面部表情，或者我们没有传达这些非语言信号的能力，我们就会错过很多，并且可能会在通过电子设备进行沟通的过程中产生误解，因而陷入麻烦。我们的智能手机往往太智能。整个网站都在致力于"自动纠错"。当盖尔给布鲁斯发信息："我不想做饭。你能带些人造牛肉（human beef）回来吗？"其实她指的是湖南牛肉（hunan beef）。

孩子们可以在哪里学习良好沟通的准则呢？这些都不会被明确地教授。沟通需要练习。第三阶段反复讨论的沟通是第四阶段的准备阶段，因为在孩子们表达自己的意思和倾听别人的回应中，他们也获得了经验。当妈妈告诉哈利，他们不能在周六打迷你高尔夫球并对他暗中眨眼时，她其实是在提醒哈利，那天是爸爸的生日。

什么会阻碍孩子们达到第四阶段的沟通？是吃晚饭时看电视，还是发短信和写邮件？虽然我们都喜欢我们的电子设备，但晚餐时最好把它们都关闭。如果父母们忙着发短信和回复电子邮件，他们就无法注意到 11 岁的肯尼迪在对 8 岁的拉斯做鬼脸。即使是非语言的，但这也违背了方式准则。当他们在进行一个关于恐龙的谈话时，拉斯想要谈论莱克茜的安纳波利斯之旅，如果他们的父母盯着自己的电子设备，谁能建议他等他们结束恐龙的话题之后再谈呢？违反了关系准则，并被要求等待之后再发言，这或许有助于拉斯对谈话的隐性规则变得敏感。关注自己的电子设备的父母也不会向肯尼迪暗示，对拉斯说他的头发看上去像一个豪猪的屁股是不友好的。我们必须遵守质量准则！当然，如果父母不能在和家人一起吃晚餐的时候放下手中的电子设备，他们也会给孩子树立一个坏榜样。

一些三十多岁的人在玩一个有趣的游戏。在餐厅吃饭时，他们把手机一起堆在餐桌的中间。谁不能控制住自己而拿起了手机，谁就来买单。我们在家庭中也可以尝试类似的方法，但可以用不同的惩罚方式。第四阶段并不是凭空达到的，如果家长和老师们想让孩子们向他们学习，他们就必须努力观察自己的准则。

达到第四阶段最困难的事情之一是衡量我们的听众想要什么和需要什么。第四阶段的沟通需要我们对观众有深刻的理解，只有这样，我们才能影响和启发心智。像芭贝特、詹森和宝琳娜的老师一样，那些支持孩子们玩角色扮演游戏的老师们知道，通过扮演角色，孩子们可以在理解他人的观点方面取得更快的进步。对年龄较大的孩子来说，在戏剧作品中担任角色也会增强孩子们的心智理论。在所有行业中，在屏幕面前工作变得越来越普遍，随着虚拟技术的发展，良好沟通所需要的心智理论对于成功是至关重要的。已故的美国企业家、作家和励志演说家吉姆·罗恩说得很好："如果你只是交流，你可以获得认可。但是如果你能有效地沟通，你就能创造奇迹。"

行动起来

我们如何判断什么是真正的沟通？

关于自己

我们都有过这样的经历：在和朋友吃饭时，收到了短信或者电话。我们也时刻警惕着包里的手机，或者注意到它在餐桌上震动。当它亮起来的那一刻，它会迫使我们把注意力从孩子的眼睛转移到手机上。如果你坐在桌子的另一边，你就会知道，这种行为是谈话的终结者，而不是谈话的开启者。在过去，当晚餐的谈话集中于当天的活动时，我们每个人都感觉受到了重视——就好像有人关心我们，并且想要和我们进行交流。我们能做些什么才能找回那样的感觉，才能把沟通作为家庭的黏合剂？我们可以问一些具体的问题。不是去问对方"你今天过得怎么样"，或者"你今天在学校做了什么"，而是问："你和布鲁斯先生的会议进行得如何？"或者"你今天在学校画画了吗？你用了什么颜色？"也许孩子们会听从你的指挥，而晚餐也会成为思考的食物来源。

当反思自己的行为时，我们会发现，许多交谈的机会都被我们忽视了。还记得人们花时间去了解他们的邻居，在加油站和前面的人交谈，以及和陌生人互动的时候吗？我们过去称其为"社区"，其中的一部分是建立在沟通的基础上的［社区（community）和沟通（communication）这两个单词是同根词］。也许我们可以重新唤起这种热情，让对话继续下去。这样做能让我们更好地反思自己是说话者还是倾听者。我们知道我们的朋友在干什么吗？我们在乎吗？我们是否只是快速地浏览了脸书上的帖子，因此对网络中的其他人只有肤浅的了解？有时，我们发帖似乎只是为了积累一些"赞"，而不是因为我们真的想要倾听别人的心声和他们的冒险经历。我们是否会成为更好的倾听者？

在最近的一次研讨会上，一个由 30 人组成的教师队伍思考了他们在 4 个阶段中所在的位置。他们每个班都有 30 个一年级的学生，并且没有助手，所以他们没有时间在上课的日子倾听孩子们的心声。如果能让孩子们安静下来，并且在上课时能维持课堂纪律，老师们就觉得很幸运了。但其实这真的要花多少时间呢？在我们与宾夕法尼亚州一群老师的练习中，我们回答了这一问题。每天给一个孩子 20 秒的时间，你就能了解到很多在操场上发生的事情，比如奥利弗是如何看待四方游戏（Four-Square game）的，以及他的弟弟是如何让他感到尴尬的。用 20 秒来表达"我关心"可以改变孩子和你的游戏规则，而老师作为榜样，可以展示出交流的力量。

关于孩子

孩子们会向我们学习，在沟通中更是如此。如果你想知道为什么一个孩子会盯着平板电脑而不是周围的世界，那么你可以看看他身边的成年人的行为模式。一位《波士顿环球报》的记者曾经问我们，应该如何解释孩子们越来越多地说脏话的现象。我们的答案是："他们所说的，正是他们听到的内容。"这成了当时的头条新闻。

我们是否听到了孩子们的心声，让他们有机会超越"尖叫"和第一阶段中的引人注意的方式？我们是否给了他们一个机会来展示和讲述对他们来说重要的事情？只有当我们重视他们，并给予他们交谈和分享的空间时，他们才会成为更好的交流者。另外，我们所问的问题也会影响到谈话能否继续。开放式的问题会产生很大的影响。当我们提出有一个正确答案的封闭式问题（例如：1+4等于多少）时，这个对话只需要一个回合就结束了。但是如果我们问："你能跟我说说你在学校最好的朋友吗？"我们就给孩子们创造了谈话的空间。这有助于语言表达和自我控制力的提高。我们的同事、范德堡大学的大卫·迪金森用了令人难忘的短语"力争五次"来提醒我们：当我们和孩子们交谈时，要有五个来回，以保持会话的进行。孩子们在与我们的交谈中学到了很多。

你的孩子处于哪一层次？他们是大喊大叫直到可以随心所欲的人吗？他们会没完没了地抱怨吗？这里有一个很广的范围，即使是相同年龄的孩子，也可能处于不同的交流层次。以四年级的一个场景为例，当时彼得班上的每个孩子都刚刚看过电影《泰坦尼克号》。彼得很想和孩子们一起讨论电影情节的深层含义，但是班上的学生并不能用对话的方式来回应他。他所能得到的最好的结果，就是那些认为电影很不错的学生的愉快的咕哝声。观察孩子们的交流技能是培养他们真正的沟通能力的重要的第一步。

关于周边环境

你的孩子的教室是安静的，还是总是充满孩子们之间进行互动所带来的欢声笑语？墙上挂着什么样的图片？什么样的活动能够促进合作交流？当孩子们一起在积木角玩耍的时候，他们经常一起谈话、策划和建造，同时运用了丰富的词汇并且学习如何建立合作项目。这种交流发生在休息和玩耍时间，并且是在餐桌上进行，这是过去的一些学校的特点。

在家里，我们也可以评估交流的机会。恺撒基金会的报告指出，如果8

岁以上的孩子每天在屏幕面前停留 8 小时,那么他们就无法练习自己的交流技能。如果我们限制他们使用电子产品的时间,我们就为他们的沟通能力的进步提供了可能性。辩论和争论是沟通的重要组成部分。如果我们创造的环境缺乏不和谐的因素,那么我们的孩子将永远也学不会如何成为一位口头谈判者。

如何创造促进沟通的环境

在家庭中,我们可以通过家庭会议来为交流创造机会。由于孩子们看电视的时间有限,他们常常会一起玩耍,有时候也会妨碍对方。后面这种情况总是会引发一些冲突。要解决这个问题,我们本来只要把孩子们分开就行了,但是,我们创造了一个环境,让整个家庭(这是强制性的)一起来讨论这个问题。"受害者"先发言,尽管在这时候"罪犯"感到极度惊讶,但他必须要有自制力来听完对方的发言。接下来才轮到他发言。通过这种方式,没有人会受伤,每个人都开始学会尊重对方,而沟通也成为解决争端的工具。家庭会议使得孩子们不再抱怨,而是开始讨论问题。

教孩子有礼貌听上去像是上个世纪的事。但除非我们教育孩子们在与人交谈时应该看着对方的眼睛,并停止玩手上的东西,否则他们是不会知道这些的。我们都知道,当我们和一些孩子说话的时候,他们不会做出回答。如果有人想和你说话而你却不搭理他,这是不礼貌的。如果想要孩子们拥有良好的沟通能力,我们就需要帮助他们认识到交流是如何发生的。我们可以亲自向他们示范如何与人交流。同时也可以和孩子们交谈,鼓励他们去遵循我们所描述的会话准则。养育孩子的主要方式之一是用语言来分享我们的期望。我们不仅要告诉孩子们,还要让他们参与进来,这样他们才会问为什么和如何去做。例如,为什么在打开别人家的冰箱之前要得到主人的允许?我该如何告诉我的朋友卢,我不能去参加他的聚会?毕竟,即使是那些有很好的心智理论的孩子，也要学习他们的文化对他们的行为模式有怎样的期望。

问题的关键是，我们创造的环境决定了孩子们能否拥有交流的机会。就像我们会有计划地教孩子乘法、除法和分数一样，我们也应该考虑清楚，应该让孩子通过哪些经历来提升他们的沟通能力，从而成为受欢迎和受尊敬的第四阶段对话参与者。

成功之路

沟通为孩子们的发展铺平了道路，良好的沟通者会坚持以合作为基础，通过沟通，我们掌握了阅读、数学、科学和艺术的内容。据说，孩子们是先学习阅读，然后再通过阅读来学习的。事实上，没有强大的语言能力和沟通技能，早期的阅读课程也会失效。除非你先理解"男孩"这个词的意思，否则，即使能正确读出这个词也没有什么用。我们通过与他人交谈来学习词汇，并且这些交谈是建立在开放式问题和对话的基础之上的。那些告诉孩子们"使用你的词汇"的父母会帮助促进孩子们词汇量的增长，从而提高其读写能力。那些给孩子们讲故事的人会产生对叙述的热爱，从而帮助他们学习学术技能并保持友谊。语言、文字和故事是沟通的基石，通过这些，孩子们能分享自己的思考，了解他人的想法。获得全球性的成功很大程度上取决于我们的沟通能力，软技能和硬技能都建立在沟通的基础上。

Becoming Brilliant
What Science Tells Us About Raising Successful Children

第七章
推翻内容的王国

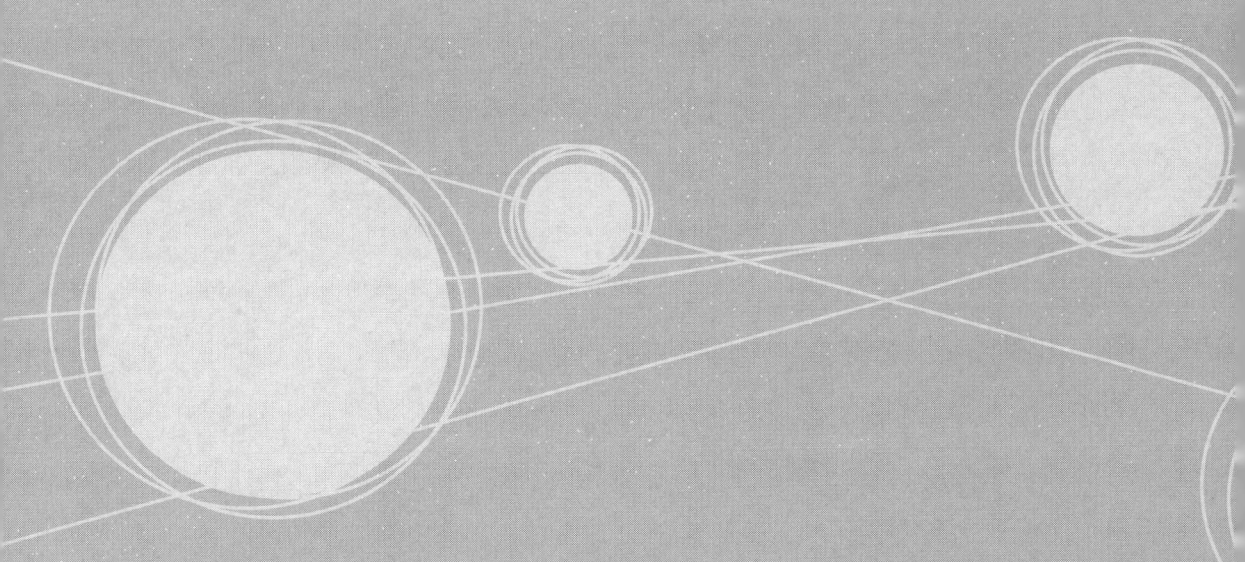

> 给我讲过，我会忘记；给我讲解，我会记住；让我参与，我能真正学会。
>
> ——本杰明·富兰克林

2005年初，佛罗里达州州长杰布·布什签署了一项法令，该法令授权所有4岁的儿童可以自愿选择是否接受学前教育。他走在了美国改革儿童教育的前列。仅仅几个月之后，我们就受到"佛罗里达州早期学习质量计划"项目的邀请，在会上发言。这听起来像是一个完美的场所：有科学，还有棕榈树。会议的听众主要由皮肤被太阳晒成古铜色的老师们和政策制定者们组成，他们都渴望听到关于"阅读脑"的最热门的新发现，以及有效地提高词汇量的方法。同时，他们还希望将这些发现直接应用到新组成的班级中。

演讲结束后，在我们回答观众提问时，一位年轻的三年级教师举手问道："你们听过佛罗里达州综合评估测验的誓词吗？"带着疑惑的表情，我们回答道："没有。"她站起来，把右手放在左胸前，反复诵读着所有三年级学生为了准备佛罗里达州综合评估测验每天都在教室中重复的誓词。佛罗里达州综合评估测验是为孩子们设计的一项高利害测验，从三年级开始，孩子们每年春天都要参加。

> 我会尽我所能。
>
> 我会专注。
>
> 我会睡个好觉，吃一顿好早餐。
>
> 我不会放弃。
>
> 我会从容不迫。

这让我们感到十分震惊。此刻，我们正在一个学术会议上互相分享和学习有趣并且具有激励作用的、让学生热爱学习的方法，而与此同时，三年级的学生们却每天都在通过背诵一段誓词来将这个州的高利害测验牢记于心，这可以媲美甚至取代对美国的效忠宣誓了。难道在新千年到来之初，即使是我们最年幼的孩子，他们的成就也只能通过测验成绩来衡量？

在这里，我们需要澄清的是，我们并不反对测验。正如许多人在我们之前说过的，如果测验可以评估真正的学习效果，那么测验是很有价值的——即使只是对一次学习经历的检测。为了弄清楚查兹的学生是否真的知道庞塞·德莱昂寻找青春之泉的经历是杜撰的，我们必须进行某种类型的评估。但如果知识内容变成了教育唯一的关注点，那么所有其他的能力就都被忽视了。孩子们不再需要学习合作，以及如何与同伴相处。作为独立的个体，他们会单独参加测验。而沟通和交流也变得无关紧要了。当所有的孩子都在忙着填涂机读卡时，为何还要去关心沟通和交流呢？我们必须重新找到自己的方向，这样才能在校内外创造出一个良好的环境，以帮助孩子们变得快乐、健康、有思想、有同情心和善于社交，并使他们在未来成为乐于合作、富有创造力、具备较高能力和责任心的公民。只掌握知识内容对孩子们来说是远远不够的，能够帮助孩子们控制自己、自觉去学习的执行功能技巧，才是他们在学校和生活中取得成功的关键。

我们正处于大数据时代，信息无处不在，且价格低廉。我们可以把大数据看作四个 V：数量（Volume）——地球上有 70 亿人，其中有 60 亿人拥有手机，而且手机只是电子设备的一种；速度（Velocity）——据预测，到 2016 年将有 189 亿个网络连接，这还只是在地球上的每一个人有 2.5 个连接的情况下的数据；多样性（Variety）——数据有多种多样的形式；精确性（Veracity）——我们可以相信那些报告中的哪一个？19 世纪的学生们必须记住各种各样的东西，包括首都、省会、诗歌、公式等。但是如今，当孩子们把这些信息记下来的时候，情况已经发生了变化。有些事情是不变的，例如 9 的平方根是多少、诺曼取得胜利的日期，但是我们 10 年前所了解的很多事情如今已经变得不再可靠。例如，即使学生在生物学先修课程的测验中获得了满分的成绩，麻省理工学院也不会认可和接受这一学分，因为生物系的老师们认为，在考试结束时这些信息就已经过时了。

在大数据时代，信息的多样性正在爆炸性地增长。信息的呈现形式多种多样，有来自商业交易的数据、来自传感器的健康数据（你是否正戴着一个记录自己活动的腕带）、GPS 追踪所创建的交通线路地图，以及推特上发布的文章等。我们不能把 100 倍或者 1 000 倍的信息全部塞给 7 岁的孩子们。然而，目前的课程体系却仍然在强调，孩子们应该如何在测验中回答出正确的答案。在谷歌时代，孩子们动动手指就能获得信息。我们知道，7 岁的孩子可以在几秒钟内找到卡塔尔最高建筑的名字。信息触手可及，各个阶层的孩子们都是伴随着计算机长大的。正如普鲁塔克所写的："教育不是注满一桶水，而是点燃一团火。"然而，我们仍然是那些往桶里注水的人！而且这个桶已经被某种特定的内容装满了——就是你在学校学到的，主要来自阅读和数学的内容。当人们谈论内容的时候，没有人提到要去理解他人。例如，普拉桑纳来自印度，她和住在附近街区的帕蒂有着不同的习俗和信仰。但是，由于人们越来越重视阅读和数学，社会学科已经变得不再重要了。

21世纪劳动力的口号是适应能力,或者像谷歌所说的"学习敏锐度"。那些不能学习和再学习,以及不具备学习策略的人,将注定只能找到低层次和低工资的职位,而这些职位最终也会被计算机所取代。我们很遗憾地看到,那些可怜的高速公路收费员被电子收费系统取代了。摄影师们忽然发现,他们的市场上充斥着数千张用智能手机拍摄的照片。然而在学校,我们只是传授知识,却没有教孩子如何学习、如何评估信息,以及如何得出综合性和创新性的结论。正如弗兰克·史密斯所写的:"学生们学到的完全是老师们教授的东西,这无异于每个教室里的定时炸弹。"将教育限制在知识内容的范畴,会使孩子们在高中毕业前就被淘汰。

我们并不是说内容不重要。掌握内容可以让我们解放思想,从而有助于问题的解决。想想乘法表吧。我们只需要用一纳秒的时间,就能下意识地记起 $9 \times 6 = 54$。这种内容是极为有效的。这一技能可以让我们迅速计算出,我们需要买多少支 9 美元一支的蜡烛,来为花园派对做好准备。或者以阅读为例,由于我们理解词语的含义,当我们看到广告牌的时候,无法完全忽略广告牌上的内容,即使我们想这样做,也做不到。你还记得吗,当你坐在公交车上或火车上时,即使你试图解决一个问题,也无法阻止自己阅读广告?另外,当我们可以毫不费力地读懂文字的时候,我们就可以集中精力去探究文本的深层次意义。我们希望孩子们能够成为快速的阅读者。费力找出"糖果"这个词的含义,可能会让欧文错过这句话告诉他的信息,那就是这里的糖果是免费的!所以说,内容是极为重要的。

但是,我们需要做的不仅仅是向孩子们传授知识。如果孩子们想要拥有较高的学习敏锐度,他们就必须学会创造性思考,只有这样,才能把旧部件组装成新产品,从而创造出新的功能。在解决模糊问题(那些没有正确答案的问题)时,他们必须具有灵活的思维,根据不同情况调整方法。另外,在他们所处的环境中,模糊问题和精确问题必须同时存在,这样他们才能重复使用已知的内容。但是，通过参加那些只有一个标准答案的测验，孩子们是无法做到这一点的，而这些测验的重要性也通过每天背诵佛罗里达州综合评估测验的誓言被放大了。我们需要的是更深层次的思考，而不是浅层学习。

加拿大的两位心理学家克雷克和洛克哈特发展了一种思考更深层次的学习的方法，而这种深度学习正是现代的工作所需要的。他们的处理水平模型可以追溯到 1972 年，但在今天仍然具有重大意义。他们的模型主要是关于"知道"到底意味着什么。如果我们只记得在哪里见过"前驱的"这个新词，或者只知道这个词的发音，而对其他方面知之甚少，那么我们也只是停留在"浅加工水平"或者浅层学习的阶段，并没有真正掌握这个词的含义。你还记得为了准备 SAT 考试而熟背的 500 个单词吗？我敢打赌你现在不会用到"朔望（syzygy）"和"协同作用（synergy）"这两个词。当我们真正理解了"前驱的"这个词的含义，并知道怎样使用它时，更深层次的学习才会发生。然而，高中和大学的论文测试和答题卡填涂测验是不一样的。论文测试能够评估那些我们真正理解的内容，而完成论文需要我们把所掌握的零散的事实联系起来，并做出解释。

我们需要深层次的内容，这不仅是因为机器人和计算机正在越来越多地从事那些模式化的工作，更是因为机器人也已开始更深入的"思考"。我们处于一个勇于突破的新世界，当世界顶尖的计算机科学家们在加州蒙特雷湾的阿西罗玛会务酒店会谈时，他们担心机器人是否会变得过于智能——无论是对机器人自身，还是对人类来说。研究者们还讨论了"对人类就业造成的潜在威胁，例如无人驾驶汽车、个人软件助理和家政服务机器人"。我们正在实现这些目标——谷歌的无人驾驶汽车就在这里！机器人已经在为实验性医疗系统等领域工作了。你能想象吗？当你去医院做一个小手术时，你按下护士呼叫按钮，这时一个机器人悄悄走进来问道："请问有什么能帮到你吗？"你回答道："我渴了。"然后机器人说："当然。"接着它滑出去，拿回一满壶水，一滴都没有洒出来。也许你认为这是一份不需要动脑筋的工作，不过未来学家雪利·特克尔提醒我们，许多公司正在开发社交机器人——可以握着你的手表示同情，让你感觉更好的、拥有软技能的机器人。除非我们的员工——从会议室到工厂车间——是"世界上受过最好的教育，最灵活、最有创造力，以及最具创新精神的群体之一"，否则我们的下一代将失去他们的工作，甚至包括那些需要进行复杂数据处理的工作，因为那些工作可以很容易地由机器来完成。

现在盛行的教育文化其实是一种潜在的欺骗，它强调内容是唯一有价值的能力，而家长、学校和益智产业也的确高估了它的价值。现在是时候来思考，我们应该如何用促进深度学习的方式来教育孩子们了。我们需要扩展内容的定义，其中应该包括如何找到解决问题的方法，以及如何整合信息和资源，使问题的解决成为可能。

达尔文曾提出过一个正确的观点："能够生存下来的生物，既不是最强壮的，也不是最聪明的，而是对环境变化做出最快反应的。"在这里，我们要提出两个问题：第一，我们应该如何从一开始就学习内容？第二，怎样才能深入地学习内容，并且知道怎样运用所学的内容？通过在学习科学领域长达25年的研究——从婴儿阶段开始——我们对学习内容的过程有了更多的了解。

第一阶段：早期学习／特定情境

婴儿的世界一度被认为是杂乱无章的，他们从一个变化莫测的万花筒中看到周围的人们以及物体在四处移动。现如今，我们已经了解到，婴儿在出生之前就开始学习内容了。例如，他们能够记住在母亲子宫里听到的故事和歌曲。或许他们并不理解歌曲的含义，但他们一定会记得这些熟悉的旋律。在出生之后，婴儿的学习能力得到了飞速的提高。让我们试想一下，他们是如何了解到乔叔叔很有趣，而柏叔叔很吓人的呢？他们怎么知道妈妈把他放在高椅上是要吃午饭，会给他做午饭，然后喂给他吃？又是如何知道儿童歌曲"小蜘蛛"总是会以同样的方式结束？婴儿通过他们的视觉、听觉、嗅觉、触觉和味觉这些感官体验来感知周围的事物，并且像小小科学家一样用他们的小手和嘴巴来进行试验，从而一步步地了解这个世界。

为了理解这个复杂的世界，在日常生活中，婴儿会试图寻找重复的模式。而他们也是天生的模式探求者。通过展开联想，婴儿们能够找到生活中的一些固有的模式，例如他们将乔叔叔与微笑和大笑联系起来，并且将柏叔叔与皱眉和犹豫联系起来。此外，他们还会统计不同事物一起出现的频率。这有助于他们注意到不同事件之间可以预测的联系，比如他们的午饭时间。来自威斯康星大学的科学家珍妮·萨弗兰发现，8个月大的婴儿能够理解重复的事件。在8个月大的劳拉看来，午餐有一套惯例的程序。首先，爸爸宣布要吃午餐了。作为一个婴儿，我只听到他说了一大串我听不懂的词，然后他提到了我的名字"劳拉"，还有"午餐"这个我经常听到的词语。然后爸爸会把我抱起来放进高椅中，帮我围上围嘴，接着他从冰箱拿出一个罐子，坐在我面前，用漂亮的勺子盛满黄色的果泥喂给我吃。这种情况每天会发生三次，有时候次数还会更多，因为还有零食！这些片段似乎是连在一起的。婴儿到9个月大的时候甚至可以注意到违反这一过程的行为，例如把勺子放在婴儿的耳朵旁边，他们常常会觉得这些反常行为非常可笑。

婴儿学习的另一种方式是模仿。安迪·梅尔佐夫给我们展示了一个事例，当你伸出舌头的时候，新生的婴儿同样会这么做。这一发现震撼了科学世界。"婴儿是非常敏锐和细心的观察者，而且他们随时准备向别人学习。"你可能和孩子一起玩过一个游戏。你说："＿＿＿有多大？这么大！"然后你举起你的双臂。而此时，这个孩子也学会了这么做，并且这个动作把我们和她自己都逗乐了。但这是如何发生的呢？首先，她要弄清楚我们要移动的是哪一个身体部位。毕竟，她看到自己举起双手的样子和你举起双手的样子是完全不一样的。那么她是如何建立联系的呢？让我们感到惊奇的是，她控制手臂区域的大脑部分被激活了——我们所称的镜像神经元做出了反应。所以，她也会学着举起她的双臂。

让我们回到正在吃午餐的劳拉：她理解了午餐过程中的各个步骤和环节，而且注意到它们是如何组合在一起的（可能使用了统计和联想），并把它们作为一个平台，用来学习更多的内容。我们有一个早期的词汇学习的例子可以说明这一点。婴儿们经常听见自己的名字："劳拉，你想要喝奶吗？劳拉真可爱！"有研究显示，婴儿在6个月大的时候就能够识别这些他们经常听到的词语了，这比人们所认为的婴儿能够学习语音模式的时间要更早一些。如果他们特别注意那个熟悉的名字，那么他们就可以用它来打开语言系统的大门。由于经常听到"劳拉的奶瓶是空的"，劳拉甚至在会说话之前就学会了"奶瓶"这个词。这一点很重要，因为劳拉能够识别的单词越多，对她来说就会有越多的新词，而这些词也更容易学会。

对婴儿来说，学习这一活动主要在他们玩传统游戏的过程中进行。如果我们把汤匙从高椅上扔下来，情况会怎么样？它会往下落吗？还是会往上升？婴儿试图探索一切，而且他们也会做一些现场实验。所以，一些婴儿的令人恼火的行为，其实是他们探索周围世界的实验。他们就像婴儿床上的小小科学家一样。对婴儿来说，学习就像滚雪球，随着他们通过现场实验等方法不断地积累内容，他们的知识量也不断地扩大。我们是通过观察一个正在学习走路和说话的学龄前儿童了解到这些的。

可以肯定的是，这种类型的学习发生于特定的情境，而且往往不具备灵活性。在这一阶段，孩子们所做的是把他们少量的知识储存在不同的"箱子"里，甚至很多在第一阶段学习的成年人也是如此。他们几乎不怎么理解内容。例如，在第一阶段，有时候别人做什么，有些人就会跟着做什么，但他们并不能真正理解其中的原因。多年来，曼迪在烹饪感恩节火鸡时一直采用用纸袋包裹住火鸡的方法。她只知道她的母亲采用的是这种烹饪方式，却不清楚为什么要这么做。平常她烹饪一整只鸡时，并没有采取过这种方法。如果她知道了为什么要用纸袋包裹（为了保持鸡的湿润度），那么她可能会在用烤箱烹饪其他食物时都采取类似的方法，以使食物更加鲜嫩多汁。

婴儿也是如此。皮亚杰提到了一个著名的例子，在最开始的时候，婴儿只用"猫"这个词来描述他们看到的在阳台上散步的猫。皮亚杰注意到，在其他的情境中，他的女儿都不会使用"猫"这个词——比如在看到猫的图片时，甚至在看到其他活生生的猫的时候，她都不会说这是"猫"。在第一阶段，知识并不具有灵活性，因为人们对于所学内容的理解是非常有限的。

在内容学习的第一阶段，常规惯例起到了至关重要的作用。当阿尔瓦的母亲由于必须外出而不能在睡前给她讲故事时，20个月大的阿尔瓦会进行强烈的抗议。因为在她的世界里，睡前时间就意味着故事时间。重复和惯例能够帮助孩子们预测接下来会发生什么。当你的世界中有许多无法预测的事情发生的时候，隐隐知道自己可以依靠一些事情，比如睡前故事，这是十分重要的。

我们每个人在试图掌握一个新的领域时，都会经历第一阶段。无论是学习物理还是编织，初学者都在寻找可预测性。"接下来会发生什么？"以及"我要为考试准备什么？"这些都是初学者会问的问题。初学者并不会跨越学科，把不同领域的内容联系起来。人们会认为，物理学内容和生物学知识是完全不一样的。而且，人们相信"如何积累物理学知识"与"生物学家们怎样学习生物学"，这两者也是毫无关联的。初学者们会寻求专家的指导，并对他们进行仔细观察和模仿。作为成年人，我们同样会模仿他人，比如当我们看到一个很时尚的朋友的新装扮时，我们也会买下和他同款的墨镜。

在大学期间和毕业以后，第一阶段的情况同样存在。考试前的临时抱佛脚就是第一阶段学习的典型事例。我们以 B 的成绩通过了测试，是因为我们只花了 6 个小时的时间来复习整个学期的笔记。但所有人都不得不承认，如果在一星期后进行同样的测试，我们可能会不及格。另外，尽管论文测试通常是为了考察那些超越第一阶段的学习成果，但有时候，学生们递交的论文仍然停留在第一阶段的水平。阅读这些论文毫无乐趣可言。在发展心理学中——我们的专长——这基本上就是对材料进行复述，并且将互不关联的内容进行拼凑。例如，首先是达尔文（这样说），然后是皮亚杰（那样说），接着是维果茨基——这样的论文既没有尝试整合这些观点，也没有基于理论家的研究提出关于未来的展望。

有内容的地方就可能有错误发生，但人们却不去考虑内容的意义。举一个来自企业界的例子，在 2011 年，亚拉巴马州遭遇了一场致命的龙卷风的袭击，第二天，一家名为 BackCountry 的公司发布了一封广告邮件。这封邮件提到："大自然母亲讨厌你。请做好应对。"当然，这个广告是在龙卷风袭击之前就写好了的，但是负责发送广告邮件的人却没有考虑到，那些刚从失控的货运列车中幸存下来的人，他们在收到邮件之后会有怎样的感受——而他只是在完成他的工作。这个广告产生了极其恶劣的影响，所以这个公司的首席执行官不得不立即向社会大众公开道歉。

乔·艾尔巴曾担任布什阵营 2000 年大选竞选经理，他是布什的朋友，也是前任联邦紧急事务管理局局长。在艾尔巴的推荐下，乔治·布什总统任命迈克尔·布朗为联邦紧急事务管理局的负责人。此前，布朗是国际阿拉伯马协会的管理人员。显然，他缺乏完成新工作所必备的知识和能力。如果布朗只是发布一些无害的文件，那么他无法胜任这一岗位的事实或许不会被人发现，但不凑巧的是，美国随后遭受了卡特里娜飓风的侵袭。接下来的事情就众所周知了。

第一阶段意味着你了解的知识内容很少，并且所知的内容都是非常肤浅的。在第一阶段，你可以通过联想和归纳来学习（那个微波炉会发出哔哔声！也许所有发出哔哔声的都是微波炉！），你也会通过统计每天都在发生的事件来学习（我们还记得婴儿劳拉的午餐顺序或者阿尔瓦的睡前故事），同时，也可以通过模仿他人来学习。爸爸说"叭叭叭"，然后 10 个月大的约翰也学会了这么说，虽然他们费了很大的劲，但他们又一起哈哈大笑了起来。即使是青少年和成年人也同样会使用第一阶段的学习方法。我们模仿，统计数据，也会展开联想。但是如果我们只会这些方法，那么我们的学习是非常浅显的。事实上，在高要求的课堂上，我们能通过就算是幸运的了。

第二阶段：知识面扩展 / 一知半解

在第二阶段，我们知道的内容更多了。我们可以从一个比第一阶段拥有更多主题的、更广泛的范围中选取样本。在这一阶段，一个学龄前儿童可能会背诵各种各样主题的内容：恐龙的名称、动物的种类、从 1 数到 50，甚至读一些词语，比如他们自己的名字，以及停车标志线上的"停止"一词。我们可以在 YouTube 上看到可爱的小女孩斯特拉谈论恐龙。尽管她可能对恐龙的外形和名称有很多了解，但她并不知道，恐龙在哺乳动物出现之前就存在了，它们有后代，也会发出各种声音。斯特拉也没有意识到，恐龙在 6 500 万年前就生活在地球上，更不用说去理解 6 500 万年可能意味着什么了。

了解更多的内容只是第二阶段产生的改变之一。孩子们现在已经学会使用语言，而且他们可以把语言作为工具，通过提问来学习大量的内容。有时这是令人抓狂的，比如在我们陷入无限循环的"为什么"中的时候。孩子们现在也可以推断出，如果有什么东西是"活"的，那么它肯定可以呼吸和生育。在第二阶段，知识变得更加确切，我们更清楚我们知道什么。这意味着当有什么内容不太准确的时候，孩子们可以注意到这一点，例如，有一位母亲在母亲留言板中抱怨道：

当有人说的内容不准确，或者用了错误的表达方式的时候，我的 3 岁半的孩子会变得非常焦躁不安和烦恼。他对着从 2 岁到成年的不同年龄段的人们大喊大叫："不！这不是某某某，而是某某某！"而且有些孩子发现这是一种激怒他人的方式，他们甚至会故意这么做，以此来观察人们的反应。

孩子们现在能够意识到什么是"正确的"，而且有些孩子似乎还要求所有人都遵循这一标准，例如上文中提到的这个 3 岁半的孩子。认为内容要么是对的，要么是错的，这也是第二阶段典型的思维模式。在这个阶段，孩子们会否认锤子也是一种工具。对年幼的孩子们来说，锤子只能是一个东西：锤子。他们有时候只相信自己双眼所见的东西。当莎拉的妈妈去托儿所接她时，她忽然变得歇斯底里，并且拒绝和妈妈一起回家。这是为什么？原来是因为她的妈妈烫了头发，看起来和原来不一样了。

在第一阶段，孩子们仅仅学习浅层的知识；而在第二阶段，尽管孩子们仍会被一些事物的外表所迷惑，但有时他们的认知会超越事物的表象。5 岁的德里克是从第二阶段的视角来观察世界的。如果问他什么是一个朋友、一座岛屿或者一位叔叔，他可能会告诉我们这些是什么样子的。"一个朋友是一个小孩""一个岛屿上有棕榈树"，以及一位叔叔是"一个叼着烟斗的好人"。在第二阶段，当外表起支配作用的时候，孩子们会认为在加油站加油的男人一定是一个女人，因为他留着长发——正如我们的一个孩子曾告诉我们的那样。在第二阶段，孩子们知道很多东西，但他们并不一定能把这些点联系起来。他们只是开始做出推断，有些时候会凌驾于事物的外表之上。

苏珊·格尔曼教授和埃伦·马尔克曼教授向 4 岁的孩子们展示了三张照片，照片上分别是一条带有黄色和黑色斑点的美丽的热带鱼、一条鲨鱼和一只海豚。这条鲨鱼看起来特别像海豚，和热带鱼一点也不像。但孩子们被告知，鲨鱼和热带鱼都是鱼。然后，研究者告诉孩子们，热带鱼在水下呼吸，而海豚则呼吸空气。现在的问题是：孩子们会认为鲨鱼是在水下呼吸还是在空气中呼吸？他们可能会说，因为鲨鱼和海豚看起来很相像，所以鲨鱼和海豚一样呼吸着空气。他们也可能会说，鲨鱼会像热带鱼一样在水下呼吸，因为它们都被称作"鱼"。结果绝大多数孩子的回答是，鲨鱼像热带鱼一样在水下呼吸。尽管只有4岁，孩子们也不只是根据动物的外表来做出判断。相反，加入"鱼"这个词帮助孩子们建立起了重要的联系，也有助于他们推断出，尽管鲨鱼和热带鱼看起来不一样，但它们一定有更深层次的相似性，作为同一类别的生物，它们可能都在水下呼吸。在第二阶段，孩子们能够使用语言来帮助自己达到更深层次的理解（比如"鱼"这个词）。如果两个东西的名称一样，那么它们必定有相似之处，而有时这些相似之处甚至是肉眼看不见的。

当孩子们的学习超出了浅层内容时，他们还会通过类比的方式来思考问题。我们所说的类比，并不是指在SAT考试中出现的那些正式的题目，如"黑：白"或"深色：浅色"。我们的意思是，他们可以思考自己生活中出现的一些事情，并且就此事在他人的生活中做出推理。举一个例子，赫克托的母亲是一名律师，她总是穿着职业套装去工作。而他的朋友罗密欧的母亲是一名体育教练，所以她在工作的时候穿休闲服。在第二阶段，赫克托并不认为罗密欧妈妈在工作。对他来说，事物的外表比其他任何事情都重要，所以如果她穿的是休闲服，她就肯定没有在工作。赫克托在自己的脑海中做了第一个类比推论：妈妈穿着正装，所以她在工作。不过，很明显的是，这个类比并不适用于罗密欧的妈妈！即使没有穿正装，罗密欧的妈妈仍然可以工作。人们可以穿各种各样的服装去上班。直到第三阶段，赫克托才能超越对罗密欧妈妈的着装的理解，而认同她也在工作。

使用类比是一种基本的学习方法。它能帮你弄清楚为什么有些事情或者有些想法是一样的，以及它们揭示了什么内容。这就是类比的力量，我们在课堂中也一直在使用类比。例如，黛迪莉老师对 5 岁的马文说，云就像海绵一样。她以为马文会因此而明白，由于海绵会吸收液体，因此云也会如此。但结果却恰恰相反，马文思考的是："哇，它们都既柔软又蓬松。"尽管孩子们和成年人总是通过类比来学习，但除非像鲨鱼和海豚的例子一样，人们被明确地告知，否则那些处于第二阶段的人们关注的仍是物体的物理属性。只有等到孩子们进入了第三阶段，他们才会专注于物体之间的关系。

如果我向一群成年人和 5 岁的孩子展示图 7-1 中上面的那幅图，并要求

图 7-1　猫追老鼠以及狗追猫

资料来源：选自 "Relational Language Helps Children Reason Analogically," by D. Gentner, N. Simms, and S. Flusberg, 2009. *Proceedings of the 31st Annual Conference of the Cognitive Science Society*, p.1055. Copyright 2009 by D. Gentner, N. Simms, and S. Flusberg.

他们对此图进行描述，这些成年人和孩子们都会说："一只猫在追一只老鼠。"到目前为止，这个回答是没有问题的。接下来，成年人和孩子会被分成两组。这两组的成员都看到了图 7-1 中下面的那幅图，图片中有一只狗正在追逐上图中出现的那只猫。

在"中立的"语言表达方式的提问下，第一组成年人和 5 岁的孩子被问到（提问者同时指着上面那张图片中的猫）："你看到这个动物了吗？它在下面的图片中是哪一个？"而在另一组，提问者通过指出事物之间"关系"的方式来提问（也同时指着上图的这只猫）："你看到这个正在追逐的动物了吗？在下面的图片中它是哪一个？"面对两种不同方式的提问，你会怎样回答？被以中立的语言方式提问的第一组成员中，每个人都选择了目标图片中的猫作为问题的答案。而通过使用关系语言的方式来提问，能够使每个小组成员都注意到猫是追逐者，这时在第二组，成年人的答案都是狗——因为狗也是一个追逐者，而 5 岁的孩子们的答案仍然是猫。这就是处于第二阶段的人们处理这个任务的方式：他们关注的是事物的表面，而不是它们互相追逐的"关系"。

出于同样的原因，处于第二阶段的孩子们也很难理解比喻的用法。在一次探亲之后，卢安妮问 4 岁的女儿吉莉安："梅布尔阿姨是不是很亲切和蔼（此处原文为 sweet，也可译为"甜的"。——译者注）？"吉莉安不理解地看着她，问道："她是用巧克力做的吗？"卢安妮感到非常震惊。还有另一个关于第二阶段的有趣事例。许多年前，4 岁的琼的举动让她妈妈海伦感到非常惊讶。有一次，她站着玩耍时发现有很多种可以倒在地上的方式。在试验了四五次之后，她带着疑惑站起来，并问妈妈："你就是这样坠入爱河的吗？"

停留在第二阶段的孩子们在学校的表现如何？以通过高利害测验为目的的学习将孩子们限制在了第二阶段。虽然孩子们对数学、阅读和科学都有一些浅显的了解，但他们并没有真正深入地理解这些领域。他们也不明白像数学和科学这类主题实际上可能是互相关联的。这种肤浅的学习和注重考试成绩的教学效果考核制绑在一起，会造成四种令人遗憾的后果。

第一，正如斯坦福大学教育学教授琳达·达林－哈蒙德所说，这种方法"在一个复杂的测验游戏中浪费了稀缺资源，它似乎正在缩小课程的范围，剔除一些成功的项目，并且把成绩不佳的学生赶出校园"。忘掉那些孩子们喜爱的艺术作品吧。当教师们的生计可能会取决于学生的测试成绩时，孩子们就没有时间留给艺术了。那么，那些需要得到额外支持的、接受特殊教育的孩子们，他们的情况又是怎样的呢？在某些情况下，校长和老师会向这些孩子的父母提出建议，他们的孩子可以在考试当天因为"生病"而不参加测验，或者，这些父母也可以让孩子转学去其他能够"更好地满足他们需求的学校"。测验分数低对老师和学生都会产生不利的影响。例如，在2015年，纽约州州长库默批准了一项州政府预算，该预算规定，40%的教师评价将基于其所教学生在州成绩测验中的表现。对高利害测验的重视在不断增强，即使一批顶尖的教育研究人员得出了这样的结论：

> 统计学家、心理测量学家和经济学家们达成了广泛的共识，他们认为，即使在教师评价的过程中使用了最复杂的统计应用程序，如增值评价模式等，但学生的测验成绩本身，并不足以成为可用于重要的人事决策的、可靠和有效的教师效能的指标。

第二，鉴于以上提到的这些压力，大多数教师不得不采取"应试教育"的方式来组织教学。这意味着学校和教师们在强调通过记忆的方式来掌握的、不同学科的狭义的学习。尽管有时记忆是必要的，但只通过记忆的方式所达到的学习效果是很浅显的，除非在记忆的过程中，孩子们面对的是对他们来说有意义的真实的问题。死记硬背并不能让孩子们将他们所学的知识运用于新的情况。米妮阿姨喜欢听她3岁的外甥数到25或者50，这些属于第二阶段的知识，但他知道25意味着什么，或者这个数字与50有什么关系吗？也许他并不知道。

第三，对内容和测试的强调也让孩子们苦不堪言。在校车上，孩子们总会出现肚子痛、流泪、恐惧和焦虑的情况。对于许多孩子来说，学校曾是一个安全而有趣的地方，现在却让他们感到惧怕和忧虑。在课间休息时间，孩子们是否可以尽情地玩耍，并且从课堂的压力中得到放松呢？答案恐怕是否定的，尤其是在一些低收入地区的学校，孩子们更没有多少时间可以自由玩耍。

第四，高利害测验还会变相地鼓励作弊，我们并不是指学生作弊。亚特兰大学校系统的负责人曾因鼓励下属更改学生答题卡上的答案而引咎辞职。

无论是《不让一个孩子掉队法案》，还是《共同核心课程标准》，这些教育改革的设计者们希望得到更好的效果。孩子们的学习内容虽然比第一阶段范围更广，但在很大程度上，在第二阶段他们对内容的理解都被中断了。同时，对浅层学习的强调也阻碍了许多科目的教师的发展。一位来自特拉华州的老师抱怨道，她在课堂中失去了自主权。一些学校的管理者们给"在同一页上"赋予了一个全新的含义。"如果一个学校管理人员进入了你的教室，而你没有在讲第23页的内容的话，你将会被严厉斥责！"这位老师哀叹道："有时候学生们看着我，我能从他们的眼神中看出来他们并没有弄明白刚刚讲的内容。但我没有时间停下来向他们解释，我必须按教学计划继续往下讲课。"对老师来说，你只需要讲完今天的材料，任务就完成了。

在琳达·珀尔斯坦著名的《测验》一书中，当她介绍马里兰州安纳波利斯的一所小学时，也提到了和特拉华州的这位老师相似的情况。珀尔斯坦描述了一位课程负责人观察教师们实施既定教案的进度的过程。这位负责人担心，每一个年级的教室中没有相同数量的词汇表，而且它们的大小不一样。这是第二阶段的典型表现！

所以，学生们开始声称学校生活枯燥不堪，而他们的焦虑也随着高利害测验的到来而不断加剧。同时，一个价值200亿美元的家教行业出现，并且其中22%的收入来自我们最年幼的3~5岁的孩子，这些情况已经不足为奇。与我们交谈的父母们都认为，如果他们的孩子在这些标准化测验中成绩不佳，那么他们的未来也就没有希望了。

大部分测试检验的是孩子们背诵的知识点，或者要他们用一组新的数字来练习考前记住的数学公式。但学习科学的研究告诉我们，记忆并不是最佳的学习策略。孩子们可以在不思考材料意义的情况下死记硬背，然后对内容进行复述。举个例子来说，一个孩子在默写美国效忠誓词时，将国旗（flag）写成青蛙（frog）；将共和国（republic）写成很小的（wee）和公共的（public）这两个词；把国家（nation）写成亚洲人（Asian）；自由（liberty）则被写成一点茶（little tea）；公正（justice）则写成只有米饭（just rice）。记诵本身并不能促进分析和提高记忆力，它会让学生成为被动的知识接收者，而不是批判性的分析者。但是，我们接下来将要探讨的另一种能力——批判性思维——对于学习的成功来说是至关重要的。

在这个肤浅的知识层面，孩子们了解了很多内容，但是这些知识是以一种有限的、碎片化的方式获得的。当你对内容只有浅显的理解时，哪怕知道一点点知识都是危险的。在一个名为"我曾经相信"的网站上，成年人会分享他们曾经想过的内容。萨拉这样写道：

> 在我和妹妹小时候，爸爸告诉我们，山上的奶牛是"山牛"（hill cows），它们的其中两条腿比另外两条腿要短，所以如果站在平地上，它们就会摔倒。

有一个自称为"接线员"的人写道："我曾经相信，如果你在未经允许的情况下玩电话，接线员就会通过电话里的洞来刺伤你的耳朵。"在第二阶段，当你的知识非常肤浅和有限时，或者当你关注事物的表面时，也许你就会相信各种不可能发生的事情。

关注当下的现象——而且只关注今天——是政府、教育领域和商业领域普遍存在的一个问题。当那座桥看起来还不错时，为什么要投资去修复我们的基础设施呢？在教育领域，如果只关注事物的表面，我们就会相信，越早以一种正式的方式教育孩子，效果就会越好。这使得整个学校系统将幼儿园变成了另一个一年级。然而，学习科学告诉我们，孩子们需要一定的时间去探索和为学校学习打下基础。南希·卡尔森·佩奇是位于马萨诸塞州剑桥市的莱斯利大学的已退休的教育学教授，正如她所言，这一趋势体现了"对孩子们如何进行学习的深刻误解。我在很多教室多次看到过这样的现象——孩子们被要求坐在座位上，他们所做的只是抄写字母，而他们其实并没有真正理解自己这么做的意义。这种情况令人心碎"。

对一些公司来说，不用调查也知道其发展如何，因为即使一切进展顺利，它们也只是处于第二阶段。如果公司的首席执行官不能做到不断地提出问题和质疑，那么企业的发展就会停滞，并且最终会失败。以黑莓的制造商 RIM （Research in Motion）公司为例。当苹果手机和谷歌安卓系统最初出现时，黑莓其实发展得不错。但公司的两位联合首席执行官对平板电脑和智能手机的出现束手无策，他们也没有对公司产品销量的急剧下跌承担起责任。当首席执行官们不再挑战新事物，并允许自己安于现状时，公司就不会继续向前发展。最后，虽然黑莓回来了，但它经历了一段糟糕的时期，在这期间，他们似乎让自己摔下了深渊。

另一个例子是宝丽来公司，正是因为有这家公司，我们才有可能立即捕捉到杰夫和苏西订婚仪式的画面，以及宝宝迈出第一步的瞬间。虽然宝丽来发明了他们自己的数码相机，但他们只是一直在重复以前做过的事情。宝丽来公司忽视了新的数字技术浪潮，而这一技术最终会使他们的产品过时。当其他人在拍照时，他们可以立即修改照片并上传到电脑上，而宝丽来所拍摄的唯一的照片只能是管理者们悲伤的面庞了。由于宝丽来公司坚持使用第二阶段的经营模式，即由于从表面上看发展得不错，所以一直维持现状。因此在 2001 年，宝丽来公司宣布破产。这些例子告诉我们，就像鲨鱼必须不断游动才能呼吸一样，企业必须对自身的发展方向和决策原因保持质疑和反思，否则它们也会死亡。

此外，在科学领域，即使是经验丰富的古生物学家，有时也会被事物的外表所迷惑。有一位中国农民在看起来像化石的东西里制作了一个像鸟一样的生物。表面上的羽毛使这个动物看上去像恐龙和鸟的杂交，这个生物被著名的《国家地理》杂志誉为鸟类从恐龙进化而来的过程中缺失的一环。然而实际上，这个"辽宁古盗鸟"是一场骗局。

第三阶段：建立联系

在第三阶段，人们的思维模式发生了很大转变。当 5 岁的黛博拉还停留在第二阶段时，10 岁的汤娅已经打开了新的学习领域，拥有了新的认知方式。著名的英国发展心理学家安妮特·卡米洛夫－史密斯通过一项巧妙的绘画研究，展示了这一重要转变。她要求汤娅和黛博拉都画出一间房子。两人很愉快地画完了房子，然后安妮特对她们提出了一个奇怪的要求："画出一间并不存在的房子。"她想要看看这些孩子的思维有多灵活，并且测试孩子们的学习敏锐度。她们能用一种新的方式来理解房子吗？她们能画出具有新特征，且不同于以往的常见的房子吗？

5 岁的黛博拉虽然很享受画画的时光，但她却非常反感这个新任务。她画的"并不存在的房子"和第一次画的房子十分相似，只是多加了一些窗户，并且没有画门。我们可以看出，黛博拉仍然处于第二阶段，在这个案例中，她无法突破房子的固有印象，展开新的思考和想象。与之不同的是，10岁的汤娅把房子的形状变成了一个三角形的组合。在她的画中，只有最上面的三角形上有窗户，她去掉了门，留下了一个看起来像帐篷门帘一样的东西。在这项研究中，汤娅能够毫不费力地构想出一个并不存在的房子，而黛博拉的新设计在本质上并没有变化。灵活性在其中起到了关键的作用：汤娅以及其他第三阶段的思考者们能够使用他们的"并不存在的房子"的心理意象。

执行功能、自我调节和学会学习的技能

黛博拉无法转换思路，画出一间不存在的房子的原因之一是她的执行功能技巧处于较低层次。黛博拉的大脑发育程度还不足以让她抑制原有的反应（画一间房子），并将思维转向一项新任务（一个不存在的房子）。能够不再重复做相同的事情，和思考如何做一些新的事情——这两种心智能力对思维的灵活性来说至关重要。正如最近一份关于执行功能发展的报告所指出的：

> 能够聚焦、把握和处理信息，过滤干扰，并且转变思路，这就像是繁忙的机场有一个空中交通管制系统，它负责管理多条跑道上数十架飞机的降落和起飞。在大脑中，这个空中交通管制的机制则被称为执行功能。

你还记得小时候一直做同一道数学题，却总是得出错误的答案吗？这是由于你不会转换思路。即使是成年人，也会陷入某些事情的循环之中。比如有时候，我们总是忍不住去思考和谈论几个星期前发生的令人不安的事情。

执行功能，有时也被称作"自我调节"，这对学校学习至关重要。想象一个场景，埃米莉在让普老师的课上注意力不集中，并且在座位上动来动去。她注意到一只冠蓝鸦正停在附近的树枝上，所以大部分时间她都望着窗外，

而没有听让普老师给大家讲的课本的内容。而且埃米莉总是抢着发言，因此让普老师不得不要求她给其他孩子留一些说话的机会。当天晚些时候，当老师要求所有学生在艺术课结束之后一起打扫卫生时，埃米莉把一些绘画用品放回原处之后，就开始玩起了拼图游戏，而没有完成自己其余的工作。当老师要求她停止玩游戏时，她立刻哭了起来，并且沮丧地坐在地上。对于埃米莉的故事，许多幼儿园的老师（和父母）都深有体会。事实上，像让普老师这样的幼儿园老师最担心的问题是孩子们"很难遵守纪律"，这表明他们中有大约一半的人或者更多的人在与这个问题作斗争。

但是，我们为什么要关注执行功能技巧呢？因为学龄前儿童的自我调节能力与他们早期的读写能力、词汇量和数学技能有一定的相关性，同时，自我调节能力也能够帮助孩子们在进入幼儿园之后更好地适应一个结构更好的、更正式的学习环境。那些在学前教育中拥有较强自我调节能力的孩子，更有可能在上小学后在阅读和数学方面取得更好的成绩。事实上，这些技能可能比一般的智力测验更为重要。教会孩子们如何规范自己的行为，可能比教授他们学术技能更加重要。如果埃米莉有机会参加一些培训项目，她将会得到一些提升。执行功能技巧是可以学习的。益智产业并没有过多地提到执行功能技巧，但是学习科学家们一再强调，那些注意力不集中的孩子无法和注意力集中的孩子学得一样好。尽管有些孩子仍然会面对挑战，但在第三阶段，他们应该拥有学会学习的技能。这些技能的核心内容在学前教育中也有所体现。

到孩子们10岁时，执行功能技巧中转换思路的能力也会得到显现，孩子们可以把学到的知识延伸到新的环境中。在第三阶段，孩子们把他们的注意力转移到"关系"上——他们会更加关注事物之间的联系，而不是它们的外表。毋庸置疑的是，就像之前研究中的情况一样，语言是有帮助的。德里克现在已经9岁，并发展到了第三阶段，在面对和之前一样的问题时，他可能会这样回答我们："朋友是指和你一起玩的小孩""一座岛屿的周围环绕着水"，以及"舅舅是妈妈的哥哥"。他并不是完全处于第三阶段，亲属关系对他来说还是困难的。但是德里克现在明白，棕榈树并不是岛屿的必备内容，有些岛上可能根本没有这些树。现在，德里克能够理解，岛屿意味着陆地与水之间的关系。

在上文提到的猫和狗的类比推理的例子中，那些参加实验的孩子们在两年后已经满7岁，其中大部分在关系语言方式的提问下，都选择了目标图片中的"追逐者"（那条狗）作为问题的答案，因为他们现在关注的是上面的图片中两个动物之间的关系。而在这个实验中，是语言引导他们注意到这一点的。此外，在第三阶段，孩子们还可以将他们学到的知识应用到现实世界中。例如，八年级的塔莉娅可以用她的数学知识来计算，一共需要多少油漆才能粉刷完卧室的墙壁。如果大多数学校可以用这样"真实的"、孩子们真正想要解决的问题来训练他们，效果将会是喜人的。

事实上，艺术能够促进内容的学习，也有助于执行功能技巧的提高。说到绘画，艺术正被许多学校所排挤。当内容为"王"时，艺术是第一个要被舍弃的。然而，艺术能够促使孩子们在更高的层次（第三阶段）理解材料，因为它们要求孩子们拓展所学的内容，并且在新的领域中将不同的事物联系起来。艺术能促使孩子们达到克雷克和洛克哈特所提出的更深的理解层次。六年级的说唱者蒂龙记录下了他是如何通过使用语言来创造节奏和韵律的，这也让克莱因老师了解到他创作和思考的过程。而我们所谈论的内容，是语言、读写能力和社会学科的结合体。

戏剧有助于孩子们把剧中的人物和场景与现实生活中他们所面对的人物和场景进行类比。这就是深层学习。戏剧需要演员站在他人的角度看待问题，因此它可以增强孩子对他人的同理心。如果你扮演过一个无家可归的人，那么你就不会再用和以前一样的方式来看待他们。甚至还有一些学校，比如纽约94号公立学校，他们会让自闭症儿童接触戏剧。这所学校认为，播放戏剧会使这些孩子的能力得到前所未有的提高。

一些神经学家和心理学家最近发表了一篇题为《学习、艺术和大脑》的报告，该报告指出，各个社会经济阶层的孩子都可以通过艺术进入第三阶段的思考。绘画、舞蹈、音乐和戏剧等能增强孩子们深入学习信息的能力。画出故事中的一个场景，并且向老师解释这幅画，这是增强学生理解力的有效方法。想要帮助孩子们认识到安定国家的困难吗？播放一部祖先们忍受艰难困苦的戏剧吧。自己建造房子、寻找食物（什么？没有超市？），并且自己做衣服（没有盖普童装店吗？），所有这些内容都能够帮助孩子们理解开拓者们是多么困难。

学习各种形式的艺术，可以给孩子们带来影响深远的、第三阶段的学习机会。这就是为什么STEM——科学（science）、技术（technology）、工程（engineering）和数学（mathematics）——会变成STEAM，A代表艺术（arts）。当美国的科技公司不得不到海外招聘人才来填补职位的空缺时，人们提出了强烈的抗议。为什么我们不能培养出足够的人才来从事这些技术含量高的工作呢？STEM教育变成了一个口号。然而，对STEM的重新强调往往会导致意想不到的后果，即对英语、社会学科和艺术的忽略。佛罗里达州州长里克·斯科特提议，削减对人文教育学科和不能带来良好投资回报的学位的资助。告诉那些幸运的五年级学生，有一个说书人将访问他们学校。在说书人讲故事的过程中，孩子们会听得津津有味，甚至连眼睛都不眨一下。他让语言、历史和故事再一次充满了吸引力。而接下来的一天，孩子们从公共图书馆借阅的书籍比整个学期借的还要多。通过鼓励和培养学生对内容的深刻理解，艺术为学生提供了进入第三阶段的机会。其中一部分原因是由于他们运用了执行功能技巧。佛罗里达州的这些五年级学生沉浸在说书人的故事里——他们安静得连一根针掉在地上都听得见。

具有讽刺意味的是，学习科学多年来一直知道好的学习是如何发生的。能够促使学生进入第二和第三阶段的学习的四个关键特点可以概括为：积极的、投入的、有意义的和社会互动的。这些方式能够使孩子们超越第一阶段和第二阶段，促使他们进行克雷克和洛克哈特所提出的深层学习。

积极主动地掌握内容，意味着要对学习材料进行思考、研究和运用。听老师讲课比参与小组项目工作需要付出的努力少，而表演一个戏剧、合作写一篇论文，以及写一篇关于慈善捐助的有说服力的文章，这些都是孩子们积极主动学习的事例。大部分学校——但并非全部——都没有选择这样的授课方式，与之相反的是，懒散地坐在座位上听讲占据了孩子们在学校的大部分时间。如果孩子们能够提出问题和解答自己的问题，学校生活会变得更加精彩。

孩子们通常会被火吸引，这就是我们把火柴藏起来的原因。挖掘孩子的兴趣会促使他们进行深层学习。如果孩子们想要了解火，他们可以去消防部门采访消防队员。孩子们可以提前准备好要向消防员提问的问题，并记录下消防队员所说的话，以用于之后的转录。他们可以阅读和阻燃剂有关的文章，从而了解到它们无处不在，并且可能对儿童的健康构成威胁。通过研究灭火器的工作原理，他们可以学到更多的科学知识。他们还可以运用自己的想象力来书写和说明是谁"发现"了火。费城的贵格中心学校采用了这种方式来让学生学习飞行的概念。老师每年都会选一个不同的主题。对孩子们来说，当学习活动涉及不同的学科内容时，学习会变得更具有系统性和激动人心。

我们所描述的学习火的活动也引发了投入式学习，孩子们有很强的学习动机去了解他们真正感兴趣的话题。当他们采访消防队员时，以及老师演示灭火器的使用时，你都能看到他们的积极参与。投入式学习利用了孩子的兴趣，但是孩子们并不总是在一开始就对某件事感兴趣。雅乐老师的六年级学生一直生活在市中心，他们并不知道学习有关水果的知识会多么有趣——他们中有些人甚至不知道水果是什么。黄瓜是水果吗？这个甜的是西红柿吗？然而，当雅乐老师走遍了所在城市的各个民族食品市场，买回了来自世界各地的、孩子们从未见过的水果时，他们很兴奋地品尝了这些水果，并学习到了更多的东西。好的老师知道怎样培养孩子连他们自己都未曾发现的兴趣。

让学习变得有意义，指的是把学习和我们的现实生活联系起来。多年的研究告诉我们，把新学到的知识和我们已知的内容联系起来会使学习更有效。我们追求的是有效的、灵活的学习。为什么要了解移民？当孩子们被要求采访他们认识的移民时，迁居到一块新大陆上的想法就变成了现实。语言障碍？孤立？找到住处和工作？如果孩子们认识一个面临这些问题的人，他们就更有可能深刻理解这些事情，移民对他们来说就是有实际意义的。

成人也是如此，在服用阿片类药物时，我们应该遵照医嘱。一些研究者进行了一项关于医生是如何最有效地学习开处方的规则的实验。其中一组医生只是被告知规则的具体内容，并被要求在一周后回忆起这些规则。实验结果表明，他们不仅不记得一周前所学的内容，而且还编出了一些新的规则。而另一组医生则得到了一个虚构病人的诊断治疗的记录，他们可以通过这个实例记录学到开处方的规则。实验结果显示，这组成员很好地记住了这些规则。这项研究表明，有意义的学习比抽象的教学更有效。通过把开处方药的规则和特定的病人联系起来，医生们可以更加容易地记住这些规则。

深层学习也可以通过社交互动来实现。所谓社交互动，并不是说雷蒙德和卡罗尔坐在一起就可以了，而是指他们共同构建他们所需要学习的知识。学习科学家们早就知道这一点：向他人学习时，人们能学得最好。例如，我们让一位好学生（雷蒙德）和一位学习较差的学生（卡罗尔）成为搭档。在和卡罗尔一起学习了不同类型的岩石之后，雷蒙德并没有退步，反而通过教卡罗尔使自己更深入地理解了变质岩。卡罗尔则觉得，与当着全班同学的面被提问相比，她能更自在地对雷蒙德说自己不太明白沉积岩是如何形成的。

最近，有一则来自哈佛大学物理学教授埃里克·马祖尔的关于社交互动是如何促进学习的新闻报道。马祖尔开始对在物理学课堂中广泛使用的讲座式教学提出质疑，他偶然了解到亚利桑那州立大学的物理学家大卫·海斯特纳的研究，后者开发了一项测试，以评估在他的讲座式课堂上学生们对物理学概念的理解。其中一个测试问题是这样的：

> 两个球的大小相同，但其中一个的重量是另一个的两倍。这两个球同一时刻从两层楼的楼顶落下，其中重量较轻的球到达地面的时间将是……

根据牛顿第二运动定律，这个问题的答案应该是两个球将同时落地，这是物理学中的一个基本概念。但是，大多数学生——甚至那些考试成绩为A的学生都答错了。现在，世界上有成千上万的学生接受了这个测试，而大部分人都答错了，这一结果令人震惊。那些传统的、被动的、以授课为基础的物理课，几乎没有改变大部分学生对物理世界运作方式的基本理解。海斯特纳说道："学生们必须积极地拓展自己的知识，他们不能只是被动地吸收知识。"马祖尔改变了被动的、以授课为基础的学习方式，创建了在课堂上一起解决问题的学习小组。在这之后，学生们的成绩得到了飞速提高。我们从而了解到了该如何促进深度学习。学习科学的发现有助于我们将学习提升到第三阶段和第四阶段。

第四阶段：专业知识

第三阶段是一个很大的进步，因为在这个阶段，孩子们可以看到所知事物之间新的联系，并将他们所学的内容应用到新的领域。他们可以用一种更加灵活的方式来应用所学的知识。在第四阶段，我们获得了某个领域的专业知识，无论是经营一家小餐馆，训练一个团队，还是驾驶出租车，这些都促使我们去思考如何改进自己所学的内容。

"我们能谈谈吗？"就像已故的琼·里弗斯过去常常对庞大的观众群所说的那样，仿佛他们是她最好的朋友。让我们来谈谈多产作家马尔科姆·格拉德威尔，他的四本著作都被列在了《纽约时报》的畅销书榜上。在《异类》一书中，他论述了心理学家安德斯·埃里克森提出的一万小时定律：你需要一万个小时的实践，才能成为某个领域的专家。就连格拉德威尔自己也声称他在职业生涯中遵循了一万小时定律。他说，虽然刚开始自己什么都不知道，但到最后，他感觉自己就像是个专家。我们需要十年，也就是一万个小时的时间来练习，才能成为某方面的专家。无论是马尔科姆·格拉德威尔，还是擅长打网球的男孩斯基·威尔登，不管一个人多么有天赋，都不会轻易成为专家。再一次引用格拉德威尔的话："成就等于天赋加上准备。"并且需要大量充分的准备。格拉德威尔指出，尽管练习时间的长短会因为领域的不同而有差异，但没有一个外科医生第一次走进手术室就去做切除阑尾的工作，同样，甲壳虫乐队的白色专辑也不是青少年能够创作出来的。努力工作、毅力、练习、勇气和失败（我们之后再讨论自信）、汗水和天赋，这些都是成为专家的关键因素，其中勤奋是最重要的一点。

怎样才能成为像琼·里弗斯这样的专业喜剧演员，或是像马尔科姆·格拉德威尔这样的专业作家，又或是斯基·威尔登一样的专业网球运动员？世界各地的14岁儿童所参加的国际学生评估项目有助于我们理解，专家能完成的事情是处于更早阶段的孩子们无法做到的。测验分数很高的学生可以把在代数学中学到的想法和在三角学中所学的知识联系起来，他们可以识别出问题解决方案的限制条件（我不能在这类问题上使用这种策略），而且能够灵活地转换解决方案的类型。他们甚至会根据当时观察到的情况来建立新关系，帮助自己解决问题。处于第四阶段意味着你可以超越你所知道的内容（第三阶段），以及设想新的做事方法（第四阶段）。

在学习科学中有一个领域是可以区分出专家和新手的，在这个领域，就连孩子们也可以成为专家。亚利桑那州立大学的米基·希研究了那些在国际象棋中成为专家的孩子们。在她的研究中，成年人可以比孩子记住更多的数字（通过 IQ 测试中所谓的数字广度测验），这表明成人有更大的记忆容量。这并不令人意外。然而，那些成为象棋专家的孩子可以比成人更好地记住棋子的位置。例如，我们让获得冠军的孩子们观察棋盘上的棋子，然后再让他们回忆每个棋子的位置，结果他们比年龄是他们两三倍的成人记得更清楚，记忆的数量也更多。专家们——以及在任何领域中进入第四阶段的人们——更擅长解决自己所在领域中的问题（例如，不被对方将军），观察到新手没注意到的特点（那个兵可以用于我的一个策略），更深入地分析问题，并且由于他们在这个领域中能记住更多的内容（之前走这步棋救了我），因此能够非常快速地进行操作。

另一个常见的例子是高尔夫球。高尔夫球常常是令人沮丧的，因为人们需要很多年才能熟练地掌握这项运动。当专家们在一个新的球场上打球时，他们可以将学到的知识和原理用于新的情境。洛伊斯在思考她是否应该让球通过这条轨道到达球洞，因为如果失利的话，球可能会掉进轨道中间的溪流中。她应该用什么球杆？风会有助于她的击球还是会妨碍她？即使是对高尔夫球运动员来说，要考虑这么多变量也是一项繁重的任务。洛伊斯并不像门外汉一样只是简单地击球，她还在思考最佳的击球方案。在举起她的手（或是球杆）时，她并不认为这是一项不可能完成的任务。专家就是这样。他们致力于运用自己的知识和经验来解决问题。之后，他们会评估自己的行为，思考在哪些方面可以用不同的方式做得更好。在第一阶段和第二阶段的新手们甚至不会像洛伊斯一样，在击球前思考一系列的问题，他们只是眼睁睁地看着自己击出的球急速落入溪流中。处于第三阶段的高尔夫球手可能会考虑更换球杆，但不会考虑其他相关的因素。他们对重要的变量没有足够的了解，并且发现很难记住它们，同时很难去衡量它们的价值。而洛伊斯可以做到这些。由于处于第四阶段，她可能会赢得俱乐部的比赛。

之后，当洛伊斯需要把球打进另一个相似的球洞——中间有一个沙坑障碍把球道分开——时，虽然球道上并没有溪流，但她还是将这个球洞和之前的五个球洞联系起来。专家能够看到问题的"深层结构"，意识到这是另一个需要跨越的障碍，即使从表面上看来这些球洞差异很大。事实上，这位专家对高尔夫球有非常深入的认识，她可以将自己的思维过程传授给新手朋友，通过在较低阶段重新构造知识，帮助她的朋友获得更深层次的理解。

这就是我们希望处于第四阶段的专家们来教育孩子们的原因。专家们可以解释、论证和举出多个例子，而新手们只能照着课程指南来教课。像科克伦这样的专家意识到，在分数问题中，八年级的学生马西之所以认为 1/15 大于 1/4，是因为前者的分母更大。科克伦老师找到了问题的切入点，他在思考，在最开始学习分数时，四年级的马西错过了什么。科克伦老师能够迅速地帮助马西解决这个问题，并帮助他达到更高的理解水平。我们再来看看奥尔森老师帮助山姆理解乘法的必要性的例子。山姆知道乘法表中的一些内容，但这些对他来说都没有意义。奥尔森老师告诉他，她想要给他一些贴纸，用来奖励在课堂上帮助他人的孩子，但是山姆首先得告诉她，她需要给出多少张贴纸。她摆出了八张纸，每张纸上有六个贴纸。当山姆准备数数时，奥尔森老师问他：有没有其他方法可以让他更快地得出所需的数量呢？开始，他想要数快一点，但后来他脑海中突然迸发出了灵感，想到"我可以用乘法"，从那以后，他非常渴望学习乘法表。

我们可以用很多种方法来帮助儿童、大学生，甚至自己进入第三阶段和第四阶段。我们也可以超越事物的表面，寻找它的意义，就像我们研究平板电脑，以确定哪一款最符合我们的需求，而不是去购买最好看的那一个。

第三阶段和第四阶段在商业领域同样很重要。星巴克的咖啡师们必须用特定的方式和顾客说话，并学会使用电子收银机。所有领域的销售人员都必须了解数百种产品的名称和属性（例如，这是"加入了少量牛奶的中杯摩卡咖啡"），并且用热情的态度准确地介绍这些产品。活动策划人在做出大量决定时必须同时关注整体和细节，这样才不会让那场婚礼或成人礼变成一场灾难。在导师们的指导、建议和批评下，科学家们花了数年时间在研究生学院学习自己的专业（例如，发展心理学）。为了进入第四阶段，那些发展心理学家们必须不断进步，创造自己的领域。尽管和每个职业相关的知识内容各不相同，但内容是不可或缺的。

内容也不是静止不变的，任何不向前发展、审查和重新审视自己发展战略的企业都是脆弱的。为了在积累客户的信息方面达到第四阶段，企业必须不断找出客户未被满足的需求。苹果公司就是这方面的典范。他们的研究员会进入聊天室查看顾客的评论、抱怨和担忧。谁知道平板电脑的出现是不是由于茱莉亚和西尼聊天时说，要是有一种电脑可以放在手提袋里该有多棒？苹果公司对内容的追求让他们在电脑市场上占据了很大的销售份额。

另一个第四阶段的例子是康宁公司，这家公司生产优质的盘子，连3岁的孩子也摔不碎它们。康宁公司认识到新的商业机会、新技术以及从文化和历史的角度审视其产品之间的联系，他们每年都会邀请学术界和工业界的专家来参加公司的年度会议。结合康宁公司当前的地位和想要实现的目标，他们不断调整前进的步伐和方向。2015年10月，第54届玻璃研讨会以他们的名为"美国最受欢迎的菜肴：庆祝一个世纪的派莱克斯玻璃"的展览为主题。谁知道他们的设计师、市场营销人员和工程师在听到关于"食物是爱"以及和食物相关的建筑、性别角色的讨论后，会得到什么样的灵感呢？

无论你选择什么样的职业道路，学习新内容都是一项终身的任务。印度哲学家吉杜·克里希那穆提说得再好不过了：

教育是永无止境的。当你读完一本书，通过一门考试，这并不意味着教育就结束了。你的整个生命，从出生的瞬间到死亡的那一刻，都是一个学习的过程。

也许我们需要一个新的关于终身学习的佛罗里达州综合评估测验誓词。把你的右手放在左胸前念道：

我将超越事实，学习深层的概念。
我将学习"如何学习"，因为信息正在爆炸式增长。
我会睡个好觉，吃一顿好早餐。（仍然很重要！）
我不会放弃，而是与他人合作，以增进我的理解。
我将寻求如何应用所学的新知识。

这个新誓言会让你坚持学习并且乐于学习。扩大你的知识量吧！

行动起来

关键是要记住，内容不仅来自孩子们在学校的学习。通过与你在药房和超市的对话，甚至是通过和你一起坐火车或者公共汽车去旅行，他们可以在校外学到很多东西。在任何地方都有机会教育孩子，加深孩子对世界的理解，鼓励他们提出问题。那些在校外获得学习乐趣的孩子更有可能想在学校进行学习。孩子们只有20%的时间在学校，所以我们可以通过树立榜样以及和他们一起参加活动，来丰富他们的生活。

关于自己

毫无疑问，内容对你来说很重要。你阅读这本书的举动，证明了你想要学习。动力是关键，而你恰好拥有学习的动力。你认为自己处于内容学习的第几阶段呢？每个人都有自己的专长，所以要相信自己。也许你只在自己感兴趣的领域才有所专长。你所学的知识内容是否比你想象的要更狭隘？在工作时，当你的搭档开始谈论一个新项目时，你是否会感到大脑一片空白？你愿意去新地方和学习新事物吗？我们知道，你不可能在每个领域都成为专家，没有人可以做到。但我们都需要提升自己，学习新的信息。毕竟，这是学校要求我们的孩子们一直在做的事情。

向你的搭档提出关于这个新项目的问题，不仅能显示出你正在倾听对方说话（也就是交流），而且当你下次与人讨论相关话题时，你也会真正增加对这方面内容的兴趣。利用假期时间去参观当地的博物馆，欣赏你一直非常想看的印象派作品，这会让你感觉很好。并且带上你的孩子们，让他们告诉你，他们在那些没有人物的画中看到了什么，或者那些展示场景的画中正在发生什么。如果你敞开心扉去学习新事物，你的孩子也会和你一样。

你是否曾尝试帮助他人学习和理解自己擅长的内容？向那些想要学习的人解释他们的困惑——这有助于你更精通自己的专业知识。另外，这对你的孩子也有所裨益。你是一位专业面包师吗？通过让他们参与你的工作，给他们布置任务，来帮助他们学习你所擅长的技能吧。你懂一门外语吗？你可以帮助孩子们学会用另一种语言来说那些只有他们自己才知道的事情——对他们来说，这有点像一种秘密语言。

诚实而直率地回答孩子们的问题，向他们展示你对学习的热情，这对孩子们来说是一份很棒的礼物。所有的孩子最终都会问一些你无法回答的问题，其中就包括众所周知的"为什么天空是蓝色的"。我们可以给对话增添一些乐趣——问问你的孩子们，他们觉得天空应该是什么颜色的，以及为什么。然后你可以模拟在网上或者在图书馆找到答案的过程。我们都希望孩子们像我们一样，成为终身学习者。那么就展示给他们看，你是如何做的。

BECOMING BRILLIANT
未来能力教养

关于孩子

我们的一位朋友最近打电话告诉我们，她的儿子每天晚上都要给父母朗读15分钟的书，这让他们十分难受。为什么呢？因为父母们都很忙（也许是忙着看自己的电子设备），他们认为这是一种巨大的痛苦，而不是把它当成一项家人一起参加的有趣的活动。当然，孩子听从了家长的话。但是，如果父母们采取另一种不同的方式，愿意和孩子们一起进入故事中，讨论角色，探讨故事与孩子生活的联系，亲子阅读就会变成一段有趣的时光。许多家长在这样做之后，都惊讶于自己感受到这么多的乐趣。

我们还记得，学习的四个关键特点被概括为：积极的、投入的、有意义的和社交互动的。这些特点并不是抽象的学术概念，而是促进孩子们学习、帮助他们更深入地理解所学知识的有效方式。我们怎样才能把学校里学的内容和杰西喜欢的事物联系起来？当他们班学习了解最初的移民的时候，我们可以带杰西去参观一个殖民地遗址。或者，当他们关注食物从哪里来时，我们可以去参观一个农场或者爱畜动物园（指美国的一种专门为儿童提供和小动物接触机会的动物园，孩子们可以抚摸、喂养园中的小动物）。当地的大学和学院中的一些博物馆可以给孩子们提供一些他们真正感兴趣的东西。例如，特拉华大学有一个捐赠者资助的小型岩石和矿物博物馆，孩子们小时候很喜欢去那里参观学习。还有，许多农业学校都有昆虫学系，孩子们在那里可以免费看到许多爬虫。

我们当中有一个人最喜欢做的就是和她的孩子一起做"家庭作业"，以及在孩子们做作业时给他们提供一些健康的食物，比如橙子、苹果或者热巧克力。她并没有把孩子们关在房间里，告诉他们作业完成之前不准出来。在孩子们年幼时，她鼓励他们在自己身边学习，并分享学到的有趣的内容。内容可以鼓舞人心！如果你能创造出帮助孩子们集中注意力的环境，你就能帮助他们"学会学习"和提高执行功能技巧。

关于周边环境

别忘了公园！附近的公园里有许多有趣的东西，它们也可以促进学习。秋天，你可以拾起地上美丽的落叶，将它们粘在纸上，或者在家里探究它们的变化。春天，你可以去观察那些花是如何开放的。其实我们周围有很多好的学习机会。俗话说得好，生活中最美好的东西都是免费的。

即使孩子们所在学校的艺术课程不多，你也可以利用他们正在学习的内容来激发他们对艺术的兴趣。例如，水彩画可以用来表现孩子们刚刚在新书中读到的场景。当孩子们在一起做作业时，你可以让他们把其中的一个场景表演出来。孩子们还可以通过舞蹈、写歌等多种形式，来学习相关的知识内容。如果你参与其中的话，你就能向孩子们展示学习是多么有趣。当你全力支持孩子并使学习变得有趣时，你对孩子教育的参与就产生了全新的意义。

父母和监护人可以通过课后的活动和课程，以及夏令营（如果他们愿意的话），来帮助孩子们在艺术方面得到发展和提高。许多孩子都渴望参加戏剧训练营，而另一些比较害羞的孩子可能更加喜欢艺术训练营。通过艺术来激发孩子们的想象力也是丰富他们的思考，以及提高他们的执行功能技巧的一个好方法。你是否见过孩子们参加集体鼓乐，他们每个人都拿着自己的乐器，跟着节拍走？他们需要集中注意力和过滤干扰。在这一过程中，孩子们全身心投入和参与其中，训练了自己的注意广度和专注能力。有研究表明，这些音乐活动可以提高孩子们的执行功能技巧，培养他们"学会学习"的技能。

我们应该如何创造促进内容学习的环境

最简单的办法就是关掉电视，并确保孩子们不沉溺于电子产品。但是，适当地使用电子产品也不是坏事——这一切都取决于屏幕上显示的是什么内容。比如在《模拟城市》这样的电脑游戏中，孩子们需要规划他们在城市里想要获得什么东西。另外，一些电子游戏还可以锻炼孩子们的手眼协调能力。我们不是勒德分子（指19世纪英国工业革命时期因为机器代替了人力而失业的技术工人，现引申为持有反机械化以及反自动化观点的人。——译者注）。在我们看来，特别是年纪稍大的孩子们，他们更适合通过电子设备来学习。

要使孩子们热爱学习，最关键的是认真对待他们的兴趣。选择他们感兴趣的内容就一定能让他们投入进去，因为对他们来说，这个主题本身就已经很有意义了。你的孩子对蜘蛛着迷吗？我们中有一个人在小时候读过所有她能找到的关于蜘蛛的书。如果你担心要花钱，请再想一想，公共图书馆其实是理想的场所。在我们的孩子们很小，还不能自己去上小学的时候，我们每周都会带他们去图书馆。当孩子们可以自己挑选书籍时，他们会觉得自己很能干。我们和他们一样很喜欢这些书，因此在去图书馆还书之前会一直反复阅读它们。

我们也经常带孩子们去观看艺术表演。我敢打赌，你又觉得要花钱了。其实，一些当地的管弦乐队、歌唱团体和舞蹈团体都非常乐于为观众们表演。孩子们通常很喜欢艺术，而且艺术能激发他们阅读或画画的兴趣。我们中有个人带孩子去纽约看了电影《第42街》，然后大家在一起跳了一整夜的踢踏舞。

另外，儿童博物馆也可以激发孩子们对学习的热爱。这些地方是美国寓教于乐的最后的堡垒，同时，它们也能激发孩子们的想象力。儿童博物馆里主要呈现的是孩子们觉得有趣和引人入胜的东西，在这里，他们可以学到知识，进行社交互动和体育活动，这里还给孩子们提供了可以不用坐在座位上、不必和其他孩子步调一致地学习的机会。此外，许多博物馆都有免费接待日。你可以关注这方面的信息。凯瑟琳·哈顿和她的同事们的研究表明，回家后谈论自己的所见所闻可以增强孩子们的记忆力。

在日常生活中，我们有许多机会可以锻炼孩子们的记忆力，就连去自助洗衣店也是训练他们的好机会。那些体积庞大的机器、噪声、放入投币口的硬币都是孩子们没有接触过的好素材。告诉妈妈或爸爸那里的情况：那是一个安静的地方还是吵闹的地方？向妈妈（或爸爸）描述店里的特殊气味，以及你是否喜欢这种气味。向妈妈（或爸爸）介绍一下你在等待时新交的朋友。如果你是个孩子，去任何地方都可能成为一次可以学到新内容的冒险——特别是当你的父母愿意和你谈论你注意到的事情，并且对你提出的问题做出很好的回答的时候。

成功之路

虽然内容不是最关键的，但对孩子们来说，学习内容仍然很重要。另外，学会如何学习，以及像自己的父母一样成为终身学习者也同样重要。如果孩子们看到你很热爱学习，那么大多数情况下，他们也会和你一样。如果孩子们认为你会认真地对待他们的问题，并试图告诉他们答案或者帮助他们找到答案，那么他们将来也会自己去探索。另外，如果我们意识到内容无处不在，而不仅仅局限于学校墙内，我们将使自己和孩子的生活变得更加丰富多彩。通往成功的道路是由你和孩子们一起分享的经历来铺垫的，这些经历不一定很宝贵，或者要很费力才能获得。当我们愿意花时间和孩子们在一起的时候，他们才会茁壮成长，因此，我们应该抓住生活中可以用来教育他们的时刻和机会，帮助他们提出问题，进行更多的探索！

Becoming Brilliant
What Science Tells Us About Raising Successful Children

第八章
批判性思维：哪些可以视为证据？

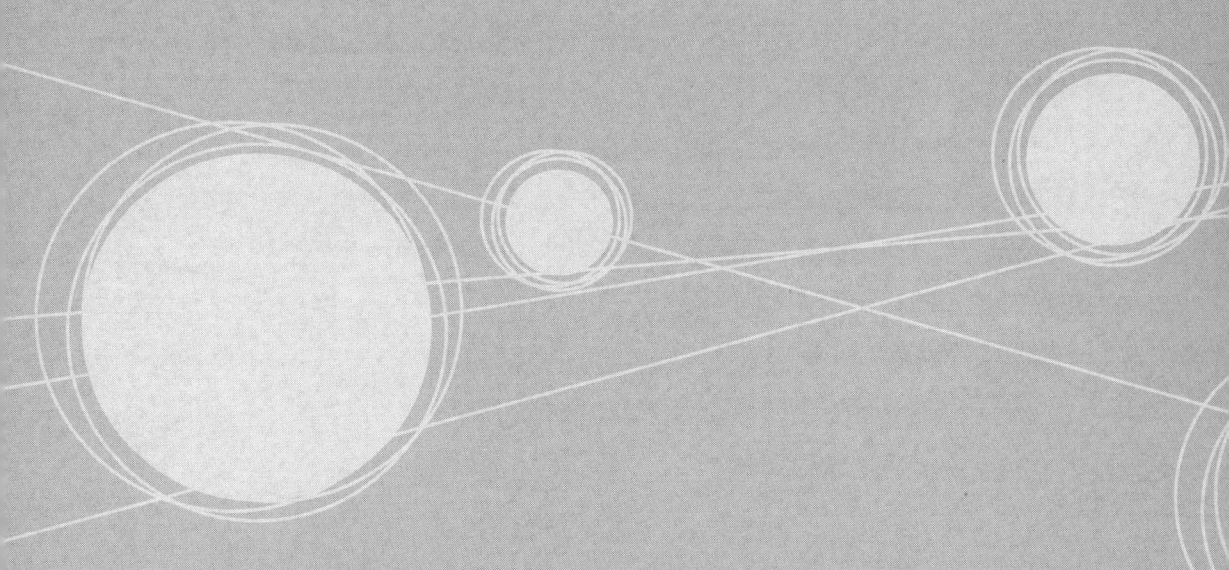

> 有教养的标志是你可以不接受一种观点,但是你能够容纳它。
>
> ——亚里士多德,《尼各马可伦理学》

  想象一下这样的场景,我们刚结束了在长岛对 350 个人进行的关于早期学习的演讲,躺在一辆豪华轿车的后座上。当车子到达切尔西的第 20 街时,我们正准备打个盹,休息一下。可现实情况与之相反,我们首先尽力将自己打扮得整齐得体,在快速喝完一杯咖啡后,走进了一栋古老的、未经翻修的褐砂石楼房。在通过一段摇摇欲坠的楼梯之后,我们找到了马克·西蒙,当时他正在制作一部名为《幼儿园大学》的纪录片。

  马克问我们:"那些富裕的、受过高等教育的父母为什么会认为,如果他们的孩子不能进入一所优质的幼儿园,他们就永远不可能考上一所好大学呢?"这种现象是众所周知、极为常见的。在曼哈顿,有一些咨询顾问实际上是靠评论父母们写的关于他们 5 岁孩子的申请文书来获得报酬,以此来谋生的。这些父母认为,他们必须让自己的下一代进入纽约道尔顿私立学校(学费为每年 42 960 美元),孩子们可以从这里开始去往 _____ 的旅程。《幼儿园大学》这部纪录片揭露了这一问题,它向人们展示了这些家庭是如何应对幼儿园的录取过程和录取结果的。

《幼儿园大学》纪实性地描述了一些父母，他们即便有很多选择，在涉及自己孩子的问题时，也会担心犯错误。但其实这部纪录片的内容和我们每个人以及我们的社会都息息相关，它反映了一个普遍的现象，即所有的父母都认为，如果把大量的信息灌输进孩子们的脑子里，他们就拿到了成功的钥匙。事实上，这个观念一直在被频繁地重复着，所以几乎每个人都相信这一点。家长们的想法大致是这样：如果你想要你的孩子进入大学，你最好确保她已经准备好上学前班；为了给上学前班做好准备，你必须确保她去一个高质量的幼儿园，这个幼儿园可以训练她字母和数学，这样到 4 岁的时候她就可以开始学习拼写，5 岁的时候能够阅读书籍，还能数卡片上的海豚，以体现她在幼儿园迅速提高的数学成绩。作家弗兰克·布鲁尼称之为"大学入学的狂热"，并暗示这种现象早在幼儿园就已经出现了。在他的《你去哪儿不代表你是谁》一书中，布鲁尼提出了自己的观点，他认为通往精英大学的精英私立学校并不是儿童（或父母）生活的重点。基于学习科学的内容，我们在《爱因斯坦不玩识字卡》一书中也提到了一个类似的案例，学龄前儿童不需要学习计算机科学，或者每周上一次法语课，以确保他们今后进入一所好大学。事实上，我们想强调的是，为了培养出快乐、健康、有思想、有同情心和具备较强社交能力的孩子，以及让他们成为乐于合作、富有创造力、具备较高能力和责任心的未来公民，我们需要关注他们在学术、社交和身体素质方面的发展。毕竟，学习知识并不是孩子们的唯一要务。

《幼儿园大学》揭示了，在最极端的情况下，在曼哈顿这个许多极端的趋势开始的地方，人们急于找到一所好学校，这无异于一次始于孩子出生的朝圣之旅。但是这种想法其实就是用知识填满孩子们的脑袋——一个批判性思维的黑洞影响着从纽约到明尼苏达州再到俄勒冈州的人们，没有人可以幸免。知道要提出疑问和寻求证据，这对于让自己避免陷入麻烦是非常重要的。

第八章 批判性思维：哪些可以视为证据？

批判性思维在我们这个民主社会中还有另一项重要的作用。没有批判性思维，我们就会不加质疑地、盲目地相信我们听到的内容。为了做出明智的选择，我们需要提出质疑，而不仅仅是重复自己已知的内容。2008年美国总统大选就让这一点非常明显。"奥巴马不是美国公民"，尽管这一说法明显是错误的，但一些政客和权威人士却一直在重复宣扬此事。与此类似，莎拉·佩林想要阿拉斯加脱离美国，这也是一个荒谬的说法。批判性思考者们对这些论断都会持有怀疑的态度。投票应该是对我们的批判性思维的一个练习，在这个练习中我们会做出理性和明智的决定。

在这个大数据的时代，我们面临着爆炸式增长的信息，因此，批判性思维变得更为重要。当我们在网上购买新的洗衣机时，面对众多的选择，除非我们学会如何组织和筛选，否则我们就可能会为较少的功能付出过高的代价。心理学家戴安·哈普恩在20年前发表了一篇文章，其中的内容在今天依然适用：

> 如今，人们通过互联网和其他远程服务，只需要几分钟的搜索时间，就可以获得海量的信息。现在的问题已经变成了如何处理这些海量的数据。这些信息必须被选择、阐明、理解、评估、学习和应用，否则，电脑屏幕上的信息也不会比图书馆书架上的内容更加有用。

在短信被发明的六年后，她写下了这些话，同年，谷歌公司成立了——哈普恩不知道接下来会发生什么！从那以后，在我们写这本书的那几年里，可用信息的总量翻了五倍。

我们只有两个选择：要么学会驾驭潮水般的内容和信息，要么被淹没在信息的洪流中。第一种情况是，我们在面对看起来太好以至于不太真实的交易时，知道自己应该提出什么样的疑问；第二种情况是，我们和《幼儿园大学》中的家长们一样，用辛苦挣来的钱换取对方的承诺。学习科学认为，应对周围的大数据的一种重要方式就是使用批判性思维。但是，我们应该如何学习使用批判性思维？批判性思维到底指的是什么？

持有怀疑的态度是批判性思维的体现。哈里·杜鲁门来自崇尚"眼见为实"的密苏里州。密苏里州的美国联邦众议员威拉德·邓肯·范迪维尔在1899年的一次演讲中说道："我来自一个出产玉米、棉花、苍耳和民主党人的州，说得再天花乱坠对我也没用。要知道我来自密苏里，要让我信服得亮出来让我看。"当我们的朋友劳里说婴儿可以学会阅读时，我们回答："真的吗？"其实我们是在说："证明给我看。"当我们怀疑这个观点，然后在自己的智能手机上搜索"婴儿阅读"时，我们就是在进行批判性思维。当我们采取这种怀疑的态度，提出接受良好的教育到底需要什么这一探索性问题时，我们就不太可能成为半真半假的信息和歪曲的事实的牺牲品。

我们一直在呼吁和提倡批判性思维教育。拜尔提出，为了响应这些需求，我们首先必须认可一个简单的定义：批判性思维是"在有充足理由的基础上做出判断"。而教授批判性思维则要求孩子们学会分析、整合和评估来自各个不同地方的信息——这些信息来自他们的"观察、经验、反思、推理和交流"。

我们应该让孩子们意识到，不是所有的信息都是平等的，或是经过审查和评估的，更不用说它们的真实性了，互联网上充斥着各种垃圾信息。这就是都市传说网站存在的原因：去揭穿那些像野火一样蔓延的谣言。比如：脸书上出现的假消息说奥普拉·温弗瑞自杀了？纽约的下水道里出现了鳄鱼？不幸的是，学生们在质疑那些看起来稀奇古怪的信息时，并没有得到很多帮助。相反的是，当孩子们被告知"事实"而不被鼓励提问时，他们很可能会相信，成人告诉他们的所有事情都是真实的。但是，孩子们应该具有怀疑的精神。批判性思考者拥有开明的思想，他们会考虑到不同的观点。批判性思考者重视证据，在学习新事物时，他们甚至愿意改变自己先前的立场。

然而，批判性思维并没有得到普遍的鼓励。在得克萨斯州共和党人精心打造的 2012 年竞选纲领中，有这样一段话：

> "以知识为本"的教育：我们反对教给孩子们高阶思维能力……这一思维能力注重行为矫正，具有挑战孩子们的固有信念，以及破坏家长的权威的目的。

当然，这并不是所有共和党人或民主党人对这个问题的看法。但是，不能挑战学生的"固有信念"可能是一个大问题。孩子们相信各种各样的事情（而且我们并不仅仅是指圣诞老人和牙仙子），而了解这个世界意味着摒弃幼稚的信念，真正理解食物消化的原因（不是因为胃里有一个小人）、汽车行驶的原理（不是引擎里面有一匹马），以及人们变得刻薄的原因（女巫其实并不存在）。我们似乎应该鼓励孩子们进行批判性思维。没有批判性思维，孩子们就没有评估他人观点的工具，因此，他们注定会全盘接受我们或者其他权威人士所说的内容。

第一阶段：眼见则信

没有人生来就是批判性思考者。首先你必须知道一些东西（例如：内容），这样才能评估新的信息。婴儿和正学步的儿童才刚刚开始了解他们所在的世界，这对他们来说也是很复杂的。尽管刚来到这个世界一年多，婴儿们也已经开始判断哪些行为是合理的，哪些是说不通的。14 个月大的奥尔加刚学会走路和说话。在匈牙利科学院的盖尔盖伊婴儿实验室里，她遇到了一个友好的研究生，这位女士好像坐在一桶冰上一样，正用双手抓着一张毯子来裹住自己的身体。她和奥尔加打完招呼后便低下头，像用开关一样，用自己的额头打开了桌上的一盏大圆灯。一盏"头灯"！是这样吗？一周后，当奥尔加回到实验室时，她在灯前坐了下来。她会做什么呢？她会像上周那位研究生一样，用自己的额头把灯打开吗？或是用她的小手打开灯？如果用额头，她就是在进行盲目的模仿。但如果用手开灯，她就是在评估她看到的行为。就好像她在说："那位女士用她的头开灯，是因为她要用双手握着毯子。"80%的婴儿用他们的手将灯打开了。他们对看到的情况进行了批判性的判断，并没有盲目地模仿。即使在婴儿期，孩子们心中也有批判和理性思考的种子。

尽管之前的描述中有着令人震惊的典范，但在第一阶段，孩子们大多相信自己看到的和被告知的东西。婴儿们对可信赖的信息提供者也具有一定的敏感度。14个月大的戴安娜有一双迷人的大眼睛，在被介绍给两位友好的女士时，她正坐在自己的高椅上。这时，第一位女士看了看水桶，然后发出惊叹声。她向婴儿展示了桶里的一个玩具。然后，戴安娜看到第二位女士看向另一个不同的水桶。她也发出了惊叹声。但是当她向戴安娜展示水桶的内部时，戴安娜发现里面是空的。戴安娜可能会想，为什么第二位女士在看到一个空水桶后会发出惊叹声呢？在这之后，第一位女士朝屏风后面看了看，戴安娜也伸长了脖子去看，但是什么也没看到。当第二位女士看向屏风后面时，戴安娜甚至懒得尝试去看。谁会相信一个看到空桶后发出惊叹的女士的行为呢？这是孩子们将信息来源纳入考虑范围的开始。等他们长大一点，比如到3岁时，他们就会开始考虑信息提供者的性格。孩子们会相信友善的好人，而不会相信不友好的人。毕竟，谁愿意听一个刻薄的人说的话呢？

眼见则信。设想一下，4岁的诺亚看到了一只猫，并且很喜欢这只猫。然后，一位友善的研究者给这只猫戴上了狗的面具，它覆盖了猫的整张脸。诺亚问道："它现在是一条狗，还是仍然是一只猫？"接着，他用非常权威的口吻说："噢，它肯定是一条狗！"他被表象迷惑了！这简直让人难以置信。在另一个实验中，我们首先向塞奇展示一张灰色的透明塑料纸，然后把它放在一个白色的塑料鸡蛋前面，这时鸡蛋看上去像是一块石头。于是塞奇告诉我们:"这是一块石头。"而且她现在认为这是一块很重的石头。瞧!把塑料纸拿掉,它又变成了一个鸡蛋。

4岁以下的孩子可能会看到什么就相信什么,这也是第一阶段"眼见则信"这个名称的由来。从某种程度上来说,这是有道理的。毕竟,他只是一个小孩,小孩知道什么呢?孩子们最终会意识到,事情并不总是像它们表面所呈现的那样,但是这需要时间和经验的积累。在看到《绿野仙踪》中邪恶的巫婆碰到水后化为一摊脓水时,处于这个阶段的孩子可能会被吓得魂飞魄散。如果一切都是真实的,那么这个世界将会是一个很可怕的地方。我们当中有一个人还记得,在电影开始的时候,她很担心那头咆哮的米高梅狮子从屏幕中跳出来。她的父母轻声地笑起来,并向她保证说这不是真的,但她依然吓得发抖,并用外套盖住了自己的头。我们当中还有一个人记得,只要风吹得树叶簌簌响,2岁的亚当就不肯去休息。后来大家花了3个月才发现,他害怕起风时西方坏女巫出现在学校的操场上。

由于孩子们总是相信自己亲眼所见的大部分东西,所以他们很容易受到外界信息的影响。基于这一前提,一个非营利组织得以建立。哈佛大学的教授苏珊·林恩发起了"远离商业化童年的运动",旨在"抵制以孩子为对象的商业宣传,创造一个不以企业盈利为目的,而是真正有助于孩子们成长的童年环境"。如果孩子们是批判性思考者,并且意识到商业广告展现的是有偏见或者误导性的信息,那么在超市的货架前吵着要甜麦片的孩子可能就会减少了。

如果我说地球是平的,你会知道我的想法是错误的。正如本书前文所述,这是因为你拥有一个心智理论。心智理论对于批判性思维至关重要。例如,在斯坦福大学,约翰·弗拉维尔和他的同事告诉一群3岁的孩子,一个叫罗宾的小女孩喜欢把脚放在餐桌上。在说完罗宾的事之后,研究者们立刻问孩子们:"罗宾认为可以把脚放在餐桌上吗?"让人惊讶的是,大部分孩子都认为不可以。在他们看来，如果他们不能把脚放在餐桌上，那么罗宾也不能！哥伦比亚大学的心理学家迪安娜·库恩称这些孩子为"现实主义者"，因为他们很难想象其他人和他们有不同的想法。

在第二阶段，孩子们知道他们的思维方式可以和自己的朋友或者母亲有所不同。心智理论在这种情况下发生作用。尽管我们认为，你在全神贯注地阅读这本书，但我们必须意识到，你也可能正在考虑把衣服从烘干机里拿出来，或者想着今晚五点前必须结束下一单生意。

在商业活动中，处于第一阶段的人展现出来的是"这不关我的事"的态度。说这句话的人并不把自己视为团队的一员。他们并不明白，自己要么应该弄清楚如何帮助顾客，要么应该询问周围的人，直到顾客得到帮助。"这不关我的事"意味着"我没有时间"或者"这么做让我有失身份"。不管这意味着什么，正如商业作家劳拉·斯塔克所说："这是当今商业界最糟糕的借口。"值得庆幸的是，一些百货公司和标榜自己为顾客提供优质服务的企业规定，即使顾客提出了超出销售人员职责范围的要求，他们也决不能对顾客说这句话。和"这不关我的事"对应的一句话是"我只是遵守规定"。这是另一个有局限性的、处于第一阶段的反应。但有时评审团会相信这句话。在安然丑闻之后的 2005 年，美国银行的经纪人西奥多被指控试图进行非法的盘后交易。他的辩词是什么？他说自己只是服从指令。最后，陪审团宣告他的 29 项罪名全部不成立。

第二阶段：各持己见

在第二阶段，人们开始意识到，不同的人持有不同的观点。有人说哥伦布发现了美洲，也有人说发现美洲的是阿美利哥·维斯普西。还有人说，美国原住民早已生活在那里，所以哥伦布和维斯普西都不应该得到这个殊荣。在第二阶段，我们意识到人们有了意见上的分歧，他们只是从其中简单地挑选一个，并且在不评估证据的情况下做出"非黑即白"的绝对化的判断。但第二阶段也是一种进步，孩子们现在已经认识到，不同的人所相信的真理是不一样的。利兹的爸爸告诉她，如果你吃了西瓜籽，肚子里就会长出一个西瓜。她很自豪地向她的朋友加比分享了这个信息。但是加比听到的内容是不同的：如果你吞下一颗西瓜籽，肚子里就会有一个孩子！在第二阶段，利兹和加比认为一个观点是非黑即白的，而且他们将继续为此而争论。

由于孩子们已经可以对日常的所见所闻进行比较，因此，他们现在能够进行一些批判性思维。权威人士（即一些大人物）依然受到很大的尊重，利兹很可能会相信她的父亲，因为他是一名医生。但由于她从来没见过任何人说自己的肚子里有一个西瓜，所以她对此也产生了怀疑。像利兹这样的孩子最初会倾向于认为外在的信息，尤其是来自成年人的信息，都是真实的。但大约从4岁开始，孩子们开始衡量一个人的专业水平，以此来确定事情的真实性。所以，在利兹和加比的争吵中，我们可能会听到利兹说，因为她爸爸是一名医生，知道所有有关身体的事情，所以她爸爸肯定是对的。

批判性思维始于质疑。正如老话说的那样，我们不希望孩子们"对所有事情都提出疑问"。有时候，我们只需要他们倾听。我们不希望他们不停地问我们为什么不可以碰热的火炉、爬上屋顶，或是独自过马路。但是，他们可以问我们为什么要把面粉加入汤里，或者是否有其他方法来混合巧克力蛋糕（例如："我能用叉子代替勺子吗？"）。伟大的科学家们和大多数孩子都把世界看成一个实验室，他们并不怕就自己看到的许多有趣的事情提出疑问。为什么这座山看起来像一个多层蛋糕？它怎么会成为这个样子？超市中的红苹果和绿苹果长在同一棵树上吗？它们的味道一样吗？通过提出这样的问题，孩子们开始意识到自己知道什么和不知道什么。一旦孩子们认识到自己的局限性，他们就更有可能了解到他人也具有局限性。拥有批判性思维意味着，我们不仅要对自己的想法保持怀疑，对朋友和父母的想法也要保持怀疑。

到4岁或5岁时，孩子们已经能够知道其他想法的存在。有趣的是，尽管患自闭症的孩子们之间存在很大的差异，但他们都缺乏对这方面内容的认知。我们和茱莉亚·帕里斯－莫里斯、贝丝·埃农，以及海伦·塔格－弗鲁斯伯格都发现，那些能够推断出他人想法的自闭症儿童在学习新单词方面表现更好。当你在孩子面前给所在环境中的一个物体（比如大圆钟）命名时，此刻这个钟可能就在你对面的墙上。与那些不尝试观察和思考的孩子相比，那些能够弄清楚你所关注的事物的孩子更有可能学会"钟"这个词。因此，发展一套心智理论不仅对批判性思维至关重要，它也有助于人们向他人学习。

批判性思维还包括质疑自己的想法和感受，好的老师能帮助孩子们做到这一点。我们当中有一个人看到一位幼儿园老师问自己的学生："今天是星期几？"一个孩子说"星期一"，这位老师反问道："你是怎么知道的？"这个孩子回答："因为昨天是周末，今天是我们回来的第一天，所以是星期一。"询问孩子们他们所知信息的来源，其实是在含蓄地教育他们，鹦鹉学舌般的复述是不够的，我们还需要弄清楚自己是"如何"知道一件事的。

每位家庭成员都各有特点，有些人喜欢讲笑话和双关语。那些喜欢运用幽默手法的家长是为了让孩子们明白，人们的言行不一定会反映出他们的真实想法。为什么这很重要？英国卡迪夫大学的心理学家梅雷迪思·加蒂斯进行了相关的研究，她描述了自己如何为4岁的女儿艾拉制造出了一个近乎悲剧的场景。当梅雷迪思穿过厨房走向冰箱时，她假装要扔掉一个空的鸡蛋盒。艾拉之前已经见到她把鸡蛋都放进冰箱里，但当妈妈把盒子摆来摆去，把它放稳了，在把它扔进垃圾桶之前假装被绊倒时，她有些迟疑了。接着，艾拉歇斯底里地大笑起来。这让加蒂斯陷入了思考：为什么艾拉会认为这个场景如此有趣？她意识到，艾拉肯定注意到了母亲的行为不同寻常——就像你试图用铅笔带橡皮擦的那头写字，而不是用笔尖来书写一样——并且她领会到妈妈是故意那样做的。意识到人们会故意做一些错误的事情来愚弄周围的人，这需要艾拉拥有一套心智理论。因此，当爸爸把自己的靴子称作纸杯蛋糕，或者假装要在头上放一块比萨时，孩子们常常会觉得滑稽可笑。运用幽默可以含蓄地教育孩子们，其他人可能会故意理解错或做错一些事情。加蒂斯说道："这是对二元性的理解的开始，即一种行为可能不只意味着一件事——对年幼的孩子们来说，这是一个困难的概念。"但幽默的家长能够在这方面帮助增进孩子们的理解。

迪安娜·库恩把第二阶段的思考者称为"绝对论者"——在他们看来，这个"事实"要么是真的，要么就是假的。在第二阶段，人们认为现实是显而易见的——你看到的几乎就是现实。人们也会把现实和全世界进行比较。这些思考者的头脑中基本上不会出现全球变暖的概念，因为它的影响并不明显。你看不见全球变暖，只能看见它造成的影响。这与他们的日常经验不符。如果你是一个绝对论者，就很难用长远的眼光看待问题，也很难承认有一些我们无法看到的力量可能会对气候造成严重的破坏。

第二阶段的思考会降低人们产生抑郁的可能性。"元认知"这个概念指的是我们对思考的思考。举例来说，如果索尔总是对生活中发生的事产生负面的思考，那么他可能会反复想到和困惑于肯尼在药房中对他的怠慢。如果索尔可以通过被引导，了解到自己是如何以消极的方式来构建事物的；如果他能够在他人的引导下反思和批判自己过去的思维方式，那么他或许可以走出焦虑和抑郁。目前已经有基于这一想法的治疗方案。就连孩子们也可以试着去思考他们自认为消极的事情。有研究表明，控制这些消极的思想可以减轻焦虑和抑郁。

批判性思维是美国私营部门相当重视的一项技能。想知道该如何学习这一技能吗？网络上有许多旨在培养商业人士进行批判性思维的课程和研讨会。哈佛商学院教授大卫·加尔文说道："我认为，人们应当提高自己的思维能力，无论是质疑假设方面,还是从多个角度看待问题。"但在第二阶段,如果你着眼于事情表面,认为一切都很顺利,提出"质疑假设"对你来说是很困难的。在第二阶段,人们对许多事情并没有提前做好计划。以英国石油公司(BP)为例,2010年,当他们的一个石油平台发生爆炸,数百万加仑的石油流入墨西哥湾的时候,英国石油公司并没有对此做好准备。在这之前,他们从没有考虑到这种自然灾害发生的可能性,因此也没有做好应对这种情况的预案。批判性思维的缺失让他们损失了大约125亿美元。

我们当然希望尼尔·加布勒在《纽约时报》上所表达的观点是夸大的,他认为批判性思维已经屈服于盲目的信念,人们停留在第二阶段:

> 在我们生活的这个后启蒙时代,理性、科学、证据、逻辑论证和辩论已经在许多领域,甚至是整个社会中,被迷信、信仰、专家意见和正统观念所打败,尤其在美国,这并不是什么秘密。

第三阶段:提出主张

我们都听过以"他们说……"为开头的建议,或者对一种新药品的见解,或者让你的孩子进入耶鲁的方法。你不会好奇"他们"到底是谁吗?第三阶段的思考者乐于停留在"他们说"的状态,这主要是由两个原因造成的。第一,"他们说"认可了人们的想法各有不同。第二,由于"他们说"为证据设置了一个低门槛,这让说话者得以顺利脱身:"我并没有证据可以证明这一点,但是其他人有。"对于喜欢用"他们说"的人来说,拥有观点本身就已经足够了。虽然有时我们都会这么做,但只是依赖观点常常会让我们陷入困境。

在第三阶段的商业上的失误比比皆是。以在卡塔尔销售的 Tiz 剃须刀为例。在这个公司的所在地伊朗,品牌名 Tiz 意味着"锋利的",并具有良好的

第八章 | 批判性思维：哪些可以视为证据？

顾客接受度。可问题是，这家伊朗的公司没有检查 Tiz 在卡塔尔的含义，而在卡塔尔，这个词是"臀部"的俚语。这样的例子不只是发生在中东。2002 年，英国的体育用品制造商茵宝公司推出了一款新的运动鞋。不幸的是，他们把这款鞋命名为"齐克隆"（Zyklon）。听起来熟悉吗？齐克隆 B（Zyklon B）是纳粹用来屠杀数百万犹太人的毒气的名称。可能会有人奇怪怎么会发生这种错误，但它们一直在不断地出现。它们之所以会发生，是因为没有人去调查这些观点是否真的有好的效果。这些想法只是被未经斟酌地认可和接受了。

在第三阶段，人们意识到其他观点的存在，但仍然过于依赖只属于自己的现实。他们甚至可以理解，现实并不是那么清晰，而且其他人可能会体验不一样的现实。我们之前提到过的批判性思维的专家戴安·哈普恩回想起《今日美国》中的一篇社论，社论主要讨论了一项关于托儿所对儿童影响的研究，我们中有一个人也参与了这项研究。研究结果显示，高质量的托儿所对孩子们没有坏处。到目前为止，许多研究都得出了同样的结论。但是，这篇社论的作者劝导读者们相信他们的直觉。并不是"当你评估孩子的托儿所时，相信你的直觉"，而是应该相信他们已经确定的托儿所的负面影响，并且忽略研究的发现。第三阶段的批判性思维是这样的：这个专栏承认了不同观点的存在，但随后将个人信念提升到与大规模科学研究中的实证相同的水平。在第三阶段，观点统治一切。证据呢？那是什么？

甚至在年幼的孩子们身上，也存在涉及分析的批判性思维的迹象。著名的心理学家让·皮亚杰擅长通过观察孩子们的行为，来提供孩子思考的实例。在这个案例中，他观察的对象是自己的女儿杰奎琳。在 20 个月大的时候，杰奎琳想关上一扇门，于是向门走近，但这时她两只手上都拿了一些草。于是她把草放在门口，准备去关门。但后来她停下来看着草和门，意识到如果她关上门，草就会被吹走。于是她把草从门口移走，才把门关上。在行动之前，她显然进行了仔细的考虑和计划。对这个行为的描述展示了孩子"看得见的"

思考。杰奎琳并不只是简单地采取行动，她思考了这件事，并设想了一个问题，这显示出她运用了一部分批判性思维。

拉里去看望了他早熟的、3岁半的外孙博，博住在一个小时车程以外的地方。这没有什么不寻常的，只是他通常不会选择这周去。博问他："外公，你怎么来了？"拉里回答道："我来看看你。"博接着说："不可能，你为什么在这儿？"显然，博并不相信拉里的话。因为拉里偏离了他的模式，所以这里面肯定还有别的原因。这也是一种批判性思维，因为博不再毫不犹豫地全盘接受大人说的话。

批判性思维包括考虑"谁对谁说了什么"。你对"谁"了解得够多吗？大约从4岁开始，孩子们就能够意识到有些人比另一些人知道得更多。需要修理你的自行车吗？你应该把它送到自行车店，而不是鞋匠那里。成人通常也会评估信息的来源，但在这个阶段，我们依然会听信那些所谓权威人士的话。有些人可能还记得2008年美国总统大选期间被提到的"管道工乔"。尽管他不是一名管道工，但他渴望拥有一家管道公司，所以被称为"管道工乔"。他的真名叫塞缪尔·沃泽尔巴彻，他问了奥巴马一个问题，即在奥巴马执政期间，他要缴纳的税款是否会增加。在这次向奥巴马提问之后，麦凯恩和佩林开始带他参加集会，并声称在奥巴马的领导下税收将会增加。尽管沃泽尔巴彻既不叫乔，也不是水管工，但我们都毫不犹豫地相信了他。

评估"什么"，也就是信息本身，可能取决于这些信息对我们的重要程度。例如，如果对戏剧感兴趣，那么我们可能会比其他人更仔细地评估一部新戏剧的在线评论。孩子们比成人知道的要少，所以他们可能会对"什么"更加不确定，尤其是在信息提供者过去犯过错误的情况下。当罗塞阿姨告诉7岁的索菲，光明节（它的日期以犹太历法为基础）和感恩节在同一天时，索菲误认为这个说法是荒谬的。她记得罗塞阿姨告诉过她，眼神交叉会让人变成斗鸡眼，当时妈妈不得不纠正了罗塞阿姨说的内容。

停留在第三阶段，可能会导致我们生活的各个方面出现不良的后果。正如得克萨斯大学教授坎迪斯·米尔斯所写的：

> 相信不准确的或未经证实的说法可能会导致一系列不良后果，从教育（例如：由于将维基百科视为可靠的信息来源而答错测试中的问题）到人际关系（例如：和一个同学因为谣言而争吵），再到健康方面（例如：基于一个可疑的网络信息而做出医疗决定）等。

这简直太可怕了。如果不能认识到观点和科学之间的差异，就有可能导致口腔癌患者听信所谓"偏方"，而不去接受治疗。

成年人在医疗问题上缺乏批判性思维，可能会给儿童的生活带来可怕的后果。有些人一直错误地声称疫苗会导致自闭症。就拿伦敦的波莉·汤米来说，她有一个患有自闭症谱系障碍（ASD）的孩子。她是一名女演员（不是科学家），而且她自称是"世界顶级的自闭症专家"，并出版了《自闭症档案》。其中的主题包括疫苗和自闭症为何以及怎样成为人类所面临的最糟糕的事情。我们很好奇，她是否宁愿患上天花和小儿麻痹症也不愿接种疫苗。尽管美国疾病控制与预防中心和许多其他媒体报道说，"在疫苗成分和ASD之间并没有发现任何联系"，但仍然有许多人相信疫苗会导致自闭症。停止给儿童接种疫苗，会让像麻疹这种本来可预防的疾病变成对孩子们来说致命的杀手。最近在旧金山发现的132例麻疹病例中，"未接种疫苗的人占了75%"。成年人批判性思维的缺乏，对公共卫生造成了直接的影响。

能够持续在第三阶段进行思考的孩子通常已经进入了中学时代，迪安娜·库恩把这些孩子称为"多元论者"，因为他们意识到，作者表达的是他们的观点而非事实。尽管许多历史学家认为，奴隶制是内战的主要原因之一，但也有一些人提出，这更多地是由经济问题而非奴隶制本身所造成的。多元论者能够理解这些差异——不同的人可以持有不同的想法。直到第四阶段，那些被库恩称为"评估论者"的个体们——真正的批判性思考者——才会出现。在这个阶段，孩子们意识到，尽管每个人都可以持有不同的信念，但有一些证据标准可以用来检验它们。虽然人们可以拥有自己的观点，但并不是所有观点都是正确的。

批判性思维的关键是提出问题，并且不只是接受出现在眼前的第一个"答案"。你可以通过提出"为什么选择用这种方式来完成任务"这类问题，从而增进自己的理解。我们都很佩服那些质疑现状的人，那些问我们为什么不能进行远距离对话的人（这导致了电话的发明），或是那些提出为什么我们不能像鸟一样飞行的人。你肯定能明白这一点。

如何才能让学生成为批判性思考者？批判性思维是可以被教授的。当然，提出问题只是批判性思维的一部分，我们还需要找到让孩子们思考证据的机会，这种训练可以从他们小时候就开始。通过向孩子提问"你认为我为什么不让你打弟弟"，可以帮助他们站在别人的角度思考问题。这不仅可以鼓励孩子们提问和进行批判性思维，也会让你在选择惩罚方式的过程中模拟自己的思考过程。孩子们会明白为什么某些事是不可接受的，但我们不能对孩子进行体罚。史蒂夫是一个活泼的男孩，和妈妈进行的关于规则的面对面讨论，提高了他的批判性思维能力，并且塑造了更好的行为模式——这是双重奖励！

在青少年时期，孩子们对父母提出的问题和挑战比其他时期增加了四倍。青少年们现在已经可以想象出不同的现实，而他们所进行的批判性审视往往是不可靠的。这些有时恼人的特质也可以通过让他们思考替代方案来加以抑制，比如，你可以问他们："我们还可以把客厅布置成其他样子吗？"希望第三阶段的青少年们好运。欢迎来到新的提问阶段，这代表着孩子的思维在进步。

在学校，我们可以鼓励孩子们分享自己的观点并进行辩论。在第三阶段，老师可以帮助孩子们找出论点（例如："这一章是如何论述内战发生的原因的？"），开动脑筋（例如："我们怎样才能让人们给慈善机构更多的捐赠？"），以及通过阅读来支持一个观点（例如："你能找到一点证据来证明疫苗会导致孤独症吗？"）。网络上充斥着各种在课堂上鼓励孩子们进行批判性思维的方法，例如，为学生提供有争议的辩题，并且让他们找到支持双方观点的证据。一所高中的辩论题目为"学生应该被允许晚上离校"，这肯定会引起热烈的讨论。

尽管批判性思维在第三阶段意味着人们意识到不同观点的存在，但这并不是批判性思维的最高水平。在第四阶段，我们开始意识到，有些答案要优于其他回答。我们还可以通过寻找证据来确定一些问题，同时超越单纯的观点。

第四阶段：给出证据或"进行复杂的怀疑"

哈佛大学著名的生物学家爱德华·奥斯本·威尔逊说过："世人被知识压死，智慧却少得很。今后，那些综合者，也就是在适当的时间把正确的信息整合在一起、对其进行批判性思维，并且做出明智选择的人，他们将统治这个世界。"美国国家科学院的一本名为《生活与工作教育》的学刊报告说，人们普遍认可批判性思维（或问题解决的技巧）的重要性。几乎所有关于21世纪技能的描述中都提到了批判性思维。并不是所有人都会进入第四阶段，但是随着职业要求的特质的快速转变，以及机器人进入社会的各个领域，那些进入第四阶段的人将比处于前几个阶段的人更具优势。

批判性思维并非忽然出现在人们的视线中，它已被人们重视了很长一段时间。而正在改变的是工作场所的需求。现在，批判性思维拥有了额外的优势。那些不需要进行批判性思维的蓝领工作会像人工收费站一样越来越少。

在 2009 年，美国只有五分之一的就业岗位是蓝领。想想你自己的工作环境。随着档案柜被运走，像档案管理员和秘书这样的中层工作也在逐渐消失。在我们的一所大学里，曾经每四名教师就配有一名秘书。现在，这个比例已经变成每 24 名教师配有一名秘书。对专业性思考的需求在增长，而一些不能被计算机化的低层次工作（例如护工、保安等服务性工作）的需求也在持续增加。随着中层工作者的退出，未来的孩子们要么会走向顶端，在这个层次，批判性思维是至关重要的；要么会走向底层，并被认为是相对缺乏技能的。

霍华德·加德纳一直以来都在思考"聪明"意味着什么，并提出在未来取得成功所需要的五种心智能力。其中一种就是综合心智能力，用他的话来说就是："如今，把不同信息有效整合在一起的能力是至关重要的。"它"包括从大量可用的资源中选取关键信息"，然后用它来完成当前的任务。增加食谱中配料的种类并不能使我们制作出美味的蛋奶酥，知道如何选择和搭配原料才是更为关键的。当然，正如名厨雅克不会在没有研究和经验的情况下从食材中创造出新配方，加德纳指出，无论是商业、医药还是工程等各个方面，人们都需要获得"专业心智"，以便在自己的领域进行思考。我们所做的越来越多的事情都需要多个不同领域的知识。例如，雅克也一直在学习化学和农业方面的知识。

随着知识领域之间的界限越来越模糊，跨学科研究正逐渐成为一种常态。例如，医学界越来越多地认识到，精神状态是人们身体健康的一个重要的变量。在教育领域，教师、行政人员和政策制定者们必须意识到，食品安全和其他与贫困有关的问题会导致儿童的焦虑，从而使处理执行功能的那部分大脑区域超负荷运转。

正如坎迪斯·米尔斯所言，在第四阶段，人们会"进行复杂的怀疑"。我们会尽自己所能来收集信息以解决问题。但是，我们也意识到，信息本身就是不完美的。琳达·达林－哈蒙德是斯坦福大学的一名教授，她希望所有的学校都能够"为理解而教"。这是什么意思呢？尽管记忆是孩子们必须完成的任务之一，但如果他们不理解所记忆的内容，他们的知识也只是"一里宽、一寸深"（只有广度而没有深度）——第二阶段使得分析和整合在第四阶段难以实现。在达林-哈蒙德于2008年出版的《高效学习》一书中，她引用了两封在《纽约时报》上并排出现的信件，其中一封来自一位欧洲学生，另一封来自一个美国人。这位欧洲学生曾就读于欧洲的高中，之后前往美国的一所大学学习。他说道，美国学生"被大量的事实和数字所轰炸，他们被迫死记硬背……虽然欧洲的学生也在学习同样的科目，但他们并不需要死记硬背，而是被要求对知识进行理解"。他还声称，在欧洲，"批判性思维、分析、研究技术等"在高中就被教授了，而在美国，只有大学才开始关注这些方面。有意思的是，这位美国学生和他的说法是一致的："我们在教育上排名靠后的原因是，一直到10年级或者11年级，我们主要都在被教授背诵课文。"只有到11年级的时候，这位学生才被要求"通过逻辑思考来解决问题"。他哀怨地问道：

> 如果不知道怎样分析问题，在现实生活中，我们该如何参与竞争呢？毕竟，我们未来所要面对的问题以及解决方案并不会写在教科书上。

重要的是，我们并不需要等到高中才能要求孩子们进行批判性思维。库比老师让她的三年级学生阅读关于公园是如何设计的文章，她本可以让学生停留在基础阅读阶段，只询问他们读了些什么。例如，这个公园的设计者叫什么名字？这个公园想要营造出怎样的氛围？但是她想让孩子们更加积极、投入、批判性地阅读和思考，所以扩展了一些教学内容。

她把每三个学生分成一组，要求他们思考所读到的公园中还缺少什么东西。她鼓励孩子们大胆构想——建立一个好的公园需要什么？通过这种方式，她启发了孩子们的创造灵感。库比老师要求他们写下自己想要添加的东西，并画出每一个新的元素。在孩子们以小组为单位学习一段时间后，她要求所有学生分享他们的想法和绘画作品。她告诉他们，他们必须——以班级为单位——决定想要在公园添加哪三样新事物。学生们必须提出一个理由，论证他们想要添加的事物及其原因，而且所有想法都会被列在黑板上。整个班级最后会投票选出需要添加的三种新元素。当孩子们一起努力、一起讨论和互相批评对方的观点时，你不知道他们有多兴奋。这是孩子们在有一些知识积累的情况下所进行的批判性思维。一辆免费发放冰激凌的冰激凌卡车？一个可以播放音乐的公园长椅？为什么前者是个好主意，而后者不是？为你想要的东西辩论吧！

像迪安娜·库恩这样的研究者们仍然在努力地理解，是什么推动了第四阶段的思考。去学校上学是否可以做到这一点？这是否可以随着年龄的增长而实现？某些学科的人是否会比其他人更擅长于此？还有一个带有道德色彩的问题：成年人是否认为评估论者的思考是有价值的？毕竟在某种程度上，它与宽容和容忍的社会价值观是有冲突的。"待人宽容"和"各有所爱"的观念可能会阻碍评估论者的思考。但是，"这是看似简单的一步，因为人们相信每个人都有自己的看法，并相信所有观点都是正确的"。第三阶段的思考会促使社会中的一些人要求智慧设计论和进化论一同被教授，或者每个人都有权就气候变化发表看法。

在第四阶段，评估论者可以在各种基于证据的看法中做出选择。他们通过阅读不同的资料，试图整合出对一个问题的看法。我们有一个朋友需要进行髋关节置换手术。她问医生，在髋部用什么材料是最好的。当医生回答说只能用不锈钢的时候，她在网上找到了各种各样的植入材料。在这里，她想知道医生是否了解其他材料。在这种情况下，她的怀疑可能可以减轻她的悲伤，特别是当她知道，如果她对金属过敏的话，植入不锈钢材料会造成严重的问题。

第八章 批判性思维：哪些可以视为证据？

心理学家戴安·哈普恩认为，教授批判性思维能力有几个关键的因素。首先是心态。这类似于假设一个批判性立场。还记得人们所说的"质疑权威"吗？即使那些执掌权力的人也未必了解一切信息。这就是我们的朋友去谷歌上搜索髋关节手术的原因。我们可以想象，即使是专家，也可能因为各种各样的理由没有获知最新的信息。这是拥有批判立场的人通常会做的事，谷歌往往成为你的首选。

第二，正如罗伯特·斯腾伯格所指出的那样，有一些方法可以用来教授批判性思维。其中的一种方法是帮助学生们批判性地看待眼前的事物，比如电视广告。最近，我们在一个交友网站听到一段话，并惊讶地发现这个网站在解决婚姻问题上排名第一，客户对自己的婚姻满意度也排名第一，而且使用这个网站的人更有可能走进婚姻。他们所谓的"第一"，是通过和什么相比较而得出的？在这里，他们并没有提供对照组的信息。到底是使用这个网站的人比不使用的人更有可能结婚，还是使用此网站的人比修女和神父更有可能结婚？

还有另一些提高批判性思维的方法，如在书面或口头交流中，帮助学生发现和评估其中的论点，或者基于已有的前提做出假设。如果那个交友网站的婚姻配对成功率排名第一，那么学生们可能会假设，其他交友网站所报告的结婚比例应该会更少。绘制图表、批判前提、考虑到额外的信息，这些都有助于学生们得出更具批判性的解决问题的方法。

在商业领域，鉴于信息的爆炸式增长，拥有批判性思维是成功的关键。伊丽莎白·埃德莎姆写道，所有信息的唾手可得能够让管理公司变得更容易，这种说法似乎是合乎逻辑的。而与之相反的是，埃德莎姆的所有客户都在奋力挣扎着去了解，在这大量的信息中哪些是有用的，以及该如何使用它们。那些处于第四阶段的、有能力评估和整合这些信息的知识工作者们则变得非常抢手！

很多幼儿园承诺，它们可以帮助孩子学习计算机科学，而且有许多家长都被这一广告所欺骗。由于信息的爆炸式增长，这种情况的出现也变得不足为奇了。毕竟，我们都希望自己的孩子能够获得成功。但实际上，孩子因为上了天才幼儿园，所以能在谷歌找到工作，这类情况发生的概率是很小的。也许，我们需要摆脱"内容为王"的错觉，并认识到，那些未来的成功者应该是广阔的知识海洋中的整合者和领航者。然而，如果我们不知道如何以新的方式将信息整合到一起，以解决前所未有的问题，那么批判性思维也将受到限制。同时，这一技能要求我们跳到下一个能力，即创造力。

行动起来

当我们观察到"批判性思维"时，我们该如何正确地认知它？

关于自己

你认为自己是个容易上当受骗的人吗？有时，我们所有人都会处在第一阶段——这在一定程度上取决于特定的领域。弗兰克告诉他的心理学课的学生们，他有两个重量相同的黏土球，他用天平展示了这一情况。然后，他让全班同学看着他把其中的一个球压成饼状。他再问大家：这两个物体的重量是相同的，还是其中一个比另一个更重？学生们惊讶地看着他，就好像他来自火星一样。这两个物体的重量当然是一样的。这就是皮亚杰的经典守恒实验，成年人通常会答对，而6岁以下的孩子则会失败，因为他们容易被事物的表象所迷惑。但即使是聪明的成年人也可能被愚弄。在这之后，他把饼状的黏土重新捏成球状，并告诉学生们，他要用伽马射线来射击其中一个黏土球。它们依然会一样重吗？这一次，学生们被难住了，他们告诉他，这是因为他们不太了解伽马射线会带来什么影响。所以在这样的情况下，我们也容易被欺骗。但是，一旦我们了解这个领域，就知道自己可以提出问题，并采取批判性立场。

有时，我们并不想采取批判性立场，例如当我们需要接受一个医疗手术时，我们的表现就是如此。西尔维娅带着詹森一起去医生那里，让他去询问医生一些尖锐的、批判性的问题，这是由于她为即将进行的手术感到不安，所以自己没法去做这件事。但是在其他事情上，西尔维娅会积极地推动和探索。

你有没有发现自己经常提到"他们说……"这样的句子？这或许可以表明你正处于第三阶段。提出问题并不总是容易的，但在高风险的情况下，处于第四阶段以及寻找证据可能是做出决定的关键步骤。

布兰登在写论文时，把文献综述的评论放在了论文的最后。他写道，"我发现这些实验完成得并不好"，然后没再写其他内容。但这是不够的。如果想要进入第四阶段，布兰登必须给出理由，解释他为什么认为这个研究不得要领——它们在哪个部分出了问题？对自己的思考和写作持有批评的态度，将使布兰登的表现更加出色。知道如何提出一个不错的论点——指出其中的优点和存在的问题——这是他需要学习的。但他还没有意识到这一点。

我们每个人都可以提高自己的批判性思维能力。我们可以在日常生活中寻找问题的答案。通过使用互联网，人们动动手指就可以做到这一点。购买新车和坚持使用旧车的区别可能就在于，购买新车的话你需要询问许多关于保修条款的问题。

关于孩子

玩游戏、讲有趣的故事、阅读书籍、询问为什么——这些都是可以用来激发孩子们批判性思维能力的方法。游戏可以促进批判性思维，这是因为它们让孩子们在违反规则时意识到规则的存在。但首先，他们需要学习规则。

我们都曾遇到这样的场景，孩子们在争论应该谁先走、为什么这一举动没有意义，以及他们之间产生的其他的分歧。有分歧并不是坏事，它反而可以促进批判性思维的发展。如果我们逐渐地培养孩子们提出反对意见的能力，并且用一种尊重他们的方式来进行（不打击他们，不大喊大叫），我们就能看到，（大多数时候）孩子们会和他们的兄弟姐妹或者同龄人一起解决这些问题。学会谈判也是沟通的一部分，而学习如何具有批判精神，则是孩子们需要的一项重要技能。

讲故事是一项丢失的艺术。但是，一个善于讲故事的人也一定受欢迎。家长们可以讲述他们自己的故事。孩子们很喜欢听我们讲我们在他们那个年纪所做的事情，而且他们总是有上百万个问题。提出问题对我们了解这个世界，以及发展自己的批判性立场都是很有必要的。请注意，这么做并不需要花费任何代价，而且能帮助我们和孩子们建立起情感联结。

我们在阅读书籍时，可以有效使用自己的批判性思维。当故事发生意外的转折时，孩子们通常会问"这真的发生了吗？他们怎么没有从悬崖上掉下来？为什么他们……"诸如此类的问题——你应该能想到事情会怎样进展。书籍给人们创造了另一种现实世界，尽管沉浸在阅读中非常有趣，但询问"假如"也是非常有意义的。假如你是位公主，并且发现当公主很无聊，你会怎么办？你会扔掉你的皇冠吗？为故事构想不同的结局，可以培养创造力、沟通能力和批判性思维。通过这种方式，孩子们可以知道事情不一定是那样的，它有同样合理的替代方案。

我们的孩子经常问我们，在现实生活中，人们为什么会这么做。"为什么博比会骂卡罗尔？"孩子们都很愿意（我们不都是这样吗？）去探究人们做事的动机是什么。如果他们能弄清楚为什么其他人会有一些出乎意料的行为，他们就能消除一些社交关系中的不可预测性。我们有很多机会可以用来讨论这些情况，只要我们不武断地下结论说"因为他是个坏孩子"，就不会关闭讨

第八章 | 批判性思维：哪些可以视为证据？

论的大门。我们可以让孩子们去思考，为什么博比会这么做。他这么做的时候有什么感受？这是对待卡罗尔的友好方式吗？博比还可以用其他的方式来处理这件事吗？这些都是我们可以让孩子们进行批判性思维、与他们一起解决困惑的方式。他们并不需要接受现状，而且他们应该明白，不是所有愤怒的人都会谩骂或者捉弄他人。我们必须鼓励孩子们提问，并让他们意识到事情可能会有不一样的结果。

如果愿意，你甚至可以在家庭旅行时发明新的游戏，来帮助孩子们发展批判性思维。我们中有一个人和她的三个儿子就这么做了。有一年，孩子们被要求去寻找亚瑟王是否存在的证据。我们在英国的乡村旅行，以寻找亚瑟的墓穴、格温娜维亚（传说中亚瑟王之妻）存在的证据，或者在卡米洛特是否有一座城堡。还有一年，我们在以色列各地旅游期间，我们在卡片上写了一些文字，孩子们的工作就是告诉我们，这些文字内容是真还是假，并为他们的判断提供证据。为了让游戏更具挑战性，我们给证据打分，有便宜的证据（旅游时请导游可得 1 分），也有昂贵的证据（如果你注意到建筑砖属于某一个特定的时期，就可得 3 分）。当我们从一个城镇搬到另一个城镇时，所有的男孩都在努力争取更多的分数，坐巴士时也忙得不亦乐乎。这类游戏在任何地方都可以玩，它们不仅可以教给孩子们一些历史知识，还能帮助他们成为更出色的批判性思考者。而且你不一定要出国，在自己所在的城市或者城镇，这些活动也一样可以进行。

关于周边环境

可以进行批判性思维的机会是无处不在的。萨曼莎所在的教室里，教师不允许学生提出不同的意见，也不鼓励大家提问。控制型的老师和父母往往会阻止孩子们提问。除了改变她的课堂，我们还能做些什么来促进萨曼莎的批判性思维呢？艺术课程可能会有所帮助。在艺术中，我们会一直思考自己想要准确表达的内容。当我们无法达到目标时，就会进行思考。这让我们不禁要问："我能做些什么来让它变得更好？"而且"更好"指的是更好的演奏，还是饱含见解和思想的演奏？另外，人们还可以通过戏剧来发展批判性思维。孩子们在表演戏剧时，需要理解所扮演的角色的动机：为什么里娜跳进车里并迅速开车离开？这样的情况会促进孩子们进行讨论，在这一过程中，他们也可能会产生分歧。

你和孩子们一起去任何地方，都可以给你创造向孩子提问并启发他们思考的机会。为什么他们会认为目前的情况普遍存在？当你们在劳动节过后的周末去社区游泳池时，却发现它没开门。当孩子问你为什么时，你可以把问题抛回给他们：你觉得这是为什么？或者，当菲利斯在红灯前停下时，玛格丽特问道："为什么我们需要红绿灯？"这时候，如果你要求他们去思考红绿灯的功能和作用是什么，其实就是在帮助他们进行批判性思维。像这样的日常交流是鼓励孩子们思考和提问的绝好机会，所有这些都是成为批判性思考者的先决条件。

我们该如何创造出能够促进批判性思维的环境

我们想到的第一件事是尊重。如果孩子们受到尊重，如果他们的问题得到认真对待，他们就会有足够的安全感来提问，对事物也能进行更深入的理解。即使只有两三岁，孩子们的兴趣和提问也需要得到尊重。最重要的是，父母对孩子们能有敏感度和积极的回应，或者能考虑到孩子们的观点，并用孩子们可以理解的方式做出回应。花时间这么做会给你带来十倍以上的回报，因为孩子们会知道，他们可以依靠你的智慧和指导。当然，你同时也在培养他们的批判性思维。

成功之路

　　哪些人是取得突破的发明家、企业家、科学家和工程师？是我们，以及我们的孩子们。这些人擅长进行批判性思维，能看到别人看不到的问题。这些就是我们所说的有远见的人，或在其他人有所意识之前就注意到某一趋势的未来学家。亚马逊公司就有一些这样的员工，这家公司把批判性思维带到了一个新的高度。杰夫·贝佐斯的原则之一是"反对和承诺"。在他看来，许多工作场所都太过于重视和谐了。如果你们的产品和想法都是一流的，那么给同事们直言不讳的，甚至是令人痛苦的反馈都是值得的。为什么亚马逊不能更快地投递包裹？一位名叫史蒂芬妮·兰德瑞的运营主管想到了一个在短时间内为城市客户送货的方法。在三个多月的时间里，兰德瑞女士在布鲁克林指挥"当日投递"的实施，这是一项为在亚马逊下单并需要尽快得到自己的玩具或面包机的客户所提供的服务。

　　下一章，我们将讨论解决通过批判性思维发现的问题所需要的创造力。除非有人发现了问题，否则它们无法得到解决，而批判性思维则能够发现问题。

Becoming Brilliant
What Science Tells Us About Raising Successful Children

第九章
创造力：改旧造新

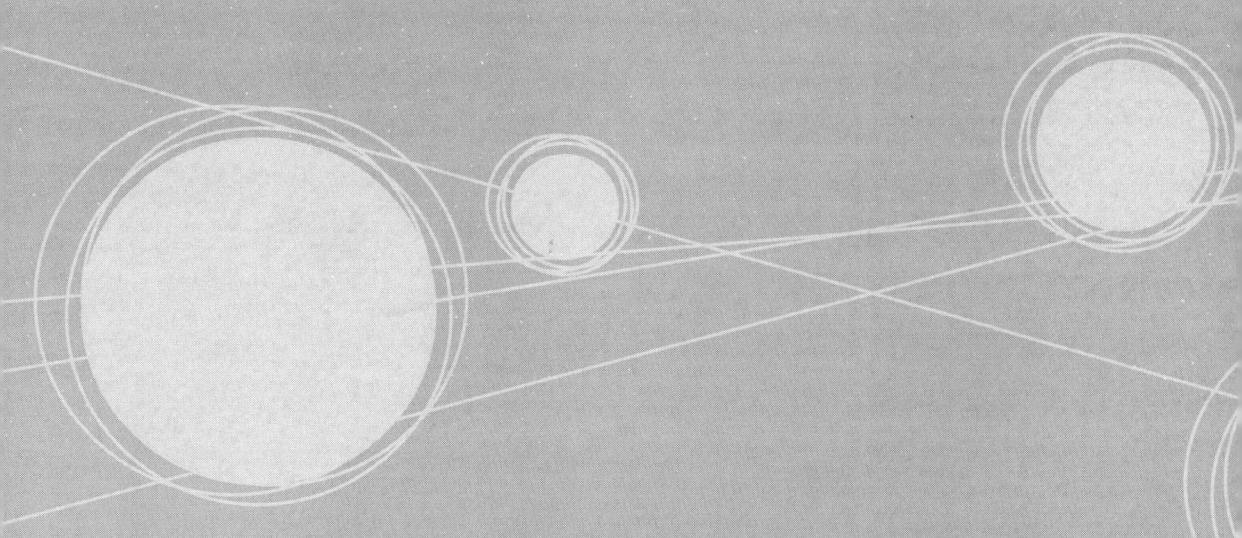

> 世界上存在青春之泉，这便是你的心灵、你的才华、你灌注在自己的生活和你所爱的人们的生活中的创造力。如果你学会了开发利用这个水源，你就真的能战胜衰老。
>
> ——索菲亚·罗兰

一个纸杯到底可以有多少种用途？我们可以用它来喝水、浇花、存放回形针，以及……还有哪些？请花些时间来思考一下这个问题。

2010年，《新闻周刊》通报了一个新的国际性问题：创造力危机。提到21世纪的成功所必备的技能，创造力是其中必不可少的一项。在《哈佛教育评论》和《每日商业新闻》这些期刊中，美国的教育工作者、工业家、企业家都提到，创造力是成功和繁荣的基础。除非当今社会的劳动力能够更富有创造力，否则我们下一代的工作将被离岸外包或自动化所取代。正如约翰·希利·布朗所说："我创造，故我在。"

如今，雇主们越来越需要创造性人才，而我们的孩子们却尚未对此做好准备。金希景在弗吉尼亚的威廉玛丽学院任教，他查看了30万个经典的托兰斯创造性思维测验的得分。在1990年之前，分数一直在上升，而1990年后的20年一直在下降。在这个测试中，所有年龄段的人都得到一个他们从未见过的由零散的线条构成的图样，他们需要将其补充成一幅画。自1990年以来，人们的得分比以往更低。也就是说，他们不像以前一样能创造出那么多新颖独特的设计。他们也无法想到一个杯子的更多的新用途。你能想到多少种用途？其中有多少种和你朋友想到的是不一样的？谁在乎那些杯子和设计呢？我们在乎，因为这些数据所呈现的下降趋势意味着，我们越来越不能适应快速变化的环境。当你的孩子想要一个新玩具时，你能想到怎样使用银箔和厕纸筒来制作一个吗？假如你的车被卡在了冰上，你能想到在后轮放一块木板，从而提供一份牵引力吗？这些都是我们面临的日常问题。如果没有创造力，我们的社会该如何应对气候变化和贫困问题的挑战？

创造力和智力以及单纯的聪明是相同的吗？虽然成为聪明人没什么坏处，但是创造力和智力是不一样的：我们都认识一些天才，但他们看到道路关闭时会感到恐慌，或者不知道怎样用剩菜做出一道新菜。我们需要成为强有力的批判性思考者，否则就无法成为有智慧的思想家，但仅仅这样是不够的，我们还要能从旧的内容中创造出新的解决方案。

在科学文献和大众媒体中出现的像金希景所写的这样的文章，都把注意力放在了创造力上。根据本章开头的引言，索菲亚·罗兰认为创造力是保持一个人的相关性和年轻的方式。但是，到底什么是创造力呢？通过对这个领域进行调查，你会发现有几十个与创造力相关的术语。"发散性思维""创造潜能""创造性认知""洞察力"和"独创性"，这些都是重叠的和宽泛的同义词。乔伊·保罗·吉尔福特把创造力定义为对新问题产生不同反应的能力——就像前文提到的纸杯的例子。用吉尔福特的话说，他将发散性思维（和创造力）描述为"从给定的信息中产生新信息，其中强调的是产出的种类和数量"。为了了解这一点，我们可以提出问题，你为纸杯问题提出了多少例子，有多少种不同的例子（例如容器或道具），以及你的反应有多独特（如：有人考虑过耳环吗?)。像这样的任务如今已成为现代创造力研究的支柱。一个有创造力的人可以产生很多的反应,这些反应的种类各有不同,而且其中许多是不同寻常或聪明的。

英国创意专家肯·罗宾逊爵士写了一本书,书名为《我们的心灵之外:学习创新》。他认为,关于创造力含义,有三个错误观念。第一,许多人认为,只有"特殊人群"才能拥有创造力,而不是每个人都可以具有创造性。如果相信这一说法,创造力就超出了普通人的范围。理查德·弗罗里达认为,有3 830万美国人,或者说30%的工人,他们正处于不断涌现的"创意阶层",参与解决复杂的、高端的问题。

我们的经济正在从传统产业向越来越重视个人和集体的创造性贡献的经济类型转变。幸运的是,"几乎每个人都能在不同的知识领域做出创造性的贡献。创造力并不是一种非此即彼的特性"。我们每个人都能够发展自己的创造力!

说起艺术,这就是罗宾逊提到的关于创造力的第二个错误观念:创造力不仅是只有"特殊人群"才有(谬见1),而且只存在于"特殊的活动"中——比如艺术(谬见2)。当然,艺术是靠创造力而发展的。但在罗宾逊看来,生活中到处都需要创造力,它影响着我们所做的一切事情。认为创造力只属于能创作出看上去像纸板一样而实际上是由纤维玻璃绘制的错视画的画家(艾文·鲍伦)、为《西区故事》设计舞蹈的舞蹈编导(罗杰姆·罗宾斯),或是为《圣诞故事》创作配乐的团队(帕塞克和保罗),在一定程度上,这种想法没有意识到创造力的无处不在,以及每一个人都有机会参与其中。的确,创造力在艺术中更容易得到体现。但不要被欺骗了,正是由于创造力,我们才能写出本书,并且分享他人和我们自己的想法和见解。

在意大利,人们认为创造力无处不在。在博洛尼亚和米兰之间有一个小镇,名叫雷焦艾米利亚,这个小镇正致力于建立一个著名的、备受瞩目的儿童早期教育课程,其灵感来源于一位拥有远见卓识的教师罗斯马拉古兹。儿童(和成人)可能会被要求与一棵树进行对话——你没看错——是一棵树。这听起来是否有些奇怪?对孩子们来说,解读这个想法并不困难,而且他们甚至比我们更擅长运用自己的想象力来绘画、唱歌,并使用雷焦团队所称的通过创造性想象学习的"一百种语言"来与树交谈。在最近在意大利召开的一次会议上,大家可以看到我们的朋友们的项目,这是他们对真正认识树木并了解树木不再感到吃惊后完成的。当你有时间去思考窗外那些美丽的、日常的、普通的事物时,你可以用一种全新的方式来看待它们。我们有一位同事在探究树木时接到了一个工作电话,他甚至有勇气这样告诉同事:"抱歉,我现在不能处理这件事。我正在和一棵树说话。"

雷焦示范学校的另一个教学计划是:邀请孩子们与光和影一起玩耍,并用他们的想象力来弄明白这些影子来自哪里,以及他们怎样才能让影子变得更长或者更短。你上一次拿起手电筒把光束对准墙壁来探究光线的变化是什么时候?还记得那些我们曾在卧室墙壁上用手创造出的轮廓,以及编造的关于两个"动物"是如何进行交谈的故事吗?现在我们应该破除第二个错误观念,即"创造力只赋予在特殊领域工作的特殊人群"。

最后,关于创造力的第三个错误观念,罗宾逊认为,当我们提到"创造力"这个词时,人们头脑中出现的是:一个戴着宫廷小丑帽子的人在绕圈(或者拿着剪刀)奔跑,同时疯狂地尖叫着。或许有一些有创造力的人是这样的,但99%的人不是这样。因为创造力需要教育、技能、想象力和纪律,有创造力的人不一定有阿尔伯特·爱因斯坦的头发,或者穿着麦当娜的紧身胸衣。我们从镜子中就能看到一个有创造力的人:创造型人才和我们看起来一样。马克·伦科写了一本关于创造力的书,他说道:"每个人都有发挥创造力的潜力,但不是每个人都实现了这一潜力。"

第九章 | 创造力：改旧造新

创造力是如何发展的

创造力可以被教授吗？是什么让我们开始在标准和规则之外绘画并且感到安全？我们如何才能帮助自己的孩子成为发明家、企业家以及伟大的思想家？我们该如何摒弃心理学家们所说的"心理固着"，也就是自己不能进行想象的一种固定模式，例如，锤子除了可以敲钉子，还可以有什么别的用途？一个锤子也可以用作一个门挡、一个压纸器，或者＿＿＿＿。创新需要跳出固有的思维模式。还记得"九点问题"吗？这可能就是"跳出固有思维模式和既定框架"的来源。想象一下，九个点排列在等行距的三行中，三个点一行，组成一个"正方形"（见图9-1）。练习任务是用不超过四条直线连接所有的点，并且这四条直线必须是连续的，连线者要一笔完成。成功的唯一方法是巧妙地从三行圆点的思维框架中走出来。我们大部分人在解决这个问题时都很慌张，因为我们默认我们连线的范围必须在这个"正方形"的框架之内。一旦我们想到可以用另一种方式来思考这个问题——我们就会成功！

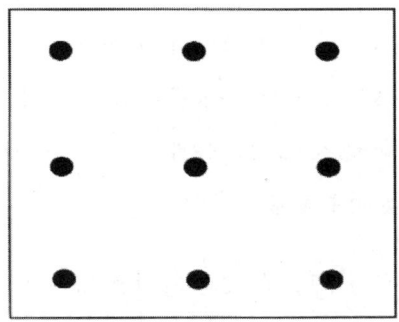

图 9-1　九点问题

不再停留于固有的思维模式和既定的条条框框之中有多重要？悉尼大学才智中心主任艾伦·斯奈德教授认为，这是他所说的"冠军思维"的一个关键特征。任何领域的冠军（他研究了世界各地的运动员和政治领袖）都不满足于现状，他们会通过多种视角来拓展自己的思维。随着全球变暖、贫困和抗生素的耗尽等问题的出现，我们需要跨领域的思考者，他们可以从明显的"是什么"中解放出来，进而将"可能是什么"概念化。谁会想到我们可以发明出足以乱真的假肢，通过使用人工耳蜗使完全失聪的婴儿获得听力，或者作为普通公民也可以去月球（我们听说有门票可售了）？

在新的世界秩序中，成功需要我们创造出重视创造发明和批判性思维的商业环境及学校。借用一个类比，苹果公司开发了自己的标志性产品：iPod、苹果 2E，以及许多其他产品。1997 年，它打出了"不同凡想"（think different）系列广告，并以此确定了自己的使命。通过那些快速呈现的改变世界的标志性人物——如阿尔伯特·爱因斯坦、约翰·列侬、泰德·特纳——的照片，该广告在一分钟内就含蓄地将苹果公司与最优秀、最聪明的人归为一类。这个广告取得了巨大的成功。他们还用这些面孔做了海报，并用下面的引语来描述创造者们经常面对的情况：

> 向那些疯狂的家伙致敬。他们特立独行，他们桀骜不驯，他们惹是生非，他们格格不入。他们用与众不同的眼光看待事物。他们不喜欢墨守成规，他们也不愿安于现状。你可以赞美他们、引用他们、反对他们、质疑他们、颂扬或是诋毁他们，但唯独不能漠视他们，因为他们改变了事物，他们推动人类向前发展。

我们如何才能教育孩子们去发展创造性思维呢？心理科学给了我们一些创造力是如何发展，以及怎样培养创造力的启示。

第一阶段：实验

多么精妙的颜色和线条！这出自一位才艺非凡的艺术家。他出生于 1954

年,2岁时第一次接触到铅笔和卡片,4岁时,他已经画出了400幅素描和油画。虽然这些画没有一幅能够以合适的名字命名,但它们确实非常多彩和有趣。这位受欢迎的艺术家是谁呢?他的名字叫康果,是一只黑猩猩。康果是实验阶段的一个很好的例子,因为他的专长是玩耍和研究他所获得的材料。当然,也许我们是错的,康果可能在试图创作下一幅《蒙娜丽莎》,但这个可能性不大,因为他正在探索之中。

探索者和发现者们"把玩"着各种元素,完全没有什么宏伟的计划。同样,我们可以看看3岁的埃琳娜,在拿到积木之后,她开始探索如何将它们组合在一起。她非常努力地拼着积木,甚至未能注意到周围发生的一切。她在实验时试图弄清楚每一块积木的作用。"哪些积木可以拼在一起,哪些不能?我最多能将积木拼到多高?"正如游戏和创造力方面的专家桑德拉·拉斯所说:"玩耍就是创造力……孩子们正在试图做出一些东西来。"孩子们在玩耍时,并不需要遵循任何规则,他们只是追随自己的创作灵感。第一阶段的创造力充分体现了我们"对经验、行动和事件的新颖和有意义的诠释"——就像埃琳娜所做的一样。

在第一阶段,孩子们由于不了解许多习俗惯例而不受其约束。他们仍然在学习世界是如何运作的。孩子们通常会穿鞋去上学,这是一项惯例。但有的孩子——特别是在天气很热的时候——会试图挑战这一惯例,而这时他们往往会被告知这些习俗惯例的内容。许多在成年人眼中习以为常的事情,在孩子们看来是不正常的。在孩子们被告知要遵循传统和习俗之前,他们可以天马行空地构想不同的想法。这正是我们从雷焦艾米利亚所学到的教育形式。如果我们让孩子们知道他们可以创造,他们可以进行试验,那么我们可以从一开始就培养一种创造性和艺术性的思维模式。

最近,英国谢菲尔德大学的埃琳娜·赫尔卡和杰西卡·布彻教授的一项研究表明,父母在促进或阻碍孩子的创造力发展方面扮演着重要的角色。在他们的研究中，16~20个月大的婴儿的父母假装把玩具鸭子当成一顶帽子，或者把一块积木当作一匹飞奔的马。孩子们很快就可以模仿大人的样子，并区分出假装（例如："我是国王"）和玩笑"让我们把鸭子叫作帽子"的不同。通过参与此类活动，孩子们会更具有创造力，也能想象出更多的可能性。

虽然许多成年人允许孩子玩耍，但他们严格的监督也会妨碍孩子们的创造性表达。事实上，经测试，来自大家庭的孩子拥有更高的创造性潜能，这可能是由于他们能获得更多玩耍的机会，或者更少的来自成人的持续的监控。父母越支持孩子们独立，孩子们越具有创造力。

处于第一阶段的不只是孩子们。那些创造新事物或者新想法的成年人通常也是从玩耍和实验开始的。有研究表明，如果对新想法有太多评价，而不让它们自由发展，或者一个物理模型在塑造过程中太早被定型，那么它们就会丧失创造的过程。例如，在产品开发中，生产者通常会创建出一个临时的原型。在汽车工业中，过早地生产出原型会让人们把注意力转移到改善原型的功能上，而忽略新产品首先需要解决的问题。最近的研究表明，当孩子们的构想得到重视时，他们能取得最佳学习效果，原因或许就在于此。

在企业界，创造和发明的任务曾经被分配给一个专业团队——团队成员来自不同的学科，他们的任务是提出新想法。在当今世界，创造力的第一阶段大致如此。著名的心理学家和作家霍华德·加德纳曾提出，将创造力隔绝于一个小群体中，这种分而治之的策略已经不再奏效："如果创造力不能渗透到组织的DNA中，那么它就不可能被传递给加入公司的下一代员工。"3M公司就是一个很好的例子。他们对每一位提出好主意的员工都给予奖励，因为他们知道，培养创新精神对企业发展极为重要。

提倡创新的环境也会鼓励人们更加努力。我们应该赞赏草案，而不只是最终的产品，我们也应该鼓励创造性的工作。像谷歌、EDEO和苹果这样的公司都是如此。他们鼓励员工主动提出自己的观点。通过允许人们玩耍和游戏，可以创造出一个鼓励创新的环境。乍看之下，孩子们的蜡笔画似乎不过是胡乱涂鸦而已。再仔细一看，一个 4 岁孩子会用象征性的表现形式来画出他的家人，在画中你找不到手指。如果不能在孩子们的草图中发现他们的潜力，我们就无法培养他们的创造力。全国各地的学校的墙壁上都贴着一些预先制作好的树木和苹果的剪纸，而这些东西和真正的创造力并没有多大关系。

在一些电脑游戏中，创造力并不是指消化他人创造出来的创意产品。创新可以在最普通的地方找到。当一个孩子没有什么事情可做，并且需要打发时间的时候，创新就可能会出现。它可能存在于文件抽屉或者厨房的橱柜中，也可能在桌上崭新的书签上。创新也一定存在于网络中。网络让我们变成了探索者，我们在寻找关于一件事情的信息时，也会了解到许多意想不到的信息。例如，像随身录音室（GarageBand）这样的软件可以让所有人都成为作曲家和音乐家，像米奇·雷斯尼克教授的喵爪（Scratch）这样的编程软件可以让每个人都成为有创意的程序员和故事讲述者。现在，喵爪已经在全球 150 多个国家的 8~16 岁的青少年中拥有 700 万用户，喵爪社区的会员甚至可以在年会上分享他们的创意。

第二阶段：手段—目的

在第一阶段，我们了解了埃琳娜的例子，她通过对不同积木进行研究和组合，学到了将所有积木拼起来的方法。我们也看到，汽车行业的知识工作者们集思广益，提出许多新的思路，尝试找出并最终解决在汽车设计中遇到的问题。

在第二阶段，我们可以看到"手段—目的"型的创新。在一个特定目标的驱动下，埃琳娜正在运用自己的创造冲动来建造一所房子。让我们看看安尼，3 岁半的安尼已经学会了利用在玩耍和探索过程中学到的知识，来设计出有特定功能的产品，而不是只会乱洒油漆、迷失在发现的过程中。例如，安尼今天想画一艘船，明天想画一头怪兽。那么他可能会在船的基础上直接创作，将船转变为怪兽。另一个孩子也许会用手指创作出一幅风景画或者自己母亲的肖像画，并且可以讲述创作该画的意图。处在第二个阶段的孩子会有意地参与到长时间的创作中，并且会朝着他们认定的目标去努力。我们可以把第二阶段的特点总结为使用相同的方法（如同种材料）来达到多种目标，以及用不同的方式（如积木、绘画、黏土）来完成同一目标，比如那个毛茸茸的可怕怪物。

有趣的是，当你让孩子们自己去探索事情是如何运作的，而不是直接给他们布置具体的任务时，他们会表现得更好。举例来说，伊丽莎白·邦纳威兹和她的同事向一些幼儿展示了一套看起来很好玩的玩具，这个玩具由一些管道、镜子和木板组成，拉出其中一根管子时玩具会发出吱吱的声音，而在另一个管子中你会看到自己的倒影。随后，这个项目的研究生艾米在向孩子们展示如何玩这个玩具时，告诉了两组孩子不同的内容。艾米对第一组（指导组）的孩子们说："大家来看，我来向你们展示这个玩具怎么玩！"接着，她向他们展示了这个玩具的其中一个玩法，那就是把黄色管子从紫色管子中拉出来，这时玩具会发出吱吱声。而对第二组（我们可以称为"天真的一组"），艾米的表现是不同的。她从桌子下面取出玩具时说道："我找到了这个玩具！"并假装意外地把黄色管子从紫色管子中抽出来。当玩具发出吱吱声时，艾米故作惊讶地问道："哇，你们听到没？"在这之后，每个孩子都可以单独来玩这个玩具。那么哪一组的孩子会找到这个玩具更多的玩法呢？实验发现，指导组的孩子们一直在重复艾米展示给他们的动作，他们并没有发现更多的玩法。而第二组未被教导如何去玩的孩子们却一直在探索，并找出了更多新的玩法。

也就是说，虽然教学的确是让孩子们知道怎样玩玩具的有效方式，但是

第九章 | 创造力：改旧造新

它同时也阻碍了他们去探索和发现。为什么会这样呢？显然，如果有一个学识渊博的成年人向你分享一些东西，那他一定知道这个玩具应该怎么玩。既然如此，我们为什么还要寻找更多的功能呢？让孩子们拥有一个实验性的、有创造力的体验可以提升第二阶段的成果。这些发现促使艾莉森·高普尼克教授和她的同事们做出推测：小孩子比大学生更擅长弄清楚小机件和小装置的用法。如果以在计算机上使用新程序为证据，那么这个推测肯定是正确的。因为在使用电子设备的新功能方面，孩子们往往比我们学习得更快。

处于第二阶段的孩子们已经在用创造性的方式寻找新的组合。例如，4岁的丽纳就称自己为"蘑菇公主"。第二阶段的创造力是被设计来捕捉我们的"日常活动，即非专业人士每天都会参与的创造性活动"。丽纳的母亲是一位研究蘑菇的真菌学家，而公主则是丽纳喜欢扮演的角色，把这些想法整合在一起一定会引起丽纳妈妈的注意。

在学校里，和那些学习正确答案并得到老师们循序渐进的指导的孩子们相比，被允许自主探究问题的解决方案的孩子们可能会更富有创造力。当孩子们组装玩具时，情况也是如此。如果玩具盒上有关于如何建造宫殿或者火车站的说明，那么它们可能也会阻碍创造力的发挥。

另一种解决问题的方法也是如此：将学到的知识应用到新的实例，或者说迁移。迁移是教育中极为重要的内容。如果老师只是教会孩子们解决书本上的同一类问题，那么对他们来说，这有什么好处？教育工作者们希望孩子们将知识用于现实生活中，并有效地运用他们的所学来解决新的问题和挑战。以分数的学习为例。孩子们在四年级时开始学习分数的加法，如 $3/5+7/9$。而全美测试反馈出的结果是，在数学课堂之外，孩子们并不能够解决类似的问题。如果你在现实生活中不能解决这些问题，学习分数的加法又有什么意义？在餐馆吃饭结账时如何分配账单，以及测量新座椅在起居室里所占空间的大小，这些都和分数息息相关。当我们超越第二阶段的学习时，"迁移"能

191

够发挥得最好。

鉴于紧迫的国内局势和国际问题，以及面对世界各国经济的快速增长，在创新比以往任何时候都更加重要的 21 世纪，处于第二阶段的学校通常在朝着错误的方向前进。2006 年 12 月 10 日，《时代》杂志客观评价了这一危机，劳迪娅·瓦利斯写道：

> 持有不同政见的教育工作者们会互相开一个小玩笑：在沉睡了一百年之后，里普·万·温克尔在 21 世纪醒来，他一定会为眼前的一切感到迷惑。大街上到处是横冲直撞的行人，他们在对着戴在耳朵上的金属装置讲话。年轻人坐在家里的沙发上，移动着电子屏幕中的微型运动员。年龄较大的人在胸部安装节拍器，或使用金属和塑料制成的臀部来抵抗死亡和残疾。机场、医院、购物中心——每一个地方都让里普感到困惑。但是最后，当他走进一间教室时，这位老年人会非常清楚地知道他在哪里。他说道："这是一所学校，在 1906 年时我们就拥有这些，只是现在的黑板是绿色的。"

学生们手托着腮，面无表情地成排坐着，是在试图集中注意力听课吗？他们安静地坐在自己的座位上，听老师们在讲台上讲着至理名言？我们的课堂正在越来越多地回到过去的样子。美国人希望进行教育改革。猜猜哪个国家也想改革？中国。但是讽刺的是：中国在鼓励创新，而我们正在重拾 19 世纪的教育方法，并鼓励背诵。明尼苏达州的圣斯考拉斯蒂卡学院教育学教授贝蒂·普罗伊斯引用了一位来自中国的访问学者的话："有趣的是，我们想从你们身上学习的东西，正是你们想要做出改变的。"中国希望使课堂由老师为中心转变为以学生为中心，学校也不再强调死记硬背，因为他们意识到，学校正在创造被动的、没有动力的、只对通过考试感兴趣的学生。让人感到遗憾的是，这些话听起来非常熟悉。我们可能也需要提出一个类似于中国的

第九章 | 创造力：改旧造新

"高分低能"的说法了。

鼓励创新，也就是让人们在创造时感到安全，提出有创意的想法时不被打击。在建造游戏室和学校时，我们应该问自己：这些地方是否会有助于创造力的发展？这个答案必须是肯定的。以卡斯·霍尔曼发明的 Rigamajig 为例，这个拼搭玩具没有说明书，它鼓励孩子们发挥创意，将各个部件进行组装。通过观看演示视频，我们可以了解到，如果有了工具、安全的空间和探索的时间，孩子们会做些什么。事实证明，他们在游戏的过程中都变成了工程师。由卡布姆和著名的建筑师大卫·洛克威尔主持的项目在设计游戏场所时，也采用了相同的理念。老实说，卡斯也在试图涉及这一领域。他们推断，如果给孩子们一些零件、时间和空间去重新构想他们的游乐场，他们会把这些部件组合起来，创造出属于他们自己的世界。与此同时，孩子们进行了发明和创造。此前的演示视频也展现出了创新的可能性。孩子们学会了创造的方法，并形成了一个共同的愿景。最后，旧金山探索博物馆的巧匠工作室成了孩子们利用旧零件建造新产品的乐园。房子周围的"垃圾"和博物馆成了新发明的重要资源，而这些发明有助于人们的创造性思维达到更高的水平。在凯伦·威尔金森的指导下，这个巧匠工作室还组织了网络研讨会，这使得那些生活在旧金山湾区以外的人也能参加创作活动。

当然，要培养创造性思维，就需要我们从日常的喧嚣中解脱出来，留出一些时间玩耍和思考。我们似乎总是匆忙地送孩子们去参加一个又一个体育活动、语言课或者艺术课。这些活动通常都不是由儿童主导，而是由成人来掌控的。虽然孩子们的运动能力在加入社区足球队后得到了提升，但是如果过度管理这些崭露头角的体育健将，他们就无法成为有创造力的思考者。足球教练马修·罗宾逊一直在训练未来有潜力成为奥林匹克运动员的球员，他认为美国的球员很呆板，在球场上几乎没有创造力。他们能够很好地掌握所学的策略，但是当比赛出现计划外的情况时，他们就很难做好应对。这些球员只能措手不及地站在球场上。就像并不是我们面对的所有问题都有人教我们解决一样,在球场上出现的每一种情况也不会被事先教授,因此,我们应该采取培养学生深度理解力和创造力的教育模式。由于成人们会参与到一些体育比赛中,孩子们无法用新的方式来应对足球场上的挑战。那么孩子们该如何发明新的游戏呢?是什么使得足球运动员能够超越他们的基础水平,让观众为他们的表现赞叹不已呢?第三阶段,也就是表达阶段,是创新的本能的结合点。

第三阶段:表达

创造性就是努力工作。正如坦普尔大学的一位创造力方面的专家罗伯特·韦斯伯格所指出的那样,有些东西不是凭空而来的。在他看来,创造力是一个渐进的过程,而不是一种短期就能得到成果的体验。为了达到更高的创新水平,孩子和成人都必须掌握相应的技能和技巧,并对所在的领域有一定的了解。要知道,人们并非一夜之间就能达到创新的第三阶段。

例如,怎样才能成为第三阶段的厨师?迈克尔从第一阶段开始努力。他喜欢烹饪,由于没有人教他怎样烹饪,他也不愿意花时间去研读食谱,所以他大部分时间都在进行试验。有时候,迈克尔做出的菜肴特别美味可口,而有时他会把做好的食物倒掉,晚餐只喝酸奶。但是,一旦他了解了孜然、香菜和咖喱的味道的区别,以及如何烧烤和烘焙,他就进入了第二阶段:他现在可以把配料以新的方式组合在一起,大多数时候,都能创造出不同寻常的美味佳肴。随着他的试验阶段的成功,失败的案例越来越少了。如今,迈克尔非常享受烹饪,他还学习了几门课。他甚至花了一周的时间,前往世界知名的烹饪学校——法国蓝带厨艺学校学习。在厨艺方面,他已经进入了第三阶段,并且能够做出让人引以为傲的菜肴。迈克尔还会根据自己的经验创作出新的菜品，每当这个时候，他的朋友们都会抢着去他的住处为他试餐。如果没有进入烹饪学校学习，以及阅读大量的食谱，迈克尔不太可能进入第三阶段。虽然迈克尔或许永远无法进入第四阶段，达不到詹姆斯·比尔德或卡莱姆（拿破仑的御厨）的水平，但他的烹饪绝对是上乘之作。考夫曼和贝葛多称之为专业创新水平，它不能改变这个领域，但仍然表现出了独创性和独特性。如果心理学研究生院不适合他，那么也许他将来可以成为一名优秀的主厨！

音乐专业的凯西在大学期间也是一位作曲家，她一直不理解为什么在大学她会被要求"像巴赫或贝多芬那样作曲"，她谦逊地承认这是不可能的。但为什么她会被这样要求呢？这是因为，除非她学会了大师们的技巧，否则她永远不可能适应这些技巧，并找到自己的声音。凯西继而开始创作儿童音乐专辑。

埃利奥是一位动物专家，他了解很多关于动物的知识。例如针鼹熊会一直保持年轻，鸸鹋下的蛋大得惊人。他拥有的动物仿制模型比我们收藏的书籍还要多。他总是努力学得更多。尽管6岁的埃利奥还不能进行阅读，但他对动物已经有深入的理解，并提出了一个关于它们为何会在地球的不同地方出现的理论。有一天，他告诉他的妈妈，动物们会到处寻找最好的食物。当他们在一个地方找到自己最喜欢的食物时，他们就会在那里停留和定居。埃利奥的妈妈对此感到十分震惊。他的说法正确吗？不一定！他是否有惊人的创造力？你说对了！

在第三阶段，人们对于自己的工作领域已经有深入的了解。他们拥有"做好准备的头脑"，所以在发现可以拥有更好的捕鼠器的机会时，他们会利用自己的批判性思维来抓住这个机会，并实现自己的想法。例如，便利贴是由斯宾塞·西尔沃博士在3M公司工作时偶然发明的。他必须说服他的老板们，这种黏性不太强并且不会破坏纸面的胶水是值得开发的。他设想了老板们没有想到的用途。他很幸运。如今，人们的计算机上贴满了便利贴，他的发明得到了广泛的应用。但是，并不是所有的新发明（或创业计划）都会投入实践。康奈尔大学的罗伯特·斯腾伯格教授指出，创造力也依赖于实践技能。创造出一个新的捕鼠器的原型，让它得到制造商的注意，以及最终定下品牌并销售，这需要创造力以外的其他技能。

那些对自己的专业有深入了解的、拥有博士学位的科学家们也处于第三阶段。我们的一些同事所进行的每一项新研究，都是一种创造。他们有能力吗？当然！他们有创造力吗？是的，但是并不像那些提出探索性问题和做出新发明的科学家那样有创造力。这类科学家可能处于第四阶段——他们的工作是新颖的、有创造力的，并且影响着所在领域的其他人。这种工作通常都具有持久性，而且从长远来看是有价值的。他们的努力使研究取得了新的进步。社会的发展决定了哪些改变是大的，哪些是小的。计算机的发明是一项重大的改变。此刻你可能正在阅读纸质书籍，纸发明于中国汉朝时期，这一改变也让我们从中获益。

通过超越传统，我们在第三阶段融入了自己的个人表达。一位小说家提出了一种新的形式，这对其他人的写作来说是一场变革。系统分析员开发了一个新软件，用来记录家具行业持续的提升情况。10岁的乔恩在得到了一套建筑模型之后，变成了一位"建筑师"，设计出了一个机场的模型。乔恩再也不用在盒子上重建摩天轮了，他已经超越了原有的水平。一旦人们熟悉了自己所使用的工具，并对他们的领域有了深入的了解，他们就可以发展出自己的创造性表达方式。

正如罗伯特·斯腾伯格所说，如果我们给孩子们改变结果、构想出全新的做事方式的机会，创新就是可以被教授的。为什么作为马拉松选手的奶奶不能跑赢那匹狼呢？为什么我们的房子不能是圆形的？在创新的最后两个阶段，我们掌握了大量的知识，拥有了批判性思维，并且知道可能存在更好的解决方案。

　　能够培养创造力是一件适应时代发展的好事。正如肯·罗宾逊爵士所说："我们生活在一个有着巨大的不可预测性的时代。"正如我们产出的信息量正在急剧膨胀一样，创新的步伐也在不断加快。麻省理工学院的两位商科教授写了一本简短而有力的书，书名为《与机器赛跑》。如果缺乏解决问题的能力和创造力，我们就会重蹈高速公路收费员的覆辙，机器将会代替我们来工作。这是由于数字技术正在改变着工作世界。随着技术的发展，越来越多的任务由机器完成，劳动力将发生很大的"重组"，孩子们将很难找到工作，除非我们集中精力提高他们的创造和创新的能力。本书的作者称自己为"数字乐观主义者"，但是，如果学校教育不重视创造力的培养，我们很难想象那些"普通的"孩子将如何找到工作。21世纪技能合作组织很赞成这一观点，他们写道："重复性的、可预测的任务很容易自动化。"如果一项任务是为一台计算机或者一个机器人而设计的，人类就不再被需要了。所有的劳动者都必须能够解决"复杂的、多学科的和开放式的问题"。他们继续写道："劳动者们所面临的挑战不是以多种选择的形式出现，而且通常没有一个正确的答案。"

第四阶段：视野和想象

　　戈登和苏珊骑行去了密西西比州，结果发现他们把戈登的药忘在家里了。怎么办？他们给女儿打了电话，女儿很快把药用联邦快递寄给了他们。弗雷德里克·史密斯在耶鲁大学的经济学学期论文中，首次提出了联邦快递的理念。这篇论文并没有得到A，因为它似乎提出了一个不切实际的想法。建立一个像联邦快递这样的公司需要投入大量的资金，还需要政府改变许多规章制度。事实上，所有听到这个想法的人都预测它会失败。但是，众所周知的是，联邦快递得到了很好的发展。

在 19 世纪中期，产褥热是一个严重的问题，产妇生产具有很大的生命危险。1842 年，在奥地利维也纳综合医院的一个诊所里，有多达 15% 的产妇死于产褥热。当地的产科医生赛迈尔维斯努力研究了这个诊所比同一家医院的另一个诊所产褥热发病率更高的原因。甚至在疾病的微生物理论提出之前，他就注意到，医生们洗手会在很大程度上降低产妇的感染率和死亡率。不过在当时，医学界明确否定了他的观点。

有些年纪比较大的读者可能还记得，在 20 世纪的"黑暗时代"，文件是如何被复制的。我们中有一个人曾在康奈尔研究生院就读，在康奈尔，我们把这些带有化学气味的复制品称作"紫色的危险品"或者"副本"。由于油印机的速度不够快，工程学兼法学专业的学生查斯特·卡尔逊发明了静电复印技术。在很长一段时间里，他都在努力使人们了解这项发明的价值，却屡屡受挫。最后，他花了 8 年时间才得到投资者的青睐。当时，IBM 公司和美国陆军通信部队直截了当地拒绝了他。而现在，我们的每一个港口都即将拥有 3D 打印机。就在今年，一家制药公司指出，3D 打印机可能会彻底改变他们的业务。他们不再寄送药片，而是寄出扁平的压缩药物，他们在医疗设备上可以打印出任何尺寸和数量的压缩药物。

这些看似不相干的例子有三个重要的共同点。第一个是非常具有讽刺意味的：最好的想法往往在一开始会被拒绝，而且会被直接拒绝，这是因为，无论是在艺术领域（例如：许多出版社拒绝了《哈利·波特》）、科学领域（例如：溃疡不是由压力引起的），还是工程领域（例如：雅达利和惠普拒绝了斯蒂芬·沃兹尼克的个人电脑推销计划），真正有创意的想法看起来会很古怪，并且会让人们走出自己的舒适区。

这些例子的第二个共同点是：它们都代表了我们所说的创造力的第四阶段——视野和想象。每一个发明者都打算解决一个特定的问题——从发明一个可靠的次日送达的邮件系统，到创建一个快速复制文档的方法。如果他们没有意识到有一个问题需要解决（即批判性思维），这些发明就永远不会出现。这些发明家了解事物的现状后，他们就意识到自己可以做得更好。他们看到了事情的缺陷，并且不愿意维持现状。

最后，这些突破性的例子还有另一个共同点：准备。在这一层次取得成功的人，通常需要具备一些自己所在领域的教育背景，这样才能理解目前的解决方案存在的缺陷，构想出更好的解决办法。在《异类》这本书中，马尔科姆·格拉德威尔使用了"一万小时定律"，这个观点以心理学家安德斯·埃里克森的研究为基础，该研究指出，成功的关键是至少一万小时的练习。亚历山大·弗莱明发现青霉素就是一个很好的例子。弗莱明一直在寻找一种神奇的药物，在假期结束后，他开始清洗所有的培养皿，以便重新进行研究。但在清洗时，他注意到其中一个盘子里有白色的霉菌（我们都见过柜台上发霉的面包，这没有什么特别的）。但是这个霉菌不知怎么的杀死了盘子中一直在培养的金黄色葡萄球菌。找到了！其他的科学家可能没有注意到，但弗莱明却花了许多时间来寻找。

但是等一下！我们是说只有罗琳、卡尔逊和沃兹尼克这些人才能达到第四阶段，或是拥有一些研究者称为"大 C"的创造力吗？我们是说只有拥有高学位的成年人才能达到创造力的最高水平吗？不是的，我们每个人都能够拥有创造力。当我们超越现状、超越争论，构想一个全新的解决方案时，都会有自己的"爱因斯坦时刻"。有时候两个孩子一起讨论，就可能创造新的发明。两名加拿大的青少年通过使用摄像机和一些在"克雷格列表"网站上购买的设备，将一个乐高玩具人送上了太空。在四个月的时间里，他们每周六都一起讨论和研究这个项目。毫无疑问的是，合作促使他们产生了创造性的突破。我们可以在网络上看到许多孩子为社会发明有用东西的例子。例如，帕梅拉·西卡在 14 岁时发明了一个提高汽车地板的按钮装置，以方便装载和移除货物，她还凭借此项发明赢得了《读者周刊》举办的全美发明大赛。若不是考虑到雇佣专利律师的花费，她还要给自己的发明申请专利。

即使是大师们也能找到提升的空间。85 岁的小野二郎被称为世界上最优秀的寿司制作人之一，他把优质的食材与最具创意和节日氛围的陈列结合在一起。在《寿司之神》这部纪录片中，这位曾三次获得米其林奖的大厨，依然在努力工作，并且比以往表现得更加出色。著名的爵士乐钢琴家彼得·尼洛现在依然保持每天练习 6 个小时！

我们的社区也可以达到第四阶段。高线公园是纽约的一座空中花园，它穿过纽约西侧的肉类加工区，建于 20 世纪 30 年代的纽约中央铁路曾在这些废弃的高架铁路上运行。20 世纪 80 年代，当高架铁路停止运行时，这里被杂草和树木淹没了。1999 年，约书亚·大卫和罗伯特·哈蒙德联合周围的社区，将这条高架线保护起来，把它变成了一个公园，同时也变成一条只供行人使用的高架上的林荫道路。在 5 000 万美元的投资和建设之后，高线公园成了合作的纪念碑，也是对城市拥挤空间的创造性使用。高线公园的成功是惊人的，芝加哥市市长拉姆·伊曼纽尔说，高线公园是社区中产阶级化的"象征和催化剂"。

蒂姆·布朗是著名设计公司 IDEO 的创始人之一，他穿着 T 恤衫、运动夹克和运动鞋进行 TED 演讲，在演讲中，他向观众们描述了使 IDEO 在设计方面取得闻名世界的突破的"认真玩"游戏。为了说明为什么要在 IDEO 制定创意"规则"，他首先告诉观众，他们有 30 秒的时间画出坐在自己旁边的人的画像。尝试一下，看看会发生什么。成年人的反应是可以预测的：他们会发出大笑，感到尴尬，甚至会因为把对方画得像科学怪人或他的新娘而向他们道歉。布朗指出，孩子们根本就不会做出这些反应，他们喜欢自己的小杰作。成人们会顾虑到他人对自己的评价。鉴于这种情况，布朗和他的联合创始人凯利公布了 IDEO 的创意"规则"，希望通过这些规则，鼓励成人们回到童年时无所顾忌地进行创造的状态。像"暂缓评论"和（在产生想法时）"越多越好"这样的口号能帮助成年人重拾失去的自由，以避免自我评审，让思想得到自由发展。

另一个规则是快速创建一个低分辨率的概念物理模型，这样它就可以被操纵，并且更容易设想。IDEO 的大厅就像一个幼儿园，里面配备了彩纸、蜡笔和剪刀，而其他大多数公司看上去就像是无菌的医院走廊一样。从运用滚动式除臭剂的原始模型，产生了电脑鼠标的构想。就像孩子们玩模拟游戏一样，IDEO 甚至通过角色扮演来帮助他们设计出更好的服务。IDEO 意识到，就像孩子们穿上消防服以弄清楚这份工作意味着什么一样，公司的设计师必须扮演病人、消费者或者一项服务的使用者的角色，才能使自己的设计变得更好。如果你是一位毛发浓密的男性，你能想象给胸部脱毛的痛苦吗？IDEO 公司的一位员工为了理解慢性疼痛是什么感觉，亲自体验了脱毛的过程。正如他所说：

> 在这种环境中，要想获得成功，你就需要成为一个好的沟通者、一个为你自己和你的想法辩护的人、一个共识的建立者、一个亲密的合作者，以及一个真正相信最好的工作是建立在他人而不是自己一个人的想法的基础上的人。

创造性思维需要沟通和协作，除此之外，还有其他一些重要的因素。对有创造力的人来说，最有趣的事情之一是他们从不放弃。如果没有自信，没有在失败后继续尝试的毅力，大多数发明家、企业家、科学家或者任何在我们的文化中发挥重要影响的人都不可能取得创造性的突破。这让人想起托马斯·爱迪生的话："我并没有失败。我只是找到了一万种行不通的方法。"发明一个更好的捕鼠器可能需要数年的时间。为什么那些没走几步就跌倒的正在学步的孩子们会坚持爬起来，去够到那辆红色的塑料购物车呢？当莉莎坚持画彩虹，直到画对才停止，这时我们应该如何继续培养她的毅力呢？创新需要自信，也就是我们提到的最后一个C，我们在下一章会进行论述。

行动起来

科比·雅玛达最近写了一本书，书名为《有了想法你怎么做？》，他向我们介绍了一个"绝妙的"想法和一个试图提出好想法的孩子的情况。即便面对逆境，他仍然坚持不懈，并且越来越相信自己的想法值得追求，他为自己的愿景注入了生命和活力，并使这个想法发挥作用。我们已经看到，想象力就在我们身边，它存在于树上，在我们的阴影里，在我们活跃的想象之中。但是，我们很少给这些想法自由的空间或探索它们的边界。这一章的基本问题是，我们是要激发孩子们的创造力，还是选择去束缚他们的创造力和想象力。我们可以扭转下降趋势，但要完成这一目标，我们也许必须想象一下纸杯和3D打印机的更多用途。

关于自己

首先，我们必须向内审查，问问自己，我们是否允许自己在工作和家庭中有创意。富有创造力意味着冒险，以及尝试一些注定会失败的事情。我们可以从为晚餐制定一份新的食谱开始，把我们以前从未混合过的调料调和在一起。有可能试验的结果是你们全家当晚会外出就餐，但我敢打赌，你的孩子们会为你的努力而鼓掌。我们中有一个人还记得他母亲做的汤。这是因为汤的味道好吗？并不是。很难忘吗？你说对了，而且接下来的比萨晚餐是很美味的。

你上一次涉猎艺术，例如绘画、音乐或者摄影是什么时候？如今，每个人都可以成为一名摄影师，我们只需要拿出自己的手机就可以随时随地进行拍摄。当我们自己愿意变得有创造力的时候，我们就会成为孩子们的榜样。我们常常担心自己不够好，甚至不愿意去尝试。其实，谁会在乎你画的苹果看上去更像是一个无法识别的图形呢？

我可以向你保证，当老师邀请我们与那棵树谈话时，在雷焦艾米利亚中心基金会的12位成员都觉得这么做很愚蠢。面对这样的指令，我们该如何处理？说真的，我们不会和一棵树谈话。但是，如果我们都这么做了，而且觉得这么做很安全，那么为什么不尝试一下呢？从这个活动中产生的想法是很有启发的。一位来自南非的著名活动家和教育家担心这棵树可能没有足够的水，于是她为这棵树做了一个漂亮的泥桶，并给它浇水。另一个人讲述了一个她母亲年轻时照料树木的故事，她利用和树相关的经验来产生情感上的联系。关键是，我们必须摆脱常规和规则，以及单调乏味的日常生活，给自己创造的机会。当我们这么做的时候，我们就为自己开启了新的可能性，也让我们的孩子们了解，发散性思维是一种优势。

关于孩子

我们能否每天腾出15分钟的时间让孩子们进行创造发明？我们可以利用旧的吸尘器或新的洗碗机的盒子来做些什么？孩子们会用纸板制作一辆带有车头灯的出租车吗？他们能说出一个用沙发靠垫做成的堡垒的故事吗？我们的孩子们会有机会把厕纸筒连起来，用他们的手指作画，或者在冰箱门上随意地画出家人的肖像吗？我们大多数人在生活中都缺乏创造力，然而我们会好奇，为什么孩子们会写出传统的五段论的文章，或者做一些类似于把预先裁剪好的苹果贴纸贴在预先做好的树上的艺术项目。我们倾向于购买一些组装玩具，让孩子们组装各个部件，而不是购买一些散装的零件；我们也倾向于坚持使用说明书和书中的故事，而不愿意自己构想新的用法和故事。

但现在我们知道了这些知识，就可以努力给创造力制造一些喘息的空间。我们中有个成员有三个儿子，孩子们每天在上学前都会玩一个精彩的游戏。我讨厌早起（虽然我仍然这么做），但我的儿子们都非常清醒地冲进房间，准备好了七点离开。我需要时间！所以我们会玩"想象力是……"的游戏，当我睁开双眼，挣扎着进入清醒状态的时候，发现每个孩子都对这个游戏很着迷："想象力就是当你躺在床上的时候，你闭上双眼，再睁开眼睛，发现自己在另一个地方。我们会在哪里？"这些男孩们都会附和着说出他们最有想象力的提议。我们去了德国的森林，去了蓝色大海的海底，在非洲旅行，甚至还去了他们最喜欢的商店。在每一个地方，我们都会创造出一个故事，而每个孩子都可以打乱顺序，通过说"想象力是……"来迫使我们改变谈论的位置，然后继续说出他的想象。

当孩子们到了上学的年纪，我们会一起去旅行，我们中的一个人会让孩子们制作记事本，里面装满了收据、机票、纪念品、孩子们画的画和他们讲的故事。创意不只是发生在家里，在酒店或者汽车旅馆的房间，或者拜访朋友的时候，都有可能找到新的创意！我们还写日记。在孩子们长大成人之后，再回头看这些文字，将会是非常有趣的。

当孩子们知道他们可以有创意时，他们会用自己的天赋给我们带来惊喜。我们可以提供早餐，然后把这一时刻变成百老汇的演出。我们经常这么做。尽管演出非常糟糕，而且我们永远不想和任何一个观众分享这些，但我们在整个过程中都在欢快地唱歌和跳舞，就像炉子上煮的鸡蛋一样活蹦乱跳。

如果想要有创造力的思考者，我们就必须培养孩子们的创造力，并为他们做出榜样。赫尔卡和布彻的研究中的父母们就是这么做的。他们把积木做成了马，我们还可以增加许多内容，比如把香蕉作为电话，把杯子当成眼镜。而在这个游戏中，孩子们很有可能比我们表现得更好。在被要求和树进行对话时，孩子们肯定也会表现得更好！

随着孩子们创造力的提高，我们可以要求他们学习基础知识，以及对哪些可能变得不一样提出假设。是否有不同的踢球方式，有不同的策略可以达到目标呢？你能把不同的音乐风格混合起来创造出新的声音吗？我们可以把已有的颜色进行混合，以创造出新的色彩吗？

关于周边环境

后院或者前面的门廊是非常适合观察创造力发展的场所。我们可以用树皮来做些什么？我们可以收集树叶，制作一份拼贴画吗？你是如何用水作画的？当太阳发出温暖的光芒时，那些美丽的混凝土艺术品会变成什么样？你能找到阴影吗？你能让阴影变大或者变小吗？街头粉笔画可以成为颜色和绘画形式的一种实验吗？所有这些都可以在家门口发生。

内在的创造力也可以通过指尖表现出来。锅碗瓢盆就是架子鼓，瓶子变成了管乐器，喧闹的屋子则变成了一个临时的管弦乐队。表演一个你最喜欢的故事。每天只要花15分钟，你的孩子可能会减少玩电子产品的时间，并开发出更有创意的游戏时间。附近的孩子们可能会加入进来，你这里就会变成创意的产生地。你是否尝试过用一种全新的方式刷牙呢？在家庭以外，你也可以寻找机会去做一些新的事情，并且以新的方式来使用日常工具，或者对活动和日程做出新的安排。

我们该如何创造出能够培养创造力的环境

有许多方法可以让你的生活更有创造力。首先，你要有时间和空间来培养创造性思维，即使在这个过程中不一定能获得自己期待的成果，你也要为之喝彩。也许你画的狗看起来并不像菲多，但它仍然值得被贴在冰箱上珍藏。孩子们的音乐作品也许听上去并不是多么专业和精彩，但谁会在意呢——如果你的孩子创作了一首曲子，你应该好好欣赏它。我们有一个儿子想学爵士小提琴，但是很难找到教爵士小提琴的人（它不是我们常用的爵士乐队的乐器），而小提琴又是一种很难演奏的乐器。正如我们中的一个人所说的："我从来不知道C调和C小调之间有这么多音符。"但是当他用这些作曲时，我们作为观众都会为之鼓掌。

培养创造力的关键首先是看见它。艺术博物馆、学校艺术展览、社区中心的艺术展览——所有这些都表明人们通过绘画来形象地表达自己。如果他们看到了，他们就能做到，或者至少尝试一下。

从学校演出到专业表演，音乐和戏剧也随处可见。如果你参与其中——即使是字谜游戏——你的孩子也会如此。

保存你的垃圾！把纸巾卷轴、枯萎的干花和那些你不会再穿的旧衣服保存起来——放在你的服装抽屉中。这些都是创造力产生的材料。

仔细寻找那些能够激发创造力的应用程序——不是那些告诉孩子们该做什么的程序，而是那些促进人们积极参与的、有意义的和社交互动的、创造性的游戏应用程序。有一些很棒的绘画程序、修补商店和乐曲工作室，它们可以扩展孩子们活动的内容和范围。当你在设定的时间范围内使用这些程序时，大量的数字产品将会是一个福音。

最后，我们不得不再一次提到麻省理工学院的米奇·雷斯尼克喵爪社区。米奇的实验室被称为终身幼儿园，浏览他创建的应用是非常鼓舞人心的。他还启发了乐高公司将马达加入积木中，这样我们的创造就可以移动了。当你的孩子足够大的时候，这些开源的、受保护的、受到良好监控的空间，将会是创造性表达和学习的绿洲。另外，寻找你所在领域的创客展会，这样你就可以亲眼看到越来越多的创新者正在运用废弃的碎片来解决现实世界中的问题。

成功之路

在全球经济中，有创造力的思考者简直就像是国王和王后。这些灵活的创新者会迅速整合他们已知的东西，为未来创建无数种可能性。迄今为止，我们还没有尽全力来帮助孩子们探究未知的世界。我们并没有加强对想象力的运用，而是把它作为学习的辅助力量，想象力并未被视为学习和成功的核心。金希景发现的关于创造力减少的托兰斯数据则证明了危机的存在。有了家庭、学校和社区环境来鼓励创造性的表达，我们就可以帮助所有的孩子提高他们的创造力。我们只需要创造空间和提供模型，就可以让他们在这方面得到持续进步。

当我们谈到最后一个 C 时，我们必须考虑一个事实。有创造力的思考者会选择少有人走的路。我们必须让孩子们拥有创新所必备的知识储备和批判性思维，但仅有这些是不够的，他们还必须拥有面对可能的失败奋力向前的自信和毅力。创造性的思考者是发现者、模式探求者、路径创造者和企业家，而且他们通常不找到答案不会罢休！

Becoming Brilliant
What Science Tells Us About Raising Successful Children

第十章
自信：不惧失败

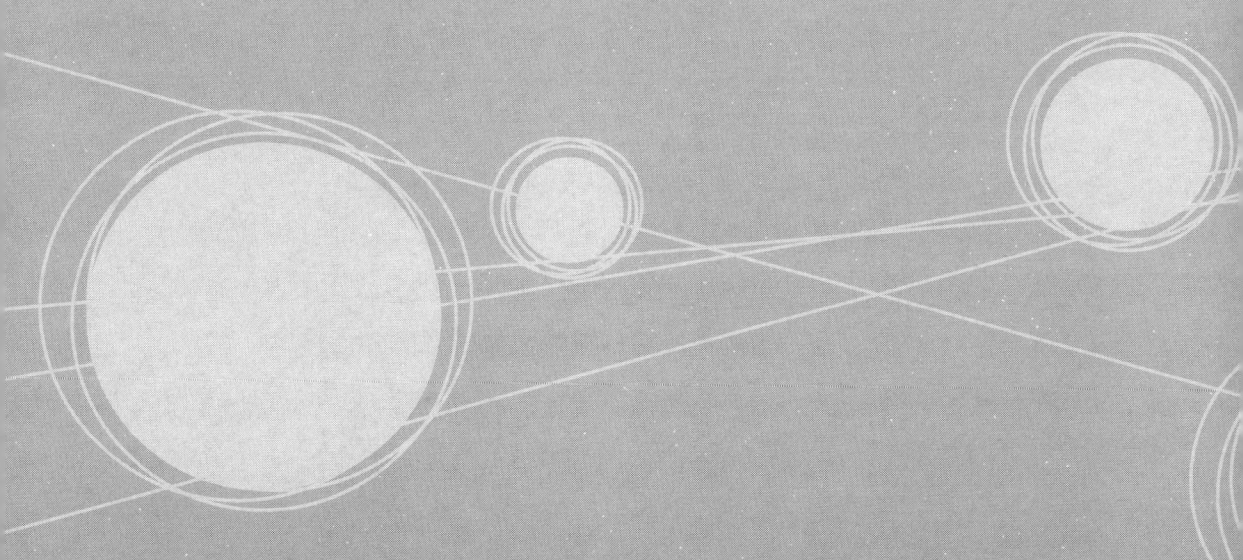

> 失败是通往成功的路标。
>
> ——克莱夫·斯特普尔斯·刘易斯

在经过1 000英里（1 600公里）的长途跋涉，穿过阿拉斯加的冻土地带，到达艾迪塔罗德市后，我们第一次见到了诺曼·沃恩。这位92岁的老人是一位伟大的探险家，他留着长长的胡子，有着深深的皱纹，眼睛里闪烁着光芒。1928年，沃恩是首次前往南极探险的海军上将伯德队伍中的一员。1973年，他出现在首届艾迪塔罗德狗拉雪橇赛的起点，这一活动的举办是为了纪念1925年为诺姆市的儿童带去所需的血清而展开的狗拉雪橇接力运输。89岁时，他在南极洲登上了以他的名字命名的一座山的山顶。作为阿拉斯加的标志性人物，沃恩离开艾迪塔罗德五年了，但他回来参加了开幕晚宴，为的是与老朋友见面，并分享他的新书《我的冒险生活》。他在我们拿到的书上写道："立志高远。不惧失败。"沃恩能够大胆地前往其他人不敢去的地方，因为他知道该如何在绝境中存活下来，并且拥有探索和发现的信心和毅力。

信心由两个部分组成。第一个是愿意尝试。我们最喜欢的名言之一是："如果不尝试，就100%没有希望。"没有自信，人们就不会愿意接受新的挑战，也无法走出自己的舒适区。第二个是坚持。宾夕法尼亚大学的安吉拉·达克沃斯教授把这称作"勇气"——有激情、毅力和耐力来坚持追求自己的长期目标。拥有自信或勇气可以让发明者继续研究他们的设想，继续对尚未完成的版本进行试验，以形成最终产品。当学生们在一开始被所阅读的内容弄得头昏脑涨的时候，勇气和毅力有助于学生们的理解。成功的学生和不成功的学生之间的差异在于是否有信心和坚持不懈的精神。"如果一开始你没有成功，那就再尝试一次。"你小时候听说过多少次这句古老的谚语？威廉·希克森是一位英国教育作家，他在19世纪中期推广了这一谚语。完整的内容是这样的："这是一个你应该注意的教训：尝试，尝试，再试一次。如果一开始你没有成功，尝试，尝试，再试一次。"这一信息就是本章的主题。在如今这个失败就是诅咒（想想高利害的标准化测验）的大环境下，我们如何才能让孩子们不断地进行尝试？我们应该为最微不足道的成就而颁发奖项（想想孩子们的运动精神，无论是否获胜，孩子们都应获得奖杯）。

如果想让孩子们成为思想前沿的探索者，我们就必须鼓励他们去尝试、思考、提问，甚至失败。只有这样，他们才能从失败中学习，然后继续尝试。失败可以让我们比较出哪些方法是可行的，哪些并不奏效。就连打网球也是如此。如果你打的时间够长，你会尝试许多种控制球拍的方法和不同的击球方式。如果你关心的只是赢球（这就相当于得到一个正确的答案），你就永远不会去尝试用旋转的方式击球，或者轻微调整对球拍的控制。如果你敢于尝试新事物，也许你会失败，但你每天微小的试验和尝试最终会提高你的网球水平。在生活中，在工作中，在实验中，我们尝试不同的选择，来观察会发生什么，并且有时候会失败，这时我们就会有所收获。如果我们有信心，我们会根据这些结果做出修正和改变方向。我们不会把我们的球拍（商业计划或试管）打包然后带回家。

从失败中吸取教训的例子不胜枚举，而失败也不仅仅是孩子们会遇到的问题。我们中有谁没有听说过，许多出版商都拒绝了 J. K. 罗琳的《哈利·波特与魔法石》？而罗琳则财源滚滚。2011 年的诺贝尔化学奖获得者是 70 多岁的以色列科学家丹尼尔·舍特曼，他发现了晶体以一种新的形式出现，这是以前人们从未想到的。1982 年 4 月 8 日，他在笔记本上记录了最初的观察结果。想象一下，年轻的舍特曼走进一个同事的实验室，告诉他自己看到了什么。他的同事摆摆手对他说："丹尼尔，我还有别的更重要的事情要处理。"然而，舍特曼仍然无所畏惧。他对自己所看到的东西充满信心，并用他余下的职业生涯来证明确实有另一种结晶形式。最终，他凭借自己的发现、信心和坚持不懈的勇气获得了诺贝尔奖。

我们必须把失败看作一次机会，而不是挫败。如果孩子们在考试中取得了不好的成绩，而在下一次考试中取得了进步；在艺术课上尝试创作雕塑经历了失败，或者偶尔在游戏中失败，他们就能体会到自己的力量。我们有多少次摔跟头后站起来？答案是很多次。

在获得信心去尝试和坚持不懈的过程中，我们会经历许多不同的层次。开始时，孩子（或成年人）会拥有错误的自信（作为一个孩子，你认为自己可以做任何事情），然后你会将自己的成就与他人进行比较。在了解自己擅长什么后，你会放弃曲棍球，转而去打排球。减少"我能做任何事"的感觉对自己是有益的，否则孩子们会永远认为他们可以从高楼上往下跳。在另一个层次，我们承担了预期的风险，这通常是由一个安全网络支持的。想想一个滑雪新手，如果他想滑得足够好，可以在难度最大的黑线滑道滑行，他就必须从初学者的滑道开始。把这个新手和可以从几百英尺外的冰冷空气中飞出的专业人员相比较。那位专家迄今为止已经撞到了好几棵树，吞下了许多雪。那些肿块和挫伤为奥运会（或者只是阿斯彭的一次令人印象深刻的比赛）的金牌铺平了道路。

毅力或信心不只是对孩子们来说很重要。从失败中吸取教训，这一点在商业中也得到了很好的阐释，例如1985年对"新可乐"的引入。可口可乐公司做了市场调研和内部决策，为预期的公告做准备。顾客们希望有一个更甜的配方，而可口可乐已经准备放弃他们原来的配方，换成一个新的。这一转变将花费数百万美元，但可口可乐公司认为，这会帮助他们夺回被百事可乐抢占的市场份额。与研究结果相反的是，"新可乐"上市后并没有大受欢迎，许多人争先恐后地寻找最初的配方。然而，这次失败并没有给可口可乐带来灭顶之灾。可口可乐公司承认了这一错误，并重新引入了旧的配方，其销售量占据了比之前更大的市场份额。不幸的失败导致了最终的成功。可口可乐承认了自己的失败，采取撤退策略，反而获得了更大的市场份额。同时，他们并没有解雇那些探索失败的人，这也鼓励了其他员工勇于尝试，相信尝试的力量。很明显，即使新想法没有获得成功，也是值得赞赏的。

第一阶段：盲目自信

11个月大的露西总是坐不住。在醒着的时候，她一直举着小手，到处爬和到处走动。就像这个婴儿所展示出来的一样，如果不具备行走的决心，我们将会如何？行走并非一夜之间就会发生，它需要人们投入时间和精力。这种盲目自信的倾向有时候会让露西的父母很抓狂，但如果露西想要学会这项人类必备的技能，这么做又是极为重要的。这正是最初这种自信的优势所在。从进化论的角度来看，对孩子们来说，盲目自信可能是适应性的表现。佛罗里达大西洋大学的大卫·比约克隆认为，年轻人并没有浪费他们的青春。我们漫长的童年都是在帮助自己前进，以掌握生存所必需的技能。认知不成熟和随之而来的坚持很可能是一种由进化选择的"延迟适应"。

孩子们表现出的不成熟和坚持往往伴随着过度的自信，甚至是莽撞。造成这种情况的原因有很多，有些是因为他们低估了真正做好一件事情的难度，有些是因为他们没有把自己和他人进行比较。如果输给同伴，学龄前的儿童通常不会受到影响。即使不能实现拿到豆子袋的目标，在看到同伴们有更好的表现时，孩子们的自尊也不会受到伤害。

他们认为自己在体力和脑力上都是出类拔萃的。一个看过《超人》的孩子可能会觉得自己也能从高处跳下来，另一个孩子可能认为自己可以很容易地写出一本书。一些孩子身上到处都是处于不同愈合阶段的伤疤，看上去就像是被拉链覆盖了一样。为什么孩子们会有这么多意外呢？艾奥瓦大学的朱迪·普罗密特研究了一些6岁的孩子需要治疗的次数和他们对自己身体能力的预估之间的关系。例如，孩子们看到摆放在一个高架上的不同位置的玩具，然后被问到他们能否够到这些玩具。想象一下，一个高大的书柜上有一个闪亮的新玩具。一个孩子把这个玩具拿下来玩的可能性有多大？普罗密特的研究结果可能是意料之中的：孩子们越高估自己在这方面（以及其他体力活动）的能力，他们就越有可能受伤。我们认识一个3岁的小孩，在被带到一个城市游泳池附近时，他穿着身上所有的衣服直接走进了游泳池中！在被他身后着装整齐的母亲像鱼一样从池中捞出来时，他说自己知道该怎么游泳。

自信也表现在社会交往中。在和陌生人打交道时，我们需要一定程度的自信。当我们去另一个城市参加聚会时，我们有信心走上前去认识别人，并寻找彼此的共同点。我们都知道进入一个完全陌生的环境是什么样的感觉，有些人会觉得这种情境很折磨人。我们有一个很聪明的朋友，他在这种场合会不停地流汗。聪明不同于拥有社交自信，对他而言，身处新的社交场合总是艰难的。

在整个生命周期中，过度的自信会持续发挥其作用，它让人们认为自己知道的比实际更多。你对马桶是怎么运作的知道多少？我们每天都在使用它，它的机制似乎相当简单。从分数1到7中选择，你如何评价自己对冲水机制的理解程度？大多数成年人都会选择最高的分数。我们了解马桶的蓄水如何变空和填满，但是如果让成年人对此过程写出一份描述，他们的评分就会直线下降。幸好我们有水管工。为什么我们最初会认为自己知道马桶是如何运作的？耶鲁大学的罗森布利特和凯尔认为，最初这种过度自信对我们也是有益处的。我们生活在一个复杂的世界，不可能了解所有事物的运作方式。有了已经掌握这些信息的幻觉，我们就可以继续前进，只专注于自己真正在意的事情。正如他们所写的那样："因此，如果有一种错觉，认为自己知道的比实际更多，我们就会更容易接受当前的情况。"

过度自信可能会造成大问题。"万事通"成为一个常见的说法也是有原因的。如果你是一家公司的首席执行官或者首席财务官，过于自信可能会使你陷入麻烦。有些人称之为傲慢自大。人们在2008年大萧条的时候，看到了这种特质的大量存在。几乎没有企业领袖能想象到，经济形势会如此糟糕。具有讽刺意味的是，企业通常会选择对企业更有信心的高管，而不是对企业更有益的领导人。马克·吐温很好地概括了过度自信："让你陷入麻烦的，不是你不知道的事，而是你自以为知道其实不然的事。"

第二阶段：我在什么位置？

当我们开始和别人比较时，我们会问："我在什么位置？"心理学家称之为"社会比较"。我们中有一个人记得在小学花了很多心力来想这些："我比哈利聪明，但比不上西尔维娅；我比辛西娅跑得快，但是跑不过巴里。"这个练习让我们对自己擅长什么和不擅长什么做出了更现实的评估。当我们将自己的表现和有相似特点的人进行比较时，自信就会变成"我在什么位置"。作为孩子，如果我们认为自己的数学很好，那么我们就会将自己的数学能力与同年级的学生进行比较，而不是和高年级或者低年级的人进行比较。在进行社会比较时，孩子和成人都在寻找与自己相似的人。我们也倾向于观察那些比自己做得更好的人。这是一件好事：将自己与班级中阅读能力最强的人相比较，会激励我们多读书、多努力。

然而，"我在什么位置"并不会让我们对自己的能力产生很大的信心，因为这从根本上来说是一种比较保守地思考自己能做什么的方式。如果一直被"我在什么位置"激励，我们就总是会把自己和别人比较，而不是去尝试新的方法。如果担心与同伴的相对位置和他们对自己的看法，我们就不太可能会冒着失败的危险大胆前进。正如斯坦福大学的卡罗尔·德韦克教授所发现的，人们会想："失败？绝对不行。我会选择那些我能做好的事情，这会使我自己看上去很棒。"

在青春期，孩子们愿意承担巨大的、有时会带来严重后果的风险，因为这其中很多都含有社会因素——让朋友对自己印象深刻或者融入其中——我们把青少年的冒险归结为"我在什么位置"。我们知道，同龄人很重要，因为青少年通常倾向于群体冒险。把很多男孩留在车里？这会增加发生事故的风险。进行性行为？如果青少年认为他们的同伴发生了性行为，那么他们这么做的可能性就更大。坦普尔大学的拉里·斯坦伯格研究了青少年的大脑是如何发展的，并把他们冒险行为的增多和错误的自信归结为处理社交和情感信息的大脑部位的生理驱动。家长们会了解到——或者从自己孩子身上观察到，在孩子们从青春期进入成年期的过程中，他们的冒险行为会减少。最终，大脑中更聪明的认知部分会控制情绪和社交部分的波动。这意味着"我在什么位置"不再主导青少年的行为。

卡罗尔·德韦克在对信心的理解中一直处于世界领先的地位。数十年来，她一直在研究如何培养孩子和成年人需要学习的自信心。在她的实验室里，你可能会得到一些类似于 SAT 考试的类比题："光明"对"黑暗"，正如"裸体的"对"穿好衣服的"。你做了 30 分钟的题，然后上交试卷。你做得很棒，教授也会告诉你你有多聪明。这时你会把头抬得更高一些，因为你的自信心增强了。但是当她给你另一套更难的试题时，你可能会很快放弃，或者找一个不能再继续做下去的借口。这是为什么？德韦克的发现表明，如果她赞赏的是你有多聪明，而不是夸奖你多努力，你就会付出更少的努力。如果她忽略了你明显的才华，并告诉你，你在第一组问题上付出了惊人的努力，那么你在第二组问题上会坚持更长的时间，也会更加努力。这是因为你不需要操心维持自己"很聪明"的声誉。赞美一个人聪明会有一种矛盾的后果，那就是降低其自信心。赞美努力会促使我们前进。也许是因为它消除了压力：我们不需要一直展示我们有多么聪明。赞美努力会让我们知道，重要的是我们付出多少努力，获得正确的答案并不是任务的全部。

当人们关心自己所在的位置时，他们很可能会避免去做他们认为超出能力范围的事。换句话说，他们不具备打破局面的信心。这些人只会选择他们认为自己能够解决的问题。这与自尊或者个人的自我价值感的概念联系在一起。学龄前儿童的过分自信是最高自尊的表现。当我们开始进行社会比较时，自尊在学校里也开始降低。从四年级开始，它又开始上升，但是在向初中和高中过渡的过程中却出现了降低。自尊有不同的类型。我们的学术自尊来源于自己在学校里的表现，社会自尊则是我们与同伴和家长相处的能力，身体或运动的自尊取决于在团队形成时你是第一个还是最后一个被选中的。还有一种自尊来自我们对自己外表的感觉。我们一般的自尊让自信有所增强，但在不同方面会有所不同。

什么样的自尊会刻画出个体的"我在什么位置"这个阶段的自信呢？把这个问题留给两位杰出的心理学家——布朗和达顿，让他们来给出一个答案。一些本科生被带到了实验室，并被告知一种虚拟的问题解决能力，即所谓的"整合型导向"。比如我给你三个词：汽车、游泳、球杆，你的任务就是找到一个与这三个词都有所联系的词。试一试！放弃了吗？也许 pool 这个词可以（pool 含有"停车""游泳池""台球"这几个不同的含义）。这被称为远距离联想测验。然后，这些学生被要求在5分钟内解决10个类似的问题。但是，这些学生不知道的是，他们中有一半人面对的是真正困难的问题，还有一半人的问题很简单。因为困难的那套题难度的确很大，而容易的那套题又非常容易，所以当计算机给学生的成绩打分时，它可以给出真实的分数。接着，学生们完成了一个关于他们在得到分数之后幸福感受程度的量表，以及一个与自我价值感相关的量表，这个量表中包含了自豪、对自己满意、羞愧和耻辱这些词语。

布朗和达顿发现了什么呢？学生们的自尊高低不会影响他们面对自己分数时的幸福感。当然，对所有学生来说，分数越高他们会感到越快乐。但是，自尊十分影响学生在自我价值感量表上的评价。自尊低的学生如果表现不好则会感到羞愧和羞辱。在失败之后，自尊低的学生的自我评价值会如同跌落悬崖一般降低。想想这意味着什么。一个自尊较低的人可能会选择他知道自己能完成的事，因为失败会给他带来毁灭性的影响。如果失败真的伤害了自尊较低的人，他们就不太可能去突破自己的舒适区并进行冒险。自尊较低的人不太可能去尝试有风险的事情，朝新的方向拓展，或者进行冒险。如果过去对失败有很糟糕的体验，那么为什么还要冒险和经历失败呢？

这种自尊的概念从何而来？它又是如何让人有信心去冒险的呢？孩子们需要空间去冒险并找到自己的局限，他们也需要体验成功和失败，进而发现自己的局限。像琳恩和乔尔所采取的"直升机式的教养方式"，反而不利于帮助孩子们养成强烈的自尊。无论孩子们是否需要，琳恩和乔尔一直在他们身边持续地关注着他们，努力让孩子们的一切都变得顺利和轻松，并坚持认为哈里应该被分配到更好的校外足球队。琳恩和乔尔试图帮孩子们扫除所有障碍，即使孩子们并不认为他们遇到了难以解决的问题。他们的本意是好的，谁想让自己的孩子受苦呢？然而，这些父母的做法其实并没有给孩子们带来任何益处。为什么哈里必须总是在最好的队伍中？他不应该学习如何应对失败吗？有时候家长甚至会帮哈里完成作业，以便让他觉得自己有资格获得A的成绩。就像我们告诉那些打电话到学校办公室的家长一样，你的孩子不会因为你做的任何事情而失败，他只会因为自己没做什么而失败。以这种方式进行干预的父母并没有建立起信心，他们含蓄地传递了这样一种信息：如果没有我，你就无法做到这一点。这一信息对哈里和其他需要独自学会"起飞和降落"的孩子毫无益处。

我们当中有一个人，在她家的后院，有一堆高达20英尺（约6米）的巨石。所有12岁以下的兄弟姐妹们都爬上了岩石，这时他们的父母满意地看着他们。这些孩子学到了什么？他们面对的是可能比较危险的、很高的岩石，然而，父母只是在一旁看着。孩子们高兴地爬上爬下，找到他们觉得舒适的高度，并练习在哪里放脚和怎样攀爬。这些幸运的孩子正在学习寻找自己的局限，了解对自己来说什么位置是安全的，以及什么地方对他们来说太高了。如果孩子们的父母不允许他们这样做，那些孩子将会失去一个冒险、了解自己的能力，以及了解自己能做什么和不能做什么的机会。参加这个活动能够让孩子们对自己的极限做出更实际的评估，从而有助于提高他们的自尊。

在作家和临床心理学家温迪·莫格尔的《蹭破的膝盖的祝福》这本畅销书中，她提到，父母们减少干预，有助于孩子们建立自信。她提出的一个有效的建议是，父母应该让孩子们更多地探索，有时候甚至可以让膝盖蹭破皮。而我们并不擅长这么做。我们如此热衷于确保孩子们获得成功，以至于家长们会帮孩子们完成句子练习，为他们做作业，修改他们的书面报告，甚至雇用一些人来帮他们完成大学入学申请论文。我们必须把失败变成学习过程中的必要环节。

另一种鼓励自信的方法是传达可以用多种方法来完成一项任务的理念。通常情况下，孩子们会因为找到正确答案而获得奖励，但是却不会被鼓励去用另一种方式解决问题。我们可以帮助孩子们用最简单的方式看到这一点。

劳拉准备带着她 7 岁和 9 岁的孩子一起去奶奶家。他们住在城市的两条高速公路附近，所以她让孩子们帮她规划路线。当他们给出路线建议并提出时间、交通状况等因素时，他们讨论了用于决策的各种变量。孩子们在没有使用这个词的情况下，正在为自己的发展建立信心。

我们还可以通过艺术来帮助孩子们提升自信，在艺术领域并没有一个正确的答案。正如艾伦·温纳和她的同事们所展示的那样，艺术可以建立思维习惯，其中一个习惯就是"参与和坚持"——学会坚持，可以建立信心和促进执行功能技巧的发展。另外两个习惯是"设想"和"表达"。如果你能在头脑中想象出自己看不到的东西，并学会通过某种艺术形式表达出来，你就会处于一个"反思"的位置——评价自己和他人的作品。这些思维的习惯对艺术来说是独一无二的，无论是影像、音乐、戏剧，还是任何一种我们能想到的自我表达的形式。这些工作室的习惯也会鼓励"延伸和探索"，因为它们培养了鼓励实验所需的创造力和自信心。无论贾丝廷娜写了一首诗，描绘她的梦想之家，还是编排了一场舞蹈，艺术都会帮助她建立自信。当贾斯廷娜学会谈论她的工作并对此进行反思时，她就会对她自己的艺术成就感到骄傲。有的孩子如果不参加学校的艺术活动，就无法完成高中学业。

承担风险需要自信，不仅在艺术领域是这样，在其他方面也是如此。事实上，我们的经济生存能力依赖于它。因此克里斯·缪特尔怀特等商业作家建议，首席执行官们应该成为教练，而不是老板。除非拥有支持冒险和创新的环境，否则企业很可能会因为保持不变而陷入困境。缪特尔怀特认为，即使失败了，公司也应该通过奖励创新、鼓励高频率的小范围冒险来促进"智力冒险"。如果失败被遮掩起来，事后分析时还会对参与人员进行指责，那么知识工作者们会停留在"我在什么位置"的自信上，不再愿意提出创新。因此，知识工作者的环境可以促进我们在本章中所讨论的任何一个阶段的自信心。

第三阶段：可预期的风险

在线词典将"可预期风险"一词定义为在对可能的结果进行仔细分析后抓住的一个机会，比如"将争议提交仲裁是一种可预期风险"。在这里，"可预期"指的是"预先考虑和计划到的"，这个短语本身可以追溯到第二次世界大战时期，在轰炸任务开始前，要考虑到失去轰炸机的可能性。一般来说，这一术语用来描述将成功的机会和失败的成本进行权衡的情况——这是一种风险收益分析。在生活的各个领域中，从挑选配偶到选择大学、换工作、购买汽车，甚至过马路，我们通常会冒可以预期的、适当的风险。自信的第三阶段包括承担可预期的风险、从错误中吸取教训。不可避免的是，我们的选择并不总是正确的。然而，如果不冒险，我们就会失去勇气，即使拥有深爱的人也会选择保持单身，坚持不上大学，或者坚持停留于并不能给自己带来满足感的工作岗位，以及继续使用自己年久失修的旧车。如果不能在生活中进行适当的冒险，那么我们的经济和教育系统也会停滞不前。

我们的家庭、学校，甚至整个社会都可以促使一个人有信心做出改变。如果我们告诉你，有50%的人的自信心比他们应该拥有的自信程度要低，那该怎么办？那50%的人是女性。将女性物化成芭比娃娃，把小女孩们装扮得成熟性感，这些并不能帮助女性建立起进入下一个"不惧失败"的阶段所需要的自信。社会很早就会对此产生影响。加州大学圣克鲁兹分校的心理学家奥罗拉·谢尔曼和艾琳·楚布里根给4~7岁的小女孩们玩医生芭比、时尚芭比，或者土豆头太太，然后，他们向女孩们展示了10个工作场所的照片，并问她们谁能够做这些工作：女孩能做这些吗？男孩能做这些吗？结果是可怕的。无论是玩医生芭比还是玩时尚芭比的女孩，她们都报告说，在这10个工作中，女孩只能做其中的6.6个工作，而男孩可以做9.5个工作。对20分钟的游戏时间来说，这种影响非常明显。那么玩土豆头太太的女孩们是怎么想的呢？

如果她们在回答女孩能否做一份工作的问题时给出更多肯定的回答，那么这可能是受芭比娃娃所反映出的刻板印象的影响。果然，那些玩土豆头太太的女孩说女孩可以做 10 个工作中的 8.3 个工作，而男孩可以做其中的 9 个工作。在短期内，孩子们所玩的玩具影响他们的自信心，同时也影响他们对其他人能够完成什么事情的预期。

从长远来看，在童年时期体验到性别刻板印象会对女性的成功和自信心产生影响吗？显然，即使是在我们的社会中达到最高水平的女性中，在信心上也存在着很大的差距。凯蒂·肯和克莱尔·施普曼指出，遗憾的是，女性在最高层次上仍然缺乏典型的代表。他们认为这是由于女性缺乏自信。尽管如此，仍然有许多女性敢于失败。但是，这对她们来说并非易事。想想德国总理安格拉·默克尔、众议院少数党领袖南希·佩洛西、拥有自己的电视频道的奥普拉·温弗瑞，以及多年来一直带给我们新闻的戴安·索耶。你知道是美丽的奥地利女演员海蒂·拉玛发明了无线通信，帮我们赢得了第二次世界大战吗？这项发明也是现代 GPS 和无线网络的先驱。你知道是玛丽·安德森在 1903 年发明了雨刷吗？又或者，你知道在 20 世纪 70 年代，帕特里夏·比林斯发明了一种坚不可摧的建筑材料吗？

学校、家庭和性情在塑造自信方面的作用

世界知名的心理学家艾里克·埃里克森在西格蒙德·弗洛伊德的研究基础上指出，人类的发展可分为八个阶段。和自信最为相关的是他所谓的"勤奋与自卑"之间的紧张关系。在学校里，孩子们能够完成越来越多的作业，这使得他们能够掌握新的技能并尝试更多的新事物。试想一下孩子们学到了什么：阅读、数学、怎样自己过马路、如何骑自行车，以及怎样系鞋带和做家务。尽管在美国，精神分析已经不再重要和突出，但埃里克森发现了一些有用的、深刻的内容。随着孩子们在日常生活中变得更有能力，他们也会更清楚自己能做什么和不能做什么。这就是在预估风险。

课堂上经常鼓励一种"我在什么位置"的方法（第二阶段），也就是把我们和同学进行比较，而不是要求我们取得最好的成绩。在一个看重学生能够得出一个正确答案，而不重视其学习过程的教育体系中，学生会失去冒险的动力，因为他们只要比同班同学表现得更好就足够了。当他们解决定义明确的问题（例如：算术）时，这种方法是有效的，但是当学生们解决不怎么受约束的问题（例如：写一篇关于安格拉·默克尔的论文）时，这种方式的效果就不那么好了。当孩子们学会了如何进行适当冒险时，他们就学会了独立思考、接受新奇事物，并对他们的智力、社交和文化世界提出质疑。

正如临床心理学家南希·埃普勒－沃尔夫和苏珊·戴维斯在他们的著作《养育飞翔的孩子》中所提出的那样，冒险是有好处的：成功的体验可以孕育自信心和能力感。那些在后院高高的岩石上攀爬的孩子们知道，失败并不会摧毁他们，他们可以纠正自己的失误。在这里，家长们扮演着很重要的角色：如果他们鼓励孩子们在遇到困难（例如：家庭作业）时努力尝试，孩子们将会继续尝试新事物，而不会停止实验。家长如果不让孩子们放弃，鼓励他们去了解自己能做什么，在这一过程中，孩子们的勇气也得到了锻炼。有时候，孩子们只要学会如何将大任务分解成小任务，就能够获得成功。

然而，我们不能轻视孩子们的性情之间的差异。有的孩子天生就是冒险者（到了家长们会担心孩子接下来会做什么的程度），而有的孩子则不一样，即使是在最鼓舞人心的家庭里，他们也会等其他人先尝试。想象一下，在意大利佛罗伦萨拥挤的公共泳池里，我们6岁的孩子丢了，大家正在疯狂地四处寻找他。我们唯一没留意的地方就是跳台的顶部，而他就在那里，有6个成人正在鼓励这个勇敢的小孩从跳台上跳下去。与此相反，这个6岁孩子的哥哥则完全不一样，如果不握着父母的手，他绝不可能进入泳池，因为他担心自己会和他们分开。

有研究指出，那些让孩子们规避风险的父母，他们的孩子上大学的可能性更小。你可以看到，喜欢规避风险的父母会如何影响一个孩子的选择。让我们来看看六年级学生瑞秋和她父亲之间的对话。

瑞秋：我应该写一篇关于青蛙的生物学论文吗？我对青蛙非常了解。还是我应该写一篇关于蜜獾的论文？因为我真的很想了解它们。

父亲：（真诚地希望有所帮助）为什么不坚持你知道的内容，亲爱的？

父亲很明确地劝阻瑞秋学习了解一种新动物。为什么父亲会那样做？也许他担心瑞秋的作业完成得不好。为什么要冒险？但是，如果不鼓励瑞秋探索新的兴趣，就可能会对她的自信心和探索新知识的意愿产生长期的负面影响。当然，这样的对话不会让瑞秋厌恶风险。但是这样的模式可能会对此有所影响。瑞秋可能会开始预计，写一篇关于一种新动物的论文所冒的风险要大于可能的益处："如果我写一篇关于自己不太了解的动物的文章，我会得到同样高的分数吗？"

承担可预期的风险是勇敢的

我们认识到，实现长期目标（例如，成为一名好学生或经营一家优秀的公司）的一种方法就是冒险去尝试新事物。有信心以这种新的、较耗时间的方式来学习，或者购买新的、昂贵的机器来改变"照常经营"的现状，这是我们改善现状的唯一途径。

可预期风险——和与之相关的自信——在每个行业都有。有一个几乎每天都发生的简单的例子。一名很受器重的员工要求加薪，这使她超出了同龄人的范围，并且打乱了企业领导者的预算。如果贸然给她加薪，出于各种各样的原因，这可能不会带来一个好的结局。当她的老板考虑到，如果不给她加薪，或者满足她的一半要求，他就可能失去这名员工时，他就在进行风险预估。正如商业作家布雷特·威尔逊所言，企业家不只是风险承担者，他们也因预估风险而成功。企业家"必须有信心和毅力，但他们也需要做功课"。精明的企业家会问自己，满足员工的请求，或满足员工的部分请求，又或者完全拒绝员工，其后果将是什么。

即使是预估到的风险，有时候也会导致失败，关键是能够从失败中学习。哈佛商学院的艾美·艾蒙森教授认为，每个人都"说"他们想从失败中吸取教训，但是大多数人都没有做到这一点。企业首先必须避免"指责游戏"。我们不应该"迁怒于报信的人"，他们应该被拥抱，而不是被惩罚或被孤立。显然，高管们担心，如果他们不责怪某人，人们就会认为一切都会改变，而标准也会降低。我们可以认同这一点，因为我们都在管理涉及很多人的实验室，其中有些人在尝试新事物。实验室中有些人有勇气去挑战我们已经使用了很长时间的程序，或者坚持使用一种新方法，直到我们也这么做（或者我们一直没这么做）。那些尝试新事物并坚持不懈的研究助理是我们所看重的，因为他们的自信往往会得到回报。而大多数情况下，要有足够的手段来区分好的风险和不好的风险——这对于确认该冒哪一个风险是极为重要的。

第四阶段：不惧失败

> 爬到树枝上去，那儿才是生长果实的地方。
>
> ——吉米·卡特

当你敢于面对失败时，你就已经达到了自信的最高阶段，因为真正的成功往往发生在人们突破舒适区和解决障碍的时候。事实上，那些仔细评估风险的人即便历经失败，也依然能够坚持不懈地努力下去，最终获得胜利。因为他们能从失败中吸取教训，不断挑战，最终超越失败，抵达胜利的彼岸。

他们是坚毅的代名词，无论面临多少艰难险阻或者耗费多少时间，他们都会带着坚定不移的信念完成每一个使命。

心理学家安吉拉·达克沃斯教授和她的团队制定了测量这一品质的"坚毅指数"量表。宾夕法尼亚大学学生的测试结果显示，这12项简单测试的结果比SAT分数更能预测他们的大学平均成绩。达克沃斯教授给西点军校的1 200名学员也做了这一测试，作为他们艰苦的暑期训练的开端。结果显示，"坚毅指数"比军方的测量工具"全员测试"更能预测辍学率和升学率。

与我们的直觉相反的是，衡量一个人是否坚毅的重要指标之一是是否相信失败乃克服困难的必要因素。"坚毅指数"已经被改编成适用于青少年的版本，用来评估类似于"青少年有多刻苦""是否能完成任务"等品性。如果想要孩子们在这个瞬息万变的世界紧跟思想潮流前沿，我们的教育系统必须增加关于试验、假设、质疑、失败等内容的课程，这样学生们才能从错误中吸取教训。坚持不懈和过度自信之间有一个清晰的界限。有时候我们总是过于偏执顽固。然而，本书前面提到的其他重要能力，如充足的知识储备和批判性思维，是帮助我们评判一个想法是否有价值的依据。失败为我们提供了衡量什么是成功的对比标准。如果一味追求正确答案，就失去了探索用不同的方法来解决问题的机会。

的确，每一次失败都蕴含着学习的机会。甚至有专门的研究去论证在学习过程中犯错能帮助我们更快地记忆知识点。为什么会这样呢？既然如此，为什么人们不愿意失败呢？英国的研究者波次和香克斯曾经做过一项实验，让成年人选择，是直接猜测某个新词的意义还是在两个备选答案中选择一个。研究结果表明，人们在主动思考却猜错新词的意义时，比被动地选择备选答案时掌握更多知识。主动犯错能够帮助人们最终记住更多的新词。因为即便猜测的结果是错的，猜测的过程也比简单地在备选答案中二选一更需要我们深入思考。何况，如果猜错了，人们会更加关注答案是什么，毕竟没有人愿意做错。

　　家长们往往过于关注学习的结果，而很少去赞赏学习过程本身。总有人回忆起当自己骄傲地拿着95分的优秀成绩单给自己的父亲时，父亲半开玩笑地说："那5分到哪里去了？"父亲的反应很大程度上贬低了孩子为了取得这样的优秀成绩所做的努力。过于关注结果就容易抹杀孩子所有的努力。而且这种反馈会产生奇怪而矛盾的后果，如打击孩子的自信心，而这恰恰是我们努力想要孩子保有的特质。最近的一项研究指出，减轻学习压力对于促进孩子的成功有着令人费解的效果。但如果我们了解了卡罗尔·德韦克的研究，就会发现，这样的结果并不是那么难以理解。德韦克教授的研究表明，面对困难时，那些平日里经常因为努力而受到家长表扬的孩子，会比那些老是被夸赞很聪明的孩子更加坚持不懈。

　　法国学者弗雷德里克·奥丁和让－克劳德·克鲁瓦泽面向六年级的学生做了一项非常有趣的实验，实验之前，参与者们被告知他们的自信和表现会给他们带来一笔不小的报酬，所以他们都很兴奋。研究人员给实验的参与者发了一些非常困难的字谜。举个例子，假如你懂法语，这个字谜就很简单：把nechi这个词变成真正的法语词。然后研究者与学生们谈论有关问题的困难度。一组学生被告知，这些字谜很困难，但如同学习骑自行车那样，多练习就会有所提高。对于第二组的孩子们，研究人员只是询问他们是如何解决字谜游戏的，而没有讨论练习的作用和这个字谜的难易程度。接下来两组学生的表现出现了巨大的差异。

　　两组学生都分别进行了"工作记忆容量"的测试，他们要把一些信息记在脑中，就像我们不断重复一个电话号码那样，以免忘了它。工作记忆容量对解决问题很重要，如果记不住问题的前提，反复回忆，就会影响效率。与第二组工作人员只是简单地把字谜发下去，没有告知其训练可以提高表现的学生相比，被告知熟能生巧的学生在工作记忆测试上的表现更好。也许第二组学生会认为自己比较笨，或者士气比较低沉。而第一组的学生由于知道加强训练会让自己表现更好，所以他们会全力以赴，不会放弃。努力训练就会进步的信念激励着他们不断前进。换言之，只要学生们懂得学习并不是一时半刻的事情，想要进步需要刻苦学习的毅力和坚持不懈的勇气，天资聪颖并不能保证成功，他们就会更加努力，也表现得更好。

此项实验的研究者在接受采访时表示，高利害测验和过于关注分数的趋势——这正是美国教育所倡导的——与他们的研究结果正好相反。我们必须给予孩子足够的空间去思考、探究，而不是希望孩子瞬间就理解所学的知识，那样只会让孩子们更容易选择放弃。用奥丁的话说："老师和家长应该多关注孩子的进步，而不是只看到他们的考试成绩。学习是需要时间的，学习过程中的每一个进步都值得被表扬，尤其是在更容易遭受挫折的学习初期。"换言之，正如卡罗尔·德韦克所说的，如果我们让孩子们认识到，他们的大脑就像肌肉一样，通过训练会变得更强，那么他们在遇到困难时就会更加积极地面对。要更加现实地看待个人的努力，就必须学会树立自信心。帮助学生认识到失败是学习的必经之路，这有助于孩子们坚定决心，提高他们的毅力和恒心。然而，这些科学家也指出，孩子们的自信心很容易被家庭和学校的环境所塑造和操控。重视学习的过程是塑造孩子自信心的基础。

自信心确实可以极大地改善人们的表现。纽约大学的斯科特·巴里·考夫曼也和法国学者一样注意到了这一现象：一个人成就的高低与期待值有非常大的关系。假如一个人认为大家都对他的成功不抱希望，"那么他真的就可能会失败。每个人表现不同，有的人可能真的大脑停止了运作，不断地去确认别人的期望值"。而当大家都对某人的成功抱有很大希望时，这个人往往也会表现得如大家期待的一样优秀。在莫伊和帕萨格利亚的一项研究中，他们征集女性参与了一项如图10-1所示的"心理轮换任务"测试。图中四种设计，哪种更符合标准？

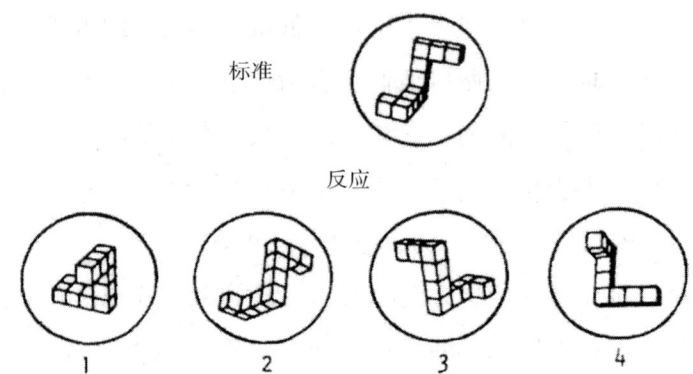

研究者向被测试者展示一张砖墙结构的标准图片,然后让他们在四张图片中选择哪一张是同一个砖墙结构被旋转后的样子。

图 10-1 经典心理轮换任务

参与实验的一半人被告知,男性在这项任务中普遍表现更好,而另一半则被告知女性在这个任务中表现更好。被告知"男性表现更好"的女性参与者在实验中表现得更差,而被告知"女性表现更好"的男性参与者也在实验中表现得更差。这些研究结果告诉我们,我们的自信心是可以被操控和塑造的。如果我们认为其中一组参与者——任意一组——会表现不好,这就相当于创造了一种"自证预言"(一种社会心理学现象,指人们先入为主的判断,无论其正确与否,都将或多或少地影响人们的行为,以至于这个判断最后真的实现),他们可能真的会表现糟糕。同样,如果我们相信其中一组会表现优异,那么他们真的会表现优异。这里有一点启示,那就是我们可以通过传达正确的信息来帮助孩子们建立自信。如果想要人们做任何事情都不惧失败,我们就必须尽量不让他们接触那些当今社会上流行的所谓成功神话及其背后的思维定式。女孩子也可以学好数学!我们必须鼓励孩子接触不同的玩具来开阔视野。当学生在学习过程中遇到难题时,我们要帮助他们坚持下去。

"不惧失败"也意味着拥有"勇气"。彼得·德鲁克坚信企业的首席执行官们都有能力拯救一个濒临失败边缘的公司。拯救这样的公司需要的是对公司优劣势有更宏观的认识，敢于对公司的发展方向提出质疑，这就意味着不惧失败。埃德莎姆用 1976 年弗朗西斯·赫塞尔宾管理女童子军的策略及成效论证了他的观点，那就是，对女童子军来说，要么不惧失败、大胆创新，要么默默无闻、籍籍无名。如果你是 20 世纪 50 年代或 60 年代女童子军的一员（我们是！），你可能获得过缝纫或者烹饪的荣誉徽章。赫塞尔宾有感于这个世界的迅速发展，大胆地增设了很多其他类别的荣誉徽章，如财会和数学。对那一代人来说，这是非常超前的观念。

还有很多关于不惧失败的案例，比如美国前总统巴拉克·奥巴马。正是他的自信，帮助他从一个没有任何政治背景的少数族裔一路腾飞，最终入主白宫，成为美国总统。再比如埃莉诺·罗斯福，在她成为美国第一夫人之前，第一夫人在世人眼中仅仅代表了总统的妻子和白宫的女主人，她们只需要考虑白宫的接待和后勤杂务。然而，埃莉诺·罗斯福从本质上改变了白宫女主人的传统形象，成为人权和女权运动的积极倡导者、第二次世界大战期间女性享有工作权的有力支持者。这种前所未有的现象在当时遭到了强烈的批判。但是当被问及是怎样做到面对质疑仍不屈不挠地坚持下去时，她写道：

> 当你驻足停留，直面恐惧时，你能从每一次经历中获得力量、勇气和信心。你能够对自己说："我经受住了恐惧的考验，我能够承受将会发生的一切。"你必须不断去挑战自己认为做不到的事。

罗斯福夫人是我们所有人的典范，我们要像她一样，勇于直面难题。同时我们也要记住：正如下面这个例子所说明的，并不是每个人都会重视我们的努力。

你是否拥有过用戈尔特斯（Gore-Tex）这种材料制成的东西？1957 年在特拉华州纽瓦克的一间地下室里，鲍勃·戈尔和他的儿子罗伯特共同发明了这种新材料。当时,鲍勃·戈尔在杜邦公司工作,他曾试图向公司推荐这一新发明,但遭到了杜邦公司的拒绝。于是鲍勃·戈尔决定另起炉灶,创办了自己的公司。现在这家公司年销售额达到3.2亿美元,戈尔特斯作为世界上第一个透气的防水材料,被广泛应用于从医疗到鞋履制造的各个领域。鲍勃·戈尔总结了自己公司的一个重要原则:

> 我们希望我们的员工在工作时感受到最大的自由。我们深知在创新的过程中必定会有失败,所有人都不应惧怕失败。害怕失败会限制你的成就。

另一个不惧失败的例子是迈克尔·狄贝基,狄贝基发明了人造心脏,改变了心脏病人的治疗方法,也是第一个做心脏搭桥手术的人。在就读医学院期间,他就发明了人工心肺机的关键部件,这无论从医学的角度还是从伦理的视角来看都是一项高风险的发明。

为了避免读者们觉得只有研究生毕业的人才会不惧失败,我们举一个高中辍学的人不惧失败勇于挑战的例子:罗莎·帕克斯。1955年12月1日,这位美国女裁缝在种族隔离仍然盛行的亚拉巴马州蒙哥马利市一辆公共汽车上拒绝给一位白人让座,由此开启了著名的民权运动。1992年,帕克斯在接受美国全国公共广播电台主持人林恩·尼尔里采访时说:

> 我不想被虐待,我不想自己付过钱的座位被别人剥夺。这只是时机问题……我仅仅是遇到了一个表达我希望得到平等对待的机会。

这真的需要巨大的勇气。不出意外,帕克斯被逮捕了,她的被捕引起了一系列连锁反应,给我们的社会带来了深远的影响。

我们还可以列出大量这样的例子。自信的最后一个阶段——不惧失败的关键,就是要有激情地去做需要做的事。无论是非裔美国人要求平等待遇、用心脏治疗的新方法救治病人,还是像戈尔这样利用一个偶然的发明造福人类，我们需要做的就是不惧失败地做自己想做的事情。当沃恩纪念 1925 年诺姆小镇的血清接力运输时，他其实是在纪念当年为了第一时间将抗白喉血清运到诺姆而几天不眠不休的 20 支狗拉雪橇队伍。他们在暴风雪中勇敢地踏上南极未知的荒蛮雪原，这种不惧失败的精神不仅挽救了无数生命，也帮人类探索了这个星球上无法到达的地方。伟大往往就诞生在看似要失败的地方，而失败总能转变成我们突破和成长的机遇。如果没有远大的目标，就不会失败，但也不会拥有勇气去创造出能够改变我们生活的新事物。

行动起来

相信自己。勇敢追梦。面对失败时坚持不懈。不惧失败。我们上文提到的所有实验都告诉我们，自信的建立需要平常所积累的失败经验和别人对我们的期待。这些经验和期待对于塑造自信影响显著。

关于自己

你会在我们的自信评估表上如何评价自己呢？你认为自己非常冲动，经常无视警告牌，因而处于第一阶段的"盲目自信"？还是胆小怕事、小心翼翼，在意别人对你的评价？这种第二阶段"我在什么位置"的自信往往让人无所作为。又或者，你是那种为了完成"作业"而全面研究学习的人，并且愿意冒着第三阶段里提到的失败风险提出改变项目执行方法的计划。又或者，你具有第四阶段的那种"不惧失败"的自信，这样自信的人会对项目的立项前提提出书面质疑。不管你拥有哪一阶段的自信，这个测试都能帮助你了解自己的自信程度，并且思考自己需要如何改进或者提高。当你反思自己的时候，也请思考一下你能为你的孩子树立什么样的榜样。盲目自信的人教出来的孩子也容易盲目自信，而那些遇到困难就轻易放弃的人的孩子也不太可能在遇到困难时坚持不懈。

就像埃莉诺·罗斯福曾经说过的那样，挑战自己，"直面恐惧"！对你从未尝试过的食物勇敢地说 yes！努力用所学知识让自己在拓展新计划的过程中发挥领导作用。接受新挑战可能会非常有益，我们的朋友们有了新的爱好，他们现在都倾注于此。你是否曾经想做瑜伽？赶紧行动！还记得你因害羞而迟迟不敢加入的戏剧社吗？赶紧去查查他们的下一次聚会在哪里！当你告诉孩子们你想尝试一些新东西时，他们一定会非常支持你并被你的行动所激励。

关于孩子

每个孩子都是不一样的。有的天生自信满满，有的则需要后天的培育。想想自己的童年，你是那个敢爬上树或者钻地道的孩子吗？还是选择退缩、直到确认安全的那个呢？每个孩子都有自己的步伐和节奏，但是我们都希望孩子们有足够的自信去交朋友和解决难题。我们可以帮助他们增加自信指数。以社交场合为例：有的孩子面对陌生人（尤其是成年人）会躲进积木玩具里，而有的孩子能够与陌生人眼神接触并且伸手表示友好。我们其中一个人的保姆曾经教孩子如何面对陌生人，我们一致认为这样的练习非常有益。你也可以试着帮孩子做类似的练习，比如看着陌生人的眼睛，主动伸手。这样的练习能够帮助孩子形成一个认识陌生成年人的惯例动作，让孩子更好地适应社交场合。

建立自信的方法之一是尽量不要去称赞孩子聪明，而是表扬他们的努力。如果孩子认为自己可能会失败，尤其当他们认为你会因为他们的失败而生气时，他们就不会去尝试新事物。我们希望鼓励他们去尝试新的事物，或者即使失败了，他们也能调整情绪，继续向前。如果你的孩子做错了一件事情或者没有完成某个任务，在帮他们找回自信的时候，用一种中立的语气去询问为什么没有完成，会比一味指责对他们的帮助更大。为什么保姆会被你的玩具卡车绊倒呢？你的拼写测试表现怎样？想想你的孩子会怎么回答这些问题。如果你刚刚责备了他，他就不必考虑究竟哪里做错了。如果我们能让孩子自己进行思考，那么未来他们就不太可能会犯同样的错误。之后，如果你问他们："面对同样的事情，下一次你会怎么处理？"这会让他们考虑这个问题的责任和后果，并仔细考虑这件事情的前因后果。自信来源于你知道你能做得更好，而且你也知道怎样去做得更好。

关于周边环境

托马斯·爱迪生在佛罗里达州的迈尔斯堡有一个对外开放的暑期家庭教室。在那里你可以看到爱迪生在发明灯泡和照相机之前遇到过多少次死胡同（家长们必须向孩子们讲述这个故事）。如果不能去佛罗里达参观爱迪生的家，那就去图书馆借一些关于他的书。你要帮助孩子懂得，成功并不像电视剧里演的那样，一夜之间就会发生。刻苦努力、勇气和坚强是所有家长都希望孩子具备的品质。你希望孩子明白，学习、发明和成功都是很困难的，即使是在学校操场上赛跑，或者完成历史课题也是如此。

如果你认为自己的孩子需要提高自信心，那就弄清楚他们喜欢什么，并尽量多准备一些相应的资源。她喜欢滑冰吗？那就经常带她去。你能承受偶尔的教训吗？帮助你的孩子建立一个能力范围，这将有助于使他们感到更加自信。当他们下一次说"我不行"的时候，提醒他们花了多少时间学习滑冰，但是现在他们滑得多好。

试着不去做出评价，而是提出问题。当孩子画画时，你可以问她在画什么，而不是问："你画的是狗吗？"让孩子告诉你，为什么狗毛是绿色的。引发一段对话，而不是对孩子的作品进行评价。这种互动有助于塑造自信，激发孩子们不断地去努力尝试。记住，这一切都是关于过程的。坚持评价结果并不会让孩子对自己的能力树立起信心。

我们该如何创造出能够提高自信的环境

这个过程始于家庭，但并未就此结束。最近，《纽约时报》的一篇报道谈到了对数学的焦虑可以代代相传。但是不要去想象一个数学基因！想象一下，在帮助孩子们完成数学作业的时候，即便孩子才上三年级，有的家长也会做鬼脸和抱怨。对于许多高薪职业来说，数学是至关重要的。如果缺乏数学能力，孩子们将会被拒之门外。在这篇文章中，至少有一位母亲有这样的见解。她知道自己不应该让孩子感觉到她的痛苦，她拿一张纸挡住自己的脸，遮掩自己的表情。但是她知道自己并不成功，因为有时她的情绪会爆发，并说道："这些老师在想什么？他们是疯了吗？"记住，当人们预期他们做得不好时，他们会表现得更差。就像感冒一样，这位母亲把对数学感到焦虑的病毒传染给了她的孩子们。我们需要创造能够培养我们后代的信心的环境，而不是滋生怀疑和恐惧的温床。

在家庭以外，考虑一下孩子们可做些什么，以此来提高他们的自信和毅力。他们是否已经足够大了，可做些家务？周末是否可去做一些兼职工作？他们能帮助一个生病的邻居或亲戚吗？他们能自愿去帮助一个组织吗？如果我们让他们了解到帮助别人的感觉有多好，他们肯定也会自我感觉良好。

在课堂上，有的老师让孩子们感觉很好："噢，丹尼，别担心！你下次就会明白那个问题的。"但有的老师可能就不会给孩子这么多的支持。如果不和孩子进行交流，我们就不会知道他们的老师是如何对他们的失败做出反应的。花些时间谈谈老师们所面临的压力，以及诸如学习并不是一蹴而就之类的事情。打开这类对话的大门，会让孩子们明白信心是如何建立起来的，而努力工作、坚持不懈和毅力对每个人的成功都是必不可少的。没有什么东西是可以轻易得到的，我们的孩子们必须明白这一点。

Becoming Brilliant
What Science Tells Us About Raising Successful Children

第十一章
21 世纪的成绩单

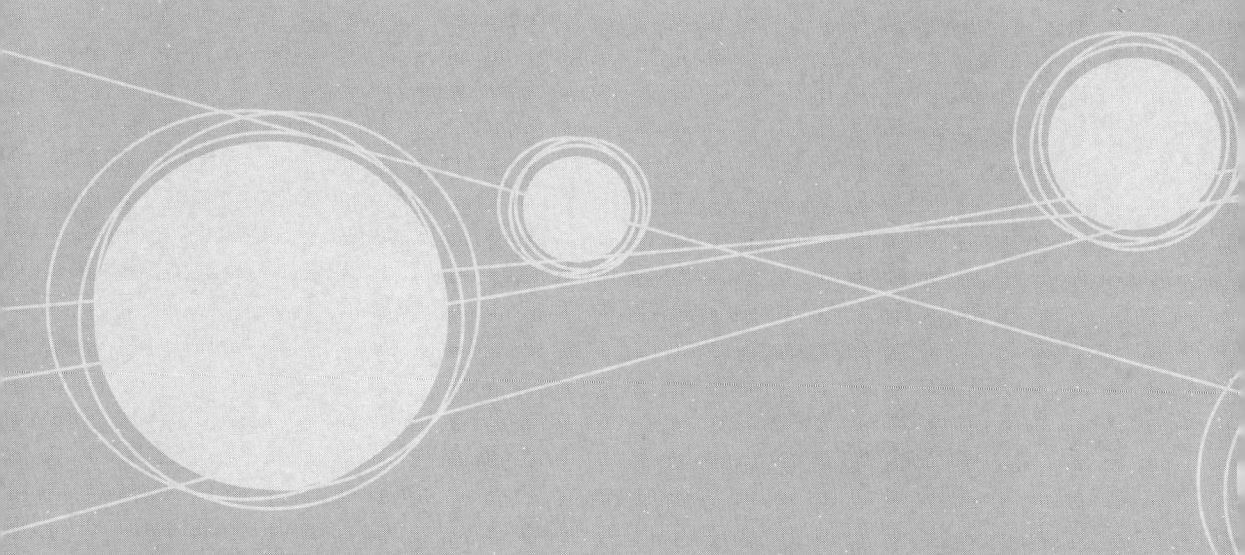

孩子不是未来的公民，他从生命开始的那一刻起就是一个公民，也是最重要的公民，因为他代表并带来了"可能"。他如今代表着权利、价值观和文化。

——卡拉·瑞纳尔迪，
《对话雷焦艾米利亚：倾听、研究与学习》

卡拉·瑞纳尔迪是一个有远见的人。在洛里斯·马拉古齐中心基金会主席瑞纳尔迪的身上，体现了雷焦艾米利亚的教育理念，它起源于意大利博洛尼亚和米兰之间的一个小镇。雷焦艾米利亚不仅仅是一种教育孩子的方法，它更是一种生活方式。孩子们被认为有能力在自己的兴趣驱动下构建自己的学习。成年人扮演教练的角色，而不是导演。孩子们可以通过艺术、歌曲、讲故事和跳舞等形式"说出"一百种语言。

在雷焦艾米利亚，孩子们并不是被动地坐在书桌旁等待着知识呈现给他们，然后吸收和使用知识。当家长和老师们将关注点从孩子们"学什么"转移到"如何学"的时候，这些孩子们就是他们世界中活跃的探险家。他们不断地进行互动和创造、发现和测试，在这样的环境下成长起来的孩子会成为充满好奇心的深度思考者和体贴合作的邻里。正如瑞纳尔迪告诉我们的，生活在雷焦艾米利亚社区的儿童在学习如何成为社区和整个世界的公民时，也受到了权利意识、价值观和文化的感染。这些孩子向成年人展示了他们自己可能永远不会发现的可能性。

我们在本书中提到的6C，可以使我们这些家长、教育者、程序开发人员和博物馆设计者了解到，如何将学习重新想象为一种动态的思考方式，这种思考方式在学校内外都能看到。这是一个愿景，适用于所有从0岁到99岁（及以后）的孩子，并且可以轻易地跨越地理界限。它适用于我们在家中、在学校和社区为儿童构建一个生活环境。

2009年，我们开始在《学前教育中趣味学习的任务》中构建6C的理念。同年，21世纪技能合作组织提出了一个可以改变课堂教学的未来技能模型。紧迫性是显而易见的。我们参加了一个作家、科学家和教育者们出席的小型会议，与会者们展示了他们最喜欢的21世纪技能的列表。随着列表内容的增加，合作、创新和批判性思维出现在每个人的列表中也就不足为奇了。

尽管"头脑风暴"富有成效，但这常常是基于一系列了无生气的清单，而不是基于连贯的、科学的、综合的模式，从而有助于思考我们应该如何看待成功和相应地要推进的教育改革。我们能否将这些技能结合在一起，形成一个全方位的学习视角，既尊重学习的差异性，又提供成长的空间？当然，我们可以。6C就这样应运而生，成为21世纪的成绩单。要想完全掌握这份成绩单中的潜力，我们必须认真思考，在这个全球化的世界中什么才可以算作成功，以及我们的孩子们需要什么样的技能来获得成功。我们从未遇到过不想让自己的孩子一飞冲天的家长。纵观全球，人们以同样的方式定义成功。正如我们在本书第一章中提到的，正是由于我们在学校内外为那些快乐的、健康的、有思想的、有同情心的和善于社交的孩子们创造支持他们的环境，社会才得以繁荣发展，而他们将来会变成乐于合作、富有创造力、具备较强能力和责任心的公民。6C 正是一种科学的方法,有助于实现这一关乎成功的愿景,它以支持家庭和孩子们的方式来改造社会。我们已经看到它在加拿大、芬兰和雷焦艾米利亚,甚至美国的一些实验学校卓有成效。

6C 的一致性:实现更广阔的视野

为了实现这一愿景,我们要采取更"雷焦"的方式。我们必须充分认识到,我们正在抚养一个完整的孩子,在教育过程中,如何学习和学习的内容同样重要。6C 将这视为一系列不可分割的技能。在表 11–1 这张曾在第一章中出现过的表格中,我们看到从左到右和从下到上的相互作用。通过我们的三维立体眼镜,我们可以想象,随着孩子们的成长,整个模型在动态互动。怎样才能使我们脑海中这幅丰富的画面成为现实呢?

表 11–1 6C(六种能力)的四个发展阶段

	合作能力	沟通能力	知识储备	批判性思维	创造力	自信心
第四阶段	共同创造	一起讲故事	专业知识	给出证据或"进行复杂的怀疑"	视野和想象	不惧失败
第三阶段	相互讨论	对话/交换意见	建立联系	提出主张	表达	可预期的风险
第二阶段	并肩前进	展示与讲述	知识面扩展/一知半解	各持己见	手段—目的	我在什么位置?
第一阶段	独立完成	原始情绪	早期学习/特定情境	眼见则信	实验	盲目自信

这些技能的名称

无论你相信与否,6C 仅仅是通过增加我们对那些常常被忽视的技能的注意，就可以促进我们的思考。还记得数学和阅读等硬技能的基础，即所谓的社交"软技能"吗？如果我们不把软技能如合作能力作为学习的中心，我们就永远无法为团队活动进行日程规划。而团队活动——无论是用积木搭房子还是撰写科学报告——教会我们一起工作和倾听他人的意见。合作——一种基于社会关系和情绪控制能力的技能——正是这一切的关键。事实上，幼儿园老师们说，孩子们团队合作的能力正是最重要的学习途径之一。然而，我们对阅读和数学的强烈关注常常会使我们看不见社交能力在教育中的重要性。

这同样适用于批判性思维等领域。如果在课堂上只给出事实，只有事实，却从来没有机会辩论，那么我们就是在不知不觉中培养学生们"眼见则信"的思想，而这正是最低层次的批判性思维。尽管对历史的研究应该更多地关注趋势而不是事实，但是我们的孩子们仍然需要知道一些事实，比如写在纸上的文字是可以通过重新组织来讲述一个完全不同的故事的。

6C 之相互依存：表格从左至右的递进

6C 的理论根植于数十年的心理科学研究。每一项能力都建立在上一项能力的基础之上，在孩子们身上自然而然地体现出来。如果没有合作，沟通是不可能发生的。沟通在于你认识到周围有其他人，你正在寻求与他们合作，即使这就像在一列队伍中一起喊叫来召唤人一样原始。另一种思考方法是，想象一下小说人物鲁滨孙的生活。生活在一个孤立无援的小岛上，他很难与除自己以外的任何人沟通。沟通并不是一项可以一个人进行的活动，如果一位有成就的作家只是在为她自己写作，那么她只是在创作一本日记。而一本个人日记并不是一个博客。除非她在她笔的另一端设想一位读者，否则她无法成功地沟通。

然后是知识储备或内容，它本质上依赖于沟通。虽然那些蹒跚学步的孩子们通过自己的探索发现这个世界，但我们知道，他们从与周围成年人的语言交流中学到了很多东西。如果你不能听懂那些成年人说的话或者不能顺畅地阅读书籍，你就很难掌握这个世界的知识。这一事实正是现在流行的阅读分级运动的幕后推手。凯西基金会推出的这项创新在美国的很多州已经变成了法律，以此确保一个三年级的儿童进行的是三年级水平的阅读。政治家们知道，那些没有进行同等水平阅读的孩子或者不能通过阅读来学习的孩子，将会面临在完成正规教育之前就被退学的风险。三年级是一个基准年，而对内容的阅读十分依赖于沟通的能力。

批判性思维本质上依赖于知识储备，这一点应该不足为奇。内容对于批判性思维也至关重要。如果一开始连资料都没有，那么搜寻信息也就无从谈起了！律师和辩手们都必须在权衡双方情况之前收集到证据。企业家们必须"尽职调查"，在提供购买报价之前检查公司的财务状况。研究者们必须在设计一项新的、更深入的研究之前，对现有的研究进行批判，并找出之前的作者遗漏了什么。

内容和批判性思维是创新的关键支柱。还记得一万小时定律吗？富有创造力的天才们首先是他们所做的事情的主人。获得足够的战略信息后，他们成为修补匠，用旧零件创造新产品，或者自己创造新的零件。这些创造者们同样需要练习如何组合和重组基本的元素。戴尔·多尔蒂发起的名为"制汇节"的新运动将此付诸实践。在2011年的TED演讲中，戴尔这样说道：

> 我们所有人都是创客。我们生来就是创造者……我们的下一代也应该是创造者……我们要通过很多方式把修补、塑造和重新塑造身边的世界的能力融入学校或者我们生活的社区里。

最后，信心取决于内容、批判性思维和创新。随时做好失败的准备并重新开始，这对于成功是至关重要的。正如著名教育家、作家、哈佛变革领导小组的创始人托尼·瓦格纳所言："最具创新精神的公司会庆祝失败。"而《最后的演讲》一书的作者兰迪·鲍许则呼吁我们对失败要有不同的思考："困难的存在正是为了让我们有机会明白自己对一件事物有多么渴望。"又或者，正如我们在以色列旅行时当地人说过的一句话："不可能？不可能？不可能仅仅意味着那需要更多的时间而已。"

总而言之，6C 不仅仅是一个独立的技能清单，它们形成的是一个整体，所有的技能之间都存在着内在的联系。它们对学习和成功至关重要。尽管我们的表格深入地捕捉了每一个"C"的成长和发展，但我们认为，那只能看作一幅简笔漫画。所有的这些能力都可以通过各种方式相互影响：阅读更多的书籍可以使你获得更多的"知识储备"以及更多的评判情节和故事线的能力（即批判性思维），而学习总统竞选辩论则可能让你在"沟通"和"自信"方面成为一个专家。因此，6C 呈螺旋上升轨迹，而不是僵化的阶梯式的轨迹。把这个螺旋线想象成代表你或者你的孩子。现在，戴上三维立体眼镜看看你眼中的螺旋模型。它由 6 股线组成，每股分别代表着 6C 中的一种能力。它具有厚度、高度和宽度。它是一条绳索，其纤维不断地变成更粗或更细的线。随着时间的推移，绳子越来越粗，甚至可能会有一些磨损。构成这条绳索的一些股会比其他股更粗，因为我们中的一些人在合作方面表现更好，有些人则在批判性思维方面表现更好。但是，随着我们不断面临新的环境和新的信息，它们将继续积极地改变。

如果我们想象 6C 在运动，我们会看到一个动态的学习系统，可以根据不同的学习目标进行访问和重访。在我们的一生中，我们设定的目标会不断地发生改变。玛西娅是管弦乐指挥的初学者。作为指挥新手，她必须以全新的方式学习与乐团合作，甚至可能需要重新学习平行演奏，直到学会"阅读"小提琴家的社交信号。要想学习一部音乐作品的总谱，你首先需要明白贝多芬创作时的本意和尤金·奥曼迪是如何理解他的标记的，而这就需要批判性思维。随着我们所有人在一生中不断地接触新的领域，我们都在不断地成长和重新学习。

6C之从新手到专家：表格从下至上的递进

我们对6C的展望抓住了可以帮助我们学习的总体趋势，研究学习的科学已经给了我们真正的衡量标准来评估我们的进步。在我们的模型中，从下至上的结构（即从第一阶段到第四阶段）涵盖了真正的成长过程。但在大多数情况下，这些能力不会自己提升，它们需要精心准备的环境来孕育。关键在于，根据年龄和水平进行正确的指导，使孩子们登上人们所说的成功的阶梯。

例如，语言的发展是沟通交流中不可或缺的一部分。婴儿们哭泣、轻哼、微笑和大笑。但是，在孩子们学习时给他们提供大量的语言，并且与他们谈论他们感兴趣的东西，这可能有助于他们在进步的阶梯上爬升得更快，还有助于他们掌握学习内容时所需的词汇，使他们在学业上获得成功。

又比如批判性思维，正如迪安娜·库恩教授教导我们的那样，如果从不同的角度练习思考，你可以成为一个更好的批判性思考者。"跨宗教对话小组"在现实世界中创造了库恩式实验。如果信仰不同宗教的人们都坐下来讨论他们的观点，他们更有可能欣赏他们的分歧，将种族和宗教偏见放到一边。所以，对于任何特定的话题——无论是关于奴隶制的历史性辩论，还是捍卫自己对新车的选择——我们都可以比较出人们是如何从简单化的"眼见则信"的状态转移到权衡证据以支持自己观点的状态。正如我们可以衡量交流和批判性思维的进步一样，通过对各个领域所取得成就的定性观点，我们可以为每一个"C"提供这样的评估。

我们已经在我们的大学课堂中使用6C模型进行课堂教学十多年了。在学年开始的时候，我们要求学生分析他们在6C方面的技能，并得出每个学生在每种能力中的阶段位置。同时,我们的课程设计包括在小组报告和小组项目(合作)上一起工作的机会,并为学生提供对所阅读的每篇文章进行评论的机会。我们在期中和期末考试中将优秀的写作能力作为重中之重,我们要求将研究进行口头展示,并对学生的课堂参与(沟通)进行评判。学生必须阅读关于诸如"数字与你"或者"道德心理学"等主题的主要期刊文章(都属于知识储备)。学生必须参加笔试,以评估他们读过的论述(批判性思维),并开发他们自己在研究中的创新点。我们鼓励他们在课堂上找到自己感到安全的说话方式,我们也鼓励他们在面对失败的时候承担智力上的风险并坚持下去(信心)。

诚然,那些在"不让一个孩子掉队"的学校中长大的学生在面对这样的教育前景时是会感到震惊的。他们需要明白,成功不再仅仅是全面发展的全才,背诵各个领域的知识以获得 A 的成绩将不再足够。他们必须能够评估、交流、整合和分享自己的观点。他们适应了这种改变。他们为自己所经历的一切而感谢我们,这一切已渗入他们所有的课程中并融入他们大学之外的思考中。有些人甚至拥抱了我们。在年底,我们要求同一批学生再次对自己的 6C 进行评分。他们看到了自己的成长,许多人告诉我们:"这是一种全新的学习方式。我不敢相信我已经成长了这么多。"当他们在劳动力市场寻求机会时,他们获得了更多的选择,他们也获得了更深层次的成功。

反思我们对于学习和成功的认识

正如我们要求我们的学生填写自己 6C 的报告卡以获得他们的个人档案,作为家长和其他引导孩子的人,我们每个人都可以对"我们在哪里"和"我们可以去哪"进行自我评估。在每一个"C"章节的结尾,我们都要求你带着对你或者你孩子的能力的尊重去思考你在 6C 表格中的位置。我们为自己、为他人,甚至为我们加入的组织(比如我们当地的家长教师协会)创建的这个档案，是我们重新对学习和教育进行广泛的思考和设想的第一步。它鼓励我们重新规划、设计我们的教室、家庭、社区和工作场所。

我们并不是说每个人都必须在每一个"C"的顶端，虽然我们认为那是我们应该努力的。我们每个人都必须在新情况出现时去适应它，而那种填鸭式教育并不能使我们达到这样的目标。将学习视为能够构建这种评估档案的一套技能，将有助于我们设定目标并实现目标。

6C 的培养：在家庭、社区、城市和学校中

一开始我们承诺过，会带着你们以一种全新的方式来看待学习。我们也挑战了社会对成功的看法。成功是在家庭作业表上获得更多的星星，或者每一门课都得到 A 的成绩，还是有更多的东西呢？我们认为，只关注学校里的学习对 21 世纪的孩子们来说是不够的。首先，孩子们并不是所有的时间都在学校，我们需要思考，他们在其他的时间都做了什么。其次，学校里的学习不足以支持孩子们在其他必要领域的发展。

成功包括知识储备，但它也包括其他更多的东西。难道我们不希望自己的孩子们快乐，并且通过与生活相结合的方式来进行终身学习？难道我们不希望他们有朋友，并且学习如何在游乐场和办公室的社交迷宫中辨认方向？我们当然希望好公民推动我们的社会和经济发展。如果我们想要这种成功，就必须以更加全面的方式思考学校内外的教育。而实现这一目标的一个途径是在模拟游戏中观察他们的"6C"。

在寓教于乐中发展 6C

不知何故，在社会的一些领域中，我们将玩耍和学习像对立面一样分开。

事实上，在我们的一篇论文中，我们把戏剧和学习之间的分歧比作莎士比亚《罗密欧与朱丽叶》中的蒙太古与凯普莱特家族。那句不幸的咒语说道：如果你在玩，那么你就不能学习。但是瑞纳尔迪和许多其他心理学家和教育工作者提醒我们，要换一种方式思考这个问题。瑞纳尔迪说，"玩和学习是相互依存的"，并指出，"就像一只蝴蝶的翅膀，玩是其中一个翅膀，而另一个翅膀就是学习"。两个当中缺了任何一个，蝴蝶都不能自由地飞翔。

瑞纳尔迪补充说，在游戏中嵌入的，是公民意识的种子。她为何这么说呢？瑞纳尔迪认为，我们可以在玩乐中拥有自由。孩子——他们自己的游戏的主人——是他们所创造的系统的驱动者和管理者。但是在游戏中，自由并不是完全的，它受到这个小团队的规则的限制。也就是说，我们不能在一场足球比赛中为所欲为，因为那对和我们一起玩耍的其他人来说是不公平的。因此我们必须学会如何与他人一起工作（"合作"），将球放到球场上，并在观察场上其他人的视角的同时"交流"我们想要把球传给雪利的意图。我们必须了解游戏和不断发展的规则（"内容"），对任何有争议的解决方案进行"批判性思维"，为我们队友之间场上和场下的问题提供新的解决方案，并且有"信心"和决心首先提出并执行这些解决方案。这听上去像是一堂如何成为一位好公民的课程。我们作为孩子时玩的游戏为我们了解社会体系如何运作奠定了基础，玩乐就是有如此强大的力量。

但是当然，你可能会想，在学校玩的地方很少。当然，不是所有的学习都很有趣。代数不就是这样吗？我们的观点是，实际上有两种学习。自由的玩耍是"蝴蝶"，孩子们甚至不知道他们在玩的时候学到了多少东西。玩具产业协会推出了一系列名为"游戏的天赋"的YouTube视频，这些视频阐述了孩子们在玩耍的时候能学到什么。它们展示了孩子们在模拟建造中如何建立沟通和协作，例如在玩积木的过程中可以积累关于空间和数字的知识。想象一下，如果我们不让孩子们玩耍那将会怎样。当研究人员将动物隔离开，不允许它们与同类玩耍时，它们就无法做出一些它们那类动物本该有的行为。你知道老鼠会"大笑"吗？甚至章鱼都会玩耍！

在6C所有的网格上，自由地玩耍对于孩子们的进步是至关重要的，因为他们正是通过玩游戏获得和训练了这些技能——正如我们之前用足球比赛的例子所阐述的一样。自由地玩耍——无论是单独的还是与同龄人或成年人一起——可以让孩子们发现自己的声音，找到自己喜欢的和不喜欢的东西，并且获得大量他们在学校中需要的学习内容。让我们不要忘记他们在游戏时学会的重要的软技能。谈判——涉及沟通、协作、创造力和信心，这些在玩耍中无处不在。自由地玩耍是美妙的，而我们所说的"引导性游戏"可以帮助孩子们学到成年人想要教给他们的一些特定的知识。

父母、祖父母、监护人和孩子们生活中的其他成年人是他们最好的老师。但是千万不要考虑"说教"——并不只是我们说，孩子们听。比如，在玩桌游或者逛动物园时不如跟随孩子们的兴趣，回答他们的问题，然后告诉孩子们他们想要知道的事情，或者帮助他们找到答案，这就是"引导性游戏"。我们已经对此进行了科学的测试。我们比较了孩子们在参与引导性游戏时，以及当他们和一个只是告诉他们相同信息的成年人在一起时的学习状况，孩子们在引导性游戏中学到的东西比坐在那里听课所学到的要多。无论学习新单词，还是思考怎样才能构成一个三角形，当他们主动参与时，他们可以做得更好。这就说明孩子们在用自己的大脑思考和转化知识。现在有很多学校是这样的：让孩子们坐在下面听大人们告诉他们信息。讽刺的是，孩子们并不会记住大人们告诉他们的东西。这是一种过于被动的学习方式。自由和指导性游戏成为参与和积极学习的隐喻，即使是孩子正在学习代数！但是我们如何创造这样的环境呢？有没有什么模式可以将我们的学校、家庭和社区转变为提高"6C"的地方呢？虽然我们在每一个"C"章节的结尾都提出了许多建议，但是现在让我们以更广阔的视角来看看这些内容。

为学校教育构建有趣的情境

在费城的贵格中心学校，低年级实行的是所谓的"基于主题的教育"。每个夏天，老师们都会为来年要做的工作选一个主题。有一年，他们编造了一个虚构的星球，称其为"奥比斯"。它与太阳之间的距离和我们一样，但是在星系的另一端。每一个班级都是这个星球上的一个不同的国家，他们必须想办法让国家的财政运转顺利，并让居民们保持高质量的生活。"Lunaguavia"是一个靠近大海的国家，拥有港口，其阳光充足的气候有利于农作物的生长，这些农作物甚至足够全奥比斯星球的居民共享。地处内陆的"Interstasis"则拥有丰富的矿产资源，但需要与其他国家进行合作与交易。这些原材料将被加工成产品，运往奥比斯的其他地方。现在你明白了，孩子们在学校里必须进行协作和交流，以帮助他们的国家生存下去。同时他们也学习了知识，比如数学。如果你必须在农产品变质之前造一艘船横渡海洋，那么你必须计算船的大小、所需的电机种类以及船可以行驶的里程。这是不是意味着，这些二三年级的孩子们正在不知不觉地学习代数呢？这真是令人印象深刻。孩子们通过一个令人兴奋和简单易懂的故事学到了一门核心课程。

或者我们可以去看看圣地亚哥"高技术高中"。从幼儿园到12年级的不同学生在一起学习、玩耍和创造，共同解决现实世界的问题。在那里，你可以看到一个源于学生的名为"折纸数学"的数学课程，或是名为"毁灭的场景"的一系列戏剧，旨在学习和诠释庞贝古城被大量火山岩浆掩埋时所发生的历史事件。在这里，58名8年级的学生一起在庞贝项目上工作数月，解答一些问题，比如"你能从他们逃亡时所携带的古器物中，学习到什么样的社会价值观"。这所从2000年开始的特许学校，已经发展为包含13所学校的综合盟校，并为5 000多名学生提供服务。

这些学生在传统的绩效评估中比他们的同龄人表现得更好，并且他们拥有对学习的热爱和自己发明的专利。值得注意的是，这种教育同样适用于非传统教育的学生。在曼哈顿公立学校，有许多有发育障碍的儿童通过艺术学习获得了成功。他们的老师让他们演奏像《阿拉丁》这样的音乐剧，而患有自闭症的孩子正在开发协作和交际技能，甚至连他们的父母可能也没有想到，曾经被认为是哑巴的孩子竟然在玩耍中开口说话了。这样的创新在高技术高中和公立学校的不同学生中获得了同样的结果。用科学和教育学的术语来说，这意味着学习通过玩乐和探索可以"按比例放大"。这也说明，学校应思考如何创造这样的内容，以支持 6C。

为家庭教育构建有趣的情境

家庭同样是家长们可以融入乐趣的地方。有很多方法可以将你的家庭变成令人兴奋的 6C 环境，培养孩子们的合作、沟通、知识储备、批判性思维、创造力和信心。本书的一些章节分别介绍了一些方法来反思自己和孩子的 6C，并对你所做的活动采取措施。当孩子们参与晚餐的准备或清理工作时，他们正在学习协作，并且经常还会包括沟通。那么在你的餐桌上会发生什么呢？你会谈谈当天发生了什么事吗？我们能不能对这些谈话更用心一些呢？如果我们在晚餐后的 10~15 分钟和孩子一起拼图、猜谜、唱歌，或是为学校的辩论准备论据呢？我们能不能一起巩固已经学过的课程呢？拼图培养了空间技巧，而谜语则代表着工作中的批判性思维。

为社区教育构建有趣的情境

还有一些方法可以为社区建立有趣的智能区域。我们正在与特拉维夫的建筑师伊塔·帕迪合作，设计被称为"城市思想景观"的新的体验式建筑，通过运用地面投影灯和安装由拼图构成椅背的长椅来翻新旧车站。威廉·佩恩基金会正在与我们合作,共同将这一构想变成现实。

想想你可以用超市中的标牌做什么,将普通变得非凡。在俄克拉荷马州的塔尔萨,我们正在与恺撒基金会合作,在超市里布置冒险活动和游戏,让孩子们在寻找不同种类的苹果或者检查罐装蔬菜的塔架时进行批判性思维和数学运算。

去当地的公园或儿童博物馆如何?孩子们喜欢这些可以按他们的兴趣自由学习的地方。我们该如何在脑海中构思6C的展览和活动?当我们在纽约市中央公园进行终极派对时,我们做到了这一点。当天,28项源自学习科学的活动在这个平日里普普通通的公园中举行,5万多人的参与让我们感到震惊,人们渴望用更少惩罚的新方式来让孩子们学习。从乐高建筑与顶级设计师到哥伦比亚大学的机器人展览,孩子们学到了更多的知识。事实上,在参与了3次或3次以上的活动之后,家长们反馈说他们改变了对学习的看法,如今他们看到了乐高玩具中蕴含的空间发展知识和机器人中的科学,他们甚至看到自己身边的世界中充满了数学、阅读、社会研究和科学知识。

一旦我们意识到了孩子们的成功所需要的技能,一旦我们抛弃了学习只是与学校和书本有关的想法,一旦我们承认玩乐和谈话可以促进无尽的学习,我们就可以看到6C建立起来的玩乐和教育之间的联系。没有什么是不可能的,学习就在我们经过的每一个角落中。我们只需要和孩子们分享这些可以学习的时刻,然后看着他们成长为快乐的、健康的、有好奇心的人。

不仅关乎玩乐

虽然一般来说,寓教于乐是最佳学习的一个恰当的隐喻,但我们都知道,只要我们专注于一件能够抓住我们的时间和想象力的事情,那就是最佳的学习。对于热爱园艺的人来说，当我们与邻居合作种植，或者计划种植一种作物，它在我们暑假回家时长出番茄时，6C 就会发展。对运动员来说，可以在运动场上学到协作。知道何时承担预期风险，可能就是赢和输的差别。对音乐家来说，在管弦乐队演奏小提琴就要求我们深入了解木管乐器，并拥有独奏的技巧和能力。

我们可以看到，许多活动都可以促进 6C 蓬勃发展。也许这正是卡拉·瑞纳尔迪想让我们在雷焦项目中看到的。在许多方面，雷焦艾米利亚的学习方法是一个完美的案例，它使 6C 在学校环境中富有成效。与 6C 一样，它源于科学，它将孩子们视为一个个完整的、积极参与社会的人。在雷焦艾米利亚镇，孩子们被视为社区的集体责任。今天他们教育和培养的孩子在 30 年后将是社区的领袖和公民。毫无疑问，意大利的家庭和我们一样想要聪明的孩子，但是，正如瑞纳尔迪所说的，成功不是根据考试成绩判定的。这是一个更大的概念，它关乎我们如何培养快乐、健康、有思想、有同情心、善于社交的孩子们，并使他们在未来成为乐于合作、富有创造力、具备较强能力和有责任心的公民。这个理念的核心是，帮助我们的孩子成为一个善于合作和沟通、富有知识、具有批判性思维、有创造力和信心的人，并有决心改变他们所生活的这个世界。正如瑞纳尔迪喜欢说的那样，这是我们的核心工作。我们必须重新发明一种值得我们每一个孩子接受的教育。

结　语
BECOMING BRILLIANT
What Science Tells Us About
Raising Successful Children

假如……会怎样？

乐高创意会上，参会人员在热烈兴奋地讨论着。在丹麦比隆的一个小镇上，300 名志趣相投的人聚在一起，开始了一场教育运动。这里汇聚了构想出曼哈顿有创意的布鲁学校的男士；负责为约旦国王启动儿童早期项目的女士；来自香港的科学家（他设想了一种改进中国教育的新方法，以促使所有的孩子都成为有创造力的、批判性的思考者）；西雅图高技术高中的校长；哈佛大学创新前沿项目的负责人，以及为我们带来"美丽美国"和近期的"美丽世界"项目的温迪·科普。而这些人只是聚集在此的人群中的一小部分。他们之所以会面，是因为他们认识到，在全世界范围内，我们教育孩子的方式与现代社会的需求出现了脱节。

这个会议从一个简单的练习开始。"请打开你桌上的小塑料袋，里面装着 6 块彩色乐高积木。你能用这 6 块积木组成多少种不同的组合？"观众中的数学家们开始计算组合和排列。6 块积木，每块积木上有 8 个点缀——可能是 720 种？或者是 48 000 种？都不是，答案是接近 10 亿：981 456 127——6 块积木可以组成近10亿种不同的组合。

这个练习揭示了一个迫在眉睫的问题。我们正在教育孩子们建造高楼大厦，并小心翼翼地把红砖放在蓝砖上，把蓝砖放在黄砖上。假如我们开始以一种揭示无限可能性的方式教学，情况会如何？我们的孩子仍然会建造高楼大厦，但他们会看到一个充满潜力的世界。

本书运用了科学的学习方法，提出了一种新的超越建筑大厦的方法，以便让孩子们从思想上到心灵上都做好准备，在未来成为一名乐于合作、富有创造力、具备较强能力和有责任心的公民。要做到这一点，就需要重新思考孩子们是如何学习的。我们要认识到，仅仅具备知识是不够的，而善于社交的孩子能够成为聪明的孩子，创造力是我们这个时代的货币，最好的学习往往就在我们一路失败的时候。

假如我们改变我们的家庭、学校和社区，来促进运用这种新的学习方式，情况会如何？ 6C可以是我们的路线图，也可以是我们塑造成功者的成绩单。我们的孩子们将会被重点培养如何去构想和建造未来的社会，而我们的校内外教育，将最终对孩子们产生重要的影响。

假如……会怎样？

致 谢

BECOMING BRILLIANT
What Science Tells Us About
Raising Successful Children

我们想谈谈幸运。是什么让我们感到如此幸运？许多年前，我和同事们相识于特拉华大学，并且一起加入了一个由卡内基基金会和儿童发展研究协会资助的研究所，当时我们探究的内容是沟通的起源和发展。岁月如梭，那时的我们有谁能想到，在35年之后，我们又能在一起进行合作？让我们倍感幸运的是，我们如今又能在一起思考、写作、探讨问题甚至玩闹。而现在，这份幸运仍在延续。每个学期，我们的实验室都会举办一次聚会（罗伯塔来自特拉华大学，凯西来自坦普尔大学），蛋糕上写着"致最棒的实验室"。有意思的是，我们认为事实上的确如此——我们的实验室里有本科生、研究生以及博士后研究员，他们每一位都拥有聪慧的头脑和优秀的研究能力。

另外让我们感到幸运的是，我们的大家庭里拥有五个小孩，他们每一个都拥有独特的、令人惊喜的天赋。抚育孩子这件事，让我们作为家长亲身体验了亲子关系中的种种考验与艰辛。就像我们出版的一本书中所写的："致我们的孩子——灵感和艰辛的来源。"现在，艰辛和疲倦早已荡然无存，我们只记得那些启发灵感和鼓舞人心的回忆。当然，在后来照顾聪明活泼的孙子孙女们的过程中，我们进一步感受到了许多完全不同却又同样令人愉悦的艰辛，正所谓痛并快乐着。

BECOMING BRILLIANT
未来能力教养

我们的儿女们成长于特定的时期和文化环境，但我们的孙子孙女们，也就是本书所关注的对象群体，他们生活在一个到处都是媒体、平板电脑和电话的全新世界里，这些情况都是15年前几乎不存在的。而我们每天所要面对的这些变化，更如同策马奔驰般，在不断加快其速度。但与此同时，也有许多事情是不会随着时光的飞逝而改变的，例如，就算未来机器人会走进幼儿园参与许多工作，使幼儿园变得更加智能，但孩子们依旧永远都会有期待鼓励、渴望安全以及避免伤害的需要。

我们希望通过本书向大家分享一些重要的儿童教育问题，这些问题是我们与全世界的专家们一起研究和探讨的，如：对孩子来说，什么是最好的？怎样才能将孩子们培养成为社会中有贡献的一员？成为优秀的公民？成为其生活和命运的主宰者？以及除此之外具备其他优秀品质的人？近年来，关于儿童教育的理念层出不穷，家长们有时甚至会感到困惑，不知到底该相信谁。在我们看来，事实上最值得信任的正是学习科学和发育科学。我们一直以来都在从事相关领域的学术研究，取得了不少成果。而广大科学工作者们在这些领域所积累的智慧结晶也被我们学习和吸收，并被融会贯通。在阅读本书后，家长们将会在很大程度上对养育孩子这一问题感到更加得心应手。正如我们之前出版的《爱因斯坦不玩识字卡》一样，本书同样鼓励家长们在面对各种益智玩具及应用设备的宣传，乃至一些知名度较低的名人们所谓的"育儿建议"时，能够做到"反思、不盲从、自我唤醒"。

本书的研究并非完全由我们独自完成。感谢所有参与者卓越的见解和研究发现，我们已将其整合成一套完整的理论体系并将之呈现给读者。同时也要感谢为我们的研究和科学阅读制定出高标准的导师们：宾夕法尼亚大学的莱拉和亨利·格雷曼，以及康奈尔大学的乔治·苏吉和埃莉诺·吉布森。此外，还要感谢我们的资助者和支持者：斯坦博士和黛博拉·莱夫科维茨、美国国立卫生研究院、国家科学基金会、贝佐斯家庭基金会和佩恩基金会，以及布鲁金斯学会的高级研究员凯西和曾与我们进行讨论及合作的全民教育中心的丽贝卡·温斯洛普。

当然也少不了我们的孩子们，乔丹、艾莉森、约书亚、班奇、米奇，他们是我们最好的批评家，当我们犯错的时候，他们会毫不犹豫地告诉我们。我们的继子、继女们，萨沙、艾文、克洛伊，他们给予了我们最大的支持，有几位还向我们展示了他们在幼儿时期的日常行为，如劳拉、莉兹、迪伊、梅根和巴里。非常感谢所有孩子给予的智慧和技术上的支持，也感谢他们让我们能够透过他们的眼睛来看世界。各位孙子孙女们也不断地给我们带来了许多的能量、灵感和快乐，同时，也挑战了我们对于他们未来是什么样子的想象。

感谢我们挚爱的家人：拉里·巴伦和杰弗里·帕瑟克，他们给予了我们持续的、积极的鼓励，启发了我们的商业头脑和法律意识。从前，每一个成功男人的背后都有一个默默支持的女人。而现在，越来越多的女性像我们一样，能够有幸得到自己聪明而又善解人意的丈夫的支持。

最后，要感谢几个至关重要的人，没有他们的帮助，我们不可能出版此书。我们的朋友伊丽莎白·埃德莎姆是本书的出版顾问，她是彼得·德鲁克的门徒，也曾出版了一些商业图书，其中包括著名的《德鲁克的最后忠告》。她帮助我们看到了当下的商业潮流与趋势是如何融入教育领域的。这使我们认识到，设想一个基于实证并且能够与21世纪劳动力相联系的教育体系是势在必行的，而这种联系在此前的其他研究中从未被提及。

凯西的儿子班奇花了大量时间教我们如何写作才能更加吸引人。感谢班奇的耐心，他让我们了解到了"举个例子"所产生的巨大作用。我们还有许多东西需要继续学习。

妮哈·马哈詹博士和我们一起不知疲倦地将理论具体化，并且在我们的逻辑陷入迷思时及时指出并加以修正。感谢她的帮助，否则我们无法完成这项工作。同时也要感谢优秀的校正团队，感谢纳塔利·布瑞扎克、玛雅·马尔祖克、雅各布·沙茨、卡特·马古利斯，以及杰拉尼·德福德，他们帮我们纠正了许多意想不到的小错误。非常感谢各位的努力。

我们还要感谢通读了本书的前几个版本，并给出了极具价值的反馈的各位朋友们。感谢杰出的教育家和作家赛德·韦斯曼、在儿童教育领域具有远见卓识的专家露丝·宾克森·费尔德曼，以及优秀的顾问谢莉·凯斯勒——她以极快的速度掌握了儿童教育领域的绝大部分知识。他们在阅读本书的内容后帮助我们明确了许多观点和想法。同时，我们也要感谢纽约家庭与工作协会会长埃伦·加林斯基，她给我们提供了无数能够激发我们思考的场合和时机。

凯西非常感激她最亲爱的朋友玛西亚·泰勒，在我们考虑和探讨用科学来塑造21世纪的新型成绩报告单时，她的建议堪称金玉良言。在她那里，我们找到了一个绝佳的听众，她提出了一些实际问题。她推动我们去探寻更深层次的问题，去思考理论如何与当下实际的教育体系相结合。

我们的编辑苏珊·赫尔曼来自美国心理学会的书刊部，她帮助我们厘清了早期的思路。苏珊，感谢你一直以来的支持！我们还要特别感谢来自布鲁金斯学会的詹妮弗·甘布尔和丽贝卡·温思罗普，她们帮助我们构思了书名。最终一本书得以完成，的的确确集合了所有人的付出和努力！

最后，我们要感谢各位阅读此书并给我们带来了成就感的读者们。你们一定能够了解到我们有多么在意你们、多么在意各位将要创造未来世界的孩子们，而这正是我们成就感的来源。